客户体验丛书

# 客户体验101

## 从战略到执行

刘胜强/编著

## CUSTOMER
## EXPERIENCE 101
### FROM STRATEGY TO PRACTICE

人民邮电出版社

北 京

图书在版编目（CIP）数据

客户体验101：从战略到执行 / 刘胜强编著. -- 北
京 ：人民邮电出版社，2022.11
（客户体验丛书）
ISBN 978-7-115-59892-9

Ⅰ. ①客… Ⅱ. ①刘… Ⅲ. ①企业管理－销售管理
Ⅳ. ①F274

中国版本图书馆CIP数据核字(2022)第151528号

### 内 容 提 要

　　本书构建了数字化体验管理的总体架构，共分为六大部分：第一部分系统性介绍客户体验的相关概念，构建了数字化体验的总体运营模式；第二部分对七大客户体验专业能力进行定义，并对各项能力建设进行概括性分析和介绍；第三部分从以客户为中心的企业文化建设介绍如何为客户体验管理提供长期的支持；第四部分介绍如何构建数字化客户体验技术架构，以及各类数字化体验工具和平台；第五部分介绍如何设置与客户体验相关的角色、岗位和组织架构来支持客户体验管理的开展；第六部分介绍如何结合能力体系和赋能体系，开展客户体验管理的实施和治理。

　　本书适合负责客户体验管理的专业人员，关注客户体验的客户服务、市场营销、品牌管理人员，正在走向管理层面的资深用户研究、体验设计从业者，以及数字化体验管理工具与平台的创业人员阅读。

◆ 编　　著　刘胜强
　　责任编辑　苏　萌
　　责任印制　马振武

◆ 人民邮电出版社出版发行　　北京市丰台区成寿寺路 11 号
　　邮编　100164　　电子邮件　315@ptpress.com.cn
　　网址　https://www.ptpress.com.cn
　　北京七彩京通数码快印有限公司印刷

◆ 开本：720×960　1/16
　　印张：22.75　　　　　　　　2022 年 11 月第 1 版
　　字数：334 千字　　　　　　2025 年 9 月北京第 6 次印刷

定价：99.80 元

读者服务热线：(010)53913866　印装质量热线：(010)81055316
反盗版热线：(010)81055315

# 序
## Preface

　　客户体验受到越来越多的重视，但是企业在提供出色的体验方面仍然举步维艰。这是情理之中的事情。体验经济作为产品经济、服务经济的升级，是一种更加高阶的价值形式，其运营模式也必然更加复杂和具有挑战性，需要企业建立不同于工业时代的模式。

　　出色的客户体验不是自然而然产生的，而是需要企业在认识到客户体验重要性的基础上，遵循一种严格、系统化的方法来开展各项工作。目前，国内企业对客户体验的认识程度总体上并不高，而且对客户体验相关概念的理解千差万别，系统性的客户体验工作方法也严重缺失。这导致很多企业虽然知道客户体验，也意识到客户体验的重要性，但在实践中往往不知道具体要做些什么，从哪里入手。

　　为此，笔者根据国内外企业和机构在客户体验领域的实践，以及多年来在客户体验领域的研究，编写了这本《客户体验 101：从战略到执行》。其目的是促进各行业在客户体验核心概念上达成基本的共识，在客户体验运营模式和工作方法上形成基本的框架，从而为企业和从业人员在开展客户体验相关工作时提供基本的指引，让他们能够拥有足够的信心在实践的道路上不断探索和进步。

　　需要指出的是，本书并不试图建立客户体验的理论框架。客户体验是一门实践学科，所有的理论和方法都要通过实践来检验和迭代。本书提供的是可探讨的框架和指引，不是工作准则和规范，希望本书成为与同行共勉的纽带。

**刘胜强**
2022 年 2 月

序
Preface

# 客户体验：

## 不只是一种商业思维或商业哲学，更应该是一门学科

体验是比产品和服务更高阶的下一代经济载体，它在本质上更接近客户的内在需求，能带来更高的客户价值和商业价值。作为更高阶的价值载体，体验的设计、开发和交付也必然比产品和服务更加复杂。为了在体验经济时代获得竞争优势，企业不能仅仅将体验作为一种思维或哲学，而应该将其作为一门学科，以系统、严谨和科学的方法来建立体验的运营体系。

客户真正需要的是体验，而不是标准化的产品或服务。后者归根结底属于企业，体验才真正属于客户。数字技术为企业创造了条件，使其可以不仅仅停留在标准化的产品和服务上，而是进一步下沉，更加深入地标准化自身的能力，通过对能力的灵活组合，向客户提供实时和个性化的体验，这是每一个企业在数字化时代必然的发展趋势。

客户体验（Customer Experience，CX）的必要性和价值，在相关的理论和实践研究中已被多次证明。提升客户体验被众多企业列为重要的优先事项，"体验"一词也成为包括营销、品牌、产品、客户服务、科技等几乎各个专业领域从业人员最新的商业口头禅。"客户体验"最近5年的全球搜索趋势如图0-1所示。

虽然客户体验对于商业成功来说至关重要，且部分企业已经从提供出色的客户体验中获得了显著收益，但是研究表明，各行业中的绝大多数企业仍然在为将这一美好的概念转变为现实的运营模式而苦苦挣扎。

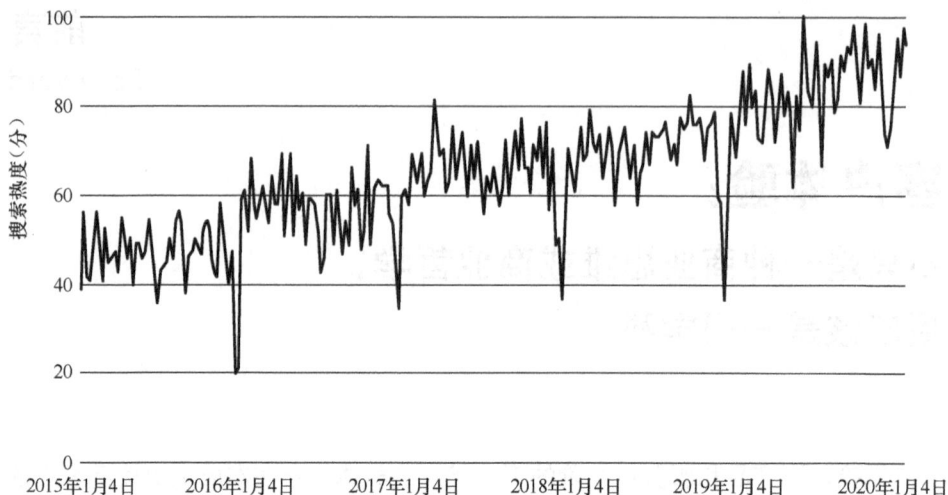

图0-1 "客户体验"最近5年的全球搜索趋势

（数据来源：Google Trends）

根据 Qualtrics 体验研究院 2021 年的调查数据，大多数企业处在客户体验成熟度的前两个阶段：考察（52%）阶段或启动（29%）阶段，能达到客户体验成熟度的顶部（内嵌）阶段的企业还是空白。企业客户体验成熟度自我评估状况分布如图 0-2 所示。

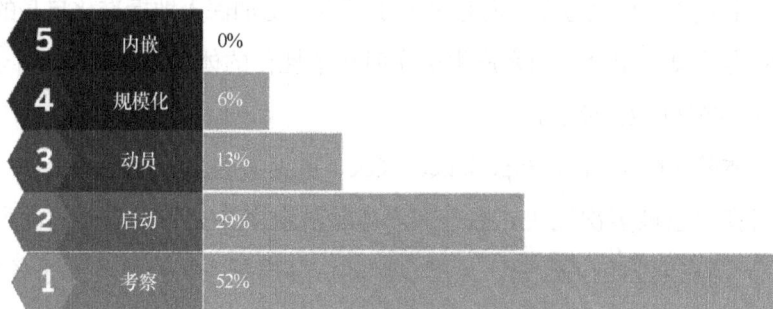

图0-2 企业客户体验成熟度自我评估状况分布

（数据来源：Qualtrics《2021年客户体验管理现状报告》）

以上数据说明，关于客户体验，企业的理想和现实之间存在的鸿沟非常大。虽然企业对"客户体验"有着美好的向往，但是目前仍缺乏行之有效的、体系化的专业方法。面对这种现状，要真正跨越这道鸿沟，我们不能仅将客户体验作为一种商业思维或者商业哲学，更不能将其视为一种玄学，而应该将其视为一种科学、一门学科，以便于构建严谨和体系化的方法体系，以更大的规模、更快的速度来推进客户体验在各类企业、机构和组织中的应用和落地。

要成为一门学科，必须在现有的概念和经验的基础上，进行更深入的归纳和提炼，形成自身完整的知识体系框架，并在具体的实践中不断验证和完善。这一知识体系需要包括客户体验领域基础的理论体系、概念语言体系，以及专业模式、方法和实践体系。

在数字化时代，客户体验学科的形成还有一个必不可少的重要组成部分：技术和工程。数字技术赋能的客户让整个经济社会进入了"客户时代"，这也是客户体验变得如此重要的根本原因。因此，为了追赶数字技术赋能的客户，企业也必须进行数字技术赋能，技术以及将技术进行具体部署和应用的工程科学，也必须成为客户体验学科不可或缺的重要组成部分。

通过总结和归纳客户体验领域现有的专业概念、方法和实践经验，我们将客户体验学科的知识体系初步分为四大体系：客户体验的概念与模式、客户体验的能力体系、客户体验的赋能体系、客户体验的实施与治理，如图0-3所示。

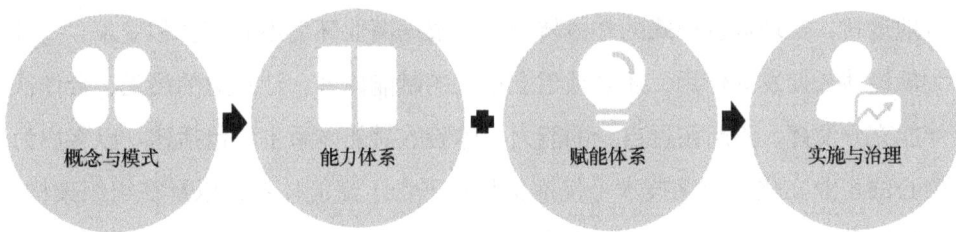

图0-3　客户体验学科的四大体系

这四大体系相辅相成：概念与模式界定"客户体验"学科的边界和整体框架，能力体系和赋能体系则是支撑整体框架的具体内容，实施与治理是在整体框架下，基于能力体系和赋能体系开展客户体验实践的方法。同时，实施与治理的经验和效果会进一步促进整体框架、能力体系和赋能体系的完善与迭代。

## 第一模块：客户体验的概念与模式

这部分主要阐述体验相关概念的起源与发展、体验的形成机制与核心特点、体验的价值体系、体验的基本运营模式框架、体验作为一门学科的专业术语与语言体系，以及体验的现状与发展趋势。

## 第二模块：客户体验的能力体系

体验的能力体系是体验从概念走向实际应用和运营的关键，企业和组织必须根据体验的整体运营模式，结合自身的业务特点，构建自身的体验专业能力体系，才能持续高效地开发和交付客户体验，并获得商业回报。客户体验的能力体系包括制定务实的体验战略与愿景的能力、客户旅程管理能力、研究与洞察能力、体验设计与创新能力、体验开发与交付的能力，以及进行持续体验测量、分析与优化的能力。

## 第三模块：客户体验的赋能体系

为了让体验的各项能力实现互相协调，围绕企业战略和商业目标持续和高效地运转，实现运营模式的整体转型，并根据商业环境不断完善和变革，持续大规模地长期发挥作用，还必须建立相应的赋能体系，让企业的员工、合作伙伴能充分发挥、不断拓展自身的能力。体验的赋能体系主要包括建立以客户为中心的企业文化，数字技术（包括工具和平台）赋能体系，以及在组织架构、岗位体系、人才等方面的组织赋能。

## 第四模块：客户体验的实施与治理

所有的模式、体系、流程，最后都需要通过落地实施来发挥作用，以满足客户的需求和期望，并实现最终的战略和商业目标。客户体验的实施就涉及的范围大小和层面高低，分别包括具体的体验相关的日常活动、项目，体系化的计划，以及更高层面的变革行动——客户体验转型。

卓越的客户体验不可能偶然出现，它是在卓越的愿景和务实的战略指引下，通过建立强大的专业能力，按照严谨的专业规范执行，并在实践中不断调整和变革而实现的。不论是企业还是作为从业者的个人，都需要将客户体验作为一门学科来看待，构建自身的能力，并进行持续的实践和拓展。

数字化带给企业的好处之一，就是可以让企业将自身的资产、流程和能力标准化、模块化，然后根据不断变化的客户需求，实时、动态、个性化地进行组合并提供给客户。秉承数字化理念，本书根据客户体验总体框架，将整体内容进行模块化，分为六大部分，再将每个部分进一步细分为具体的主题，每一章聚焦一个主题，与总体框架中的模块相对应，如图0-4所示。

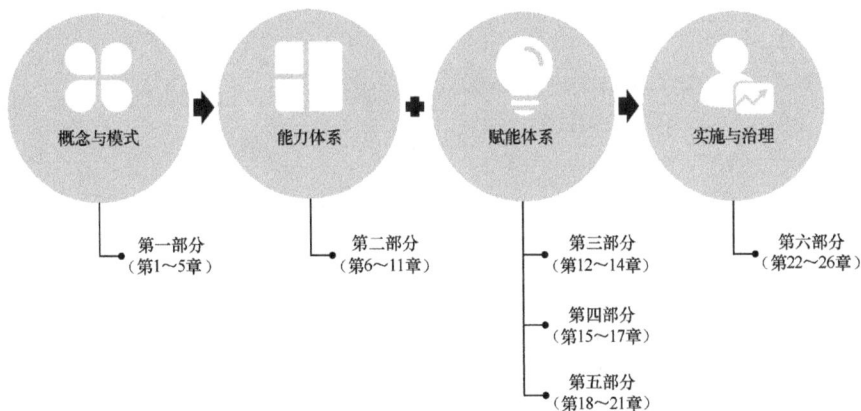

图0-4　"客户体验101"总体框架

第一部分（第1～5章），主要介绍客户体验相关的概念及体验运营的总体模式。

第二部分（第6～11章），主要介绍客户体验的能力体系，包括能力体系的总体架构及5个专项能力。

第三部分（第12～14章），主要介绍客户体验的赋能体系中的以客户为中心的文化建设。

第四部分（第15～17章），主要介绍客户体验的赋能体系中的技术赋能体系，包括各类工具和平台的介绍。

第五部分（第 18～21 章），主要介绍客户体验的赋能体系中的组织赋能体系，包括体验相关的各类岗位、技能要求和团队建设。

第六部分（第 22～26 章），主要介绍客户体验的实施、转型策略和步骤，以及相应的治理架构和策略。

由于本书的每一章都聚焦一个具体的主题，因此你可以从开始按照整体的架构顺序阅读，也可以从感兴趣的某一章开始阅读。

# 目录
## Contents

## Part 2
## 第二部分
## 客户体验的
## 能力体系

Part 3

第三部分
———
客户体验的
文化赋能

## Part 4

# 第四部分

## 客户体验的
## 技术赋能

## Part 5

# 第五部分

## 客户体验的
## 组织赋能

## Part 6

## 第六部分

## 客户体验的
## 实施与治理

# 第一部分

# 客户体验的
# 概念与模式

本部分主要介绍客户体验相关概念的起源，
客户体验的组成要素、形成机制、关键特征，客
户体验给企业带来的商业价值，以及数字化时代
体验运营的 X-Wheel 飞轮模型。

第 1 章

# 体验的起源：

## 体验在四大专业
## 领域的演进

**本章概要**

  自 20 世纪 90 年代以来，"体验"在各个专业领域开始出现并不断发展演进，由于每个领域的角度和重点不同，因此其对体验的定义也存在一定的差异。本章通过回顾体验在设计领域、经济领域、管理领域和营销领域的起源和发展，对体验这一概念的本源和发展趋势进行分析，并在此基础上对体验的内涵进行整合和定义，确定相互之间的界限和关系。

## 1.1 体验相关的专业领域

与"体验"相关的概念非常多,"客户体验"只是其中之一。为了从更完整和系统的角度理解"客户体验",让我们先从理解"体验"这个更广泛的概念开始。

什么是"体验"?这看起来是一个很简单的问题,但也是这一专业领域最核心的问题。如果连"体验"这个核心概念是什么都回答不了,那么就无法研究、设计和交付好的体验。只有搞清楚这个基本问题,才能进一步探讨需要采用什么样的模式和方法,需要具备什么样的能力。认识一个人一般从了解他的经历开始,研究一个概念也一样——让我们从"体验"相关概念的起源讲起。

"体验"的起源并不是单一的,如同人类起源于不同的文明一样,"体验"这一概念也发端于不同的专业领域。总体来看,"体验"的起源主要有 4 个专业领域。

(1)设计领域的"用户体验"(User Experience,UX)。

(2)经济领域的"体验经济"(Experience Economy)。

(3)管理领域的"客户体验"(Customer Experience,CX)。

(4)营销领域的"体验营销"(Experience Marketing)。

起源于不同专业领域的用户体验、体验经济、客户体验、体验营销,最终都将殊途同归,逐步融合和统一,相拥于"体验"的山顶。

## 1.2 体验的起源之一:来自设计领域的"用户体验"

在这个领域最初提出的具体概念是"用户体验",提出者是设计界泰斗当·诺曼(Don Norman),他在 1993 年开始使用"用户体验"这个概念。随后,当·诺曼受聘出任苹果公司的首席"用户体验架构师"(User Experience Architect),负责苹果公司产品和体验的设计、创新工作。

虽然首次使用了"用户体验"这个概念,但诺曼当时并没有第一时间对这个概念进行明确的定义。在后来接受设计公司 Adaptive Path（后被金融集团 Capital One 收购）的采访时，他回顾了提出这个词的初衷。

> 我提出这个名词是因为觉得人机界面（Human Interface）和可用性（Usability）这两个概念的内涵太狭隘了。我希望有一个概念能涵盖个人与系统的所有体验，包括工业设计图形、交互界面、物理交互，以及与人的交互。

——当·诺曼

但遗憾的是，在诺曼负责设计的几年中，苹果公司并没有交出伟大的产品，公司业绩每况愈下。1996 年，乔布斯回归陷入困境的苹果公司，重整研发和生产体系，诺曼也离开苹果公司，加入惠普公司。1999 年，诺曼与另一位可用性原则大师——雅各布·尼尔森（Jakob Nielsen，著名的尼尔森十大可用性原则的提出者）联合创立了尼尔森·诺曼集团（NNG），并以 NNG 的名义对"用户体验"这个概念进行了明确的定义。

> 用户体验包含了最终用户与企业、服务和产品的所有交互。首先，是要不多也不少地准确满足用户的需求；接着，是通过简单而优雅的产品带来拥有和使用的愉悦。真正的用户体验远远不只是满足客户所说的需求，或者只是为他们提供功能清单。

——尼尔森·诺曼集团

在最新版的定义中，NNG 强调了高质量的用户体验来自于企业所有部门的无缝协作，包括工程、营销、视觉和工业设计、交互设计等，并强调"全面用户体验"与"用户界面""可用性"是有明显区别的。虽然后面两者也都非常重要，但这些还不够，需要强调视角更广泛的完整用户体验。NNG 对用户体验的定义偏向感性和具体，维基百科给出了更加简洁的版本。

用户体验是个体在使用特定的产品、系统或者服务时，所产生的情感和态度。

——维基百科

虽然作为设计师的诺曼想通过"用户体验"实现设计的扩展与升华，但设计本身也是一个庞杂而艰深的领域，除了他所倡导的这个方向，设计也在其他方向上不断延伸和扩展，包括工业设计、视觉设计、交互设计等都在拓展自身的范围，同时也衍生出了很多新的概念，例如服务设计等。总的来说，"用户体验"只是"设计"的众多探索方向之一。

## 1.3  体验的起源之二：来自经济领域的"体验经济"

就在当·诺曼出任苹果公司首席用户体验架构师的 1993 年年底，一位年轻的咨询师——约瑟夫·派恩（Joseph Pine）来到 IBM 商学院，给 IBM 的咨询师培训了关于商品大规模定制的课程。在那个年代，商业界都在谈论商品和服务的区别是什么，从而也引发了关于商品、服务之后的经济供应形式是什么的思考。

像往常一样，约瑟夫·派恩在课堂上谈到了如何通过低成本、大批量、高效率的运营模式，将个人定制的商品自动转化成服务。他也指出了经济学家为了区分这两个概念给出的经典描述：商品是标准化的，而服务是定制化的，要根据个体客户的需求来提供；商品生产出来后需要存储，而服务是及时提供的；商品是有形的，而服务是无形的。大规模定制中的一部分无形服务，就是帮助客户搞清楚什么才是他们真正想要的。所以对一个商品进行大规模定制涉及创意、制造、交付等环节，以满足每个客户在特定时刻的个体需求，这就是服务。

但这堂课并没有像往常一样平静地结束，随后发生了一个小插曲，约瑟夫·派恩在后来的回忆中是这样描述的：

当时，一个坐在后排的 IBM 咨询师举起手，并大声质问道："如果将你说的这种大规模定制用到服务上，它会把服务转化成什么？"

约瑟夫当即下意识回击道:"大规模定制会将服务自动转化成体验!"当说出这句话时,他也在心里对自己说:"哇!这个解释听起来真的很不错!"他立即停止了授课,把刚才的对话写了下来,担心自己会忘记。

"体验"这个概念在经济学领域的定义就这样诞生了。虽然看起来非常偶然,但实际上约瑟夫·派恩已经就这个问题思考了好几个月:服务经济之后是什么?现在终于有了答案,那就是——体验经济。他随后将这个想法进行了进一步描述:

> 在一个时间段内,为每一个个体需求提供准确和及时的服务,让他们情不自禁地发出惊叹,让这段时间变成一段难以忘怀的记忆,这就是体验!如果事实如此,那么"体验"就是一种不同的经济供应——一种像"服务"区别于"商品"一样,区别于"服务"的供应。这也意味着发达世界的经济将向体验经济转型,如同20世纪后期服务经济逐步替代工业经济,100年前工业经济替代农业经济一样,体验经济将逐步替代服务经济。

约瑟夫·派恩后来与他最好的搭档詹姆斯·吉尔摩(James Gilmore)一起,对整个理论框架进行了系统扩展,更加完整地提炼和抽象出了人类经济的演进模式:从提供货品的农业经济,到提供产品的工业经济,再到提供服务的服务经济,接下来就是即将提供的体验经济。这个时代经济的主流供应形式就是"体验",如图1-1所示。

1998年7月,约瑟夫·派恩与詹姆斯·吉尔摩将这一研究成果发表在了著名的商业杂志《哈佛商业评论》(*Harvard Business Review*)上,这就是《体验经济》("Welcome to the Experience Economy")一文。"体验经济"作为体验在经济学领域的核心概念正式诞生,并为世人所知。

起源于设计领域的"用户体验"概念,一直在设计和研究领域中使用。最早从事这个行业的,也都是将研究、设计、艺术,甚至技术等多项才能集于一身的专业人员，是一个相对比较小众的群体。而起源于商业领域的"体验经济"，从一开始就为更多的从业人员所认知，因此其虽然比"用户体验"晚几年才出现，但却在整个社会的认知覆盖面上，更为公众所熟悉。

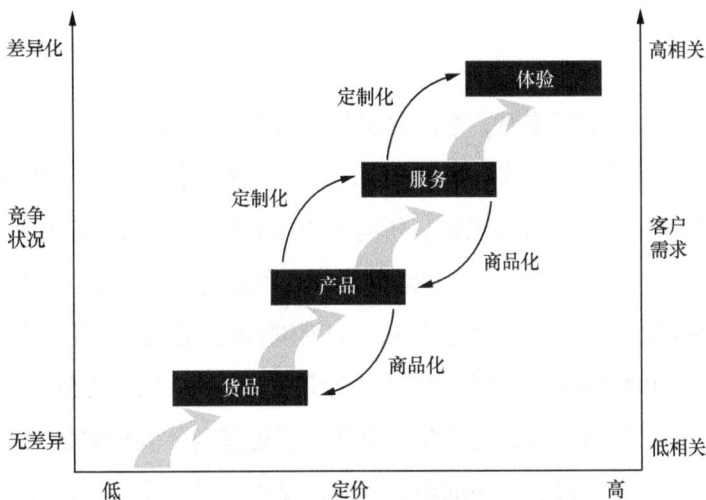

图1-1 人类经济的演变模式

（数据来源：《体验经济：过去、现在与未来》）

## 1.4 体验的起源之三：来自管理领域的"客户体验"

就在《哈佛商业评论》发表《体验经济》一文的 1998 年，美国研究公司 Forrester 在内部成立了一个"客户体验研究"（Customer Experience Research）小组，负责人为哈雷·曼宁（Harley Manning），随后特姆金·布鲁斯（Temkin Burce）、凯丽·博丁（Kerry Bodine）等人也相继加入，他们后来成为客户体验领域的知名专家。

这个团队将他们的研究对象称为"客户体验"，它不像"体验经济"那样宏观，与设计领域的"用户体验"也不尽相同。曼宁在团队成立 20 周年时回忆了一个有趣的故事：在写团队的第一份研究报告时，他专门去拜访了自己当时的偶像当·诺曼，诺曼对他一再强调，不要把这份报告写成"可用性报告"（Usability Report），而要写成一份"用户体验报告"（UX Report）。对于诺曼的建议，曼宁当时感激涕零，但后来他既没有写可用性报告，也没有写用户体验报告，而是写了"客户体验报告"。相比之下，他们对"客户体验"的定义也更加广泛：

客户体验（CX）是客户对企业所有交互的感知。

——Forrester

从这个定义的字面来看，客户体验将所有交互产生的感知都纳入了研究视野：其不仅包含产品、系统或服务方面的交互，还包括在营销、传播、客户服务等方面的所有场景、所有渠道、所有触点上客户与企业的交互；其也不仅仅是购买后的使用阶段的交互，甚至还包括成为企业的客户之前的交互行为。

概念的扩展意味研究边界的扩展，客户体验研究的范围，不再仅仅是设计，还包括战略、市场洞察、测量、交付、组织、文化等，跟企业管理涉及的内容进行了更广泛的对接。因此也衍生、分化出了更多与体验相关的专业概念，例如品牌体验、产品体验、体验战略、体验测量等。其甚至不再局限于客户与企业交互产生的感知，而是开始研究所有主体之间交互产生的感知，例如最近几年开始出现的新概念——员工体验。

2017年，体验管理平台提供商 Qualtrics 提出了比"客户体验"内涵更加广泛的"体验管理"（Experience Management，XM）这一概念。他们的创始人瑞安·史密斯（Ryan Smith）在公司上市前夕声称，其 IPO（Initial Public Offering，首次公开募股）目的不是获取资本，而是要去资本市场开创"XM"这个股票品类。2018年11月，还在 IPO 候审的 Qualtrics 被全球软件巨头爱思普（SAP）以80亿美元的现金收购，创造了 SaaS（软件即服务）平台领域有史以来最昂贵的收购纪录，轰动全球科技界，也让"体验管理"这个概念开始在全球范围内被广泛提及。2021年1月，SAP 将 Qualtrics 分离出来后在纽约证券交易所独立上市，开盘首日市值达到约250亿美元，再次吸引了全球范围的对数字化体验管理领域的关注。

2019年7月，由前 Forrester 客户体验研究团队核心成员、现任 Qualtrics 体验管理研究院院长特姆金・布鲁斯亲自撰写，Qualtircs 正式发布《运营式体验管理》（"Operationalizing XM"）报告，对"体验管理"进行了界定，并系统阐述了体验管理的运营模式。

> 体验管理（XM）是一门利用体验数据（X-data）和运营数据（O-data），对企业或组织的 4 项核心体验——客户体验、员工体验、产品体验、品牌体验进行测量和优化的学科。
>
> ——体验管理研究院

## 1.5 体验的起源之四：来自营销领域的"体验营销"

营销作为最重要的商业领域之一，也在 1999 年迎来了"体验"这一概念：来自哥伦比亚大学商学院的教授伯德・施密特（Bernd H.Schmitt）出版了《体验式营销——如何让客户感知、感受、看待、行动和联想你的企业和品牌》（*Experiential Marketing：How to Get Customers to Sense，Feel，Think，Act，Relate to Your Company And Brands*）一书，将体验引入营销和品牌领域。

施密特认为传统的营销方法与快节奏的多媒体环境脱节，他敏锐地观察到了还处在萌芽状态的数字化媒体对营销和客户的深远影响，指出仅宣传产品的功能和卖点还不够，客户已经将功能方面的质量和正面的品牌形象视为基本要求，他们更需要的是能触发感知、触动心灵并激发思想的产品、沟通和营销活动。为了对客户的这种趋势性需求作出反应，营销人员应该不只是销售产品。相反，他们需要通过包装和广告创造与客户相关的整体体验，通过这种方式将产品或服务从一次性购买转变为客户日常工作和生活的一部分。

虽然在《体验式营销——如何让客户感知、感受、看待、行动和联想你的企业和品牌》一书中，施密特首次在营销中引入体验的概念，但他更多的是在阐述如何利用更丰富的交互形式来提升营销效果，仅将体验作为一种新营销的手段，而未对营销和体验的关系，以及场景在营销中的角色涉及太多。这些是体验在营销领域进一步发展的重要方向。

2003 年，施密特对体验的思考领域进一步扩展：从原来的营销领域延伸到整体客户关系的构建与管理。这一年，他出版了《客户体验管理：连接客户的变革性方式》（*Customer Experience Management：A Revolutionary Approach To Connecting With Your Customers*）一书，提出了客户体验管理的五步模型，从开始的"体验式营销"走向了更加全面的"客户体验管理"。

客户体验管理是战略性地管理客户对产品或公司全面体验的过程。

——伯德·施密特

当从更高的战略层面理解和看待客户体验管理后，施密特也进一步拓展了体验式营销的内涵。2011 年，在《体验营销：概念、框架和消费者洞察》一文中，施密特对体验和营销的关系做了更完整、更准确的界定：

体验营销最基本的概念之一就是——价值不仅存在于消费的对象中（产品和服务），还存在于消费者寻找和处理有关这些对象的信息的过程中，以及进行消费的体验中。

也是从这之后，业内在谈及体验和营销时的概念名称，从最初的"体验式营销"（Experiential Marketing）逐步改变为更具融合性的"体验营销"（Experience Marketing）。体验不再是营销的定语和手段，而是成为营销的目的，营销也成为体验的重要组成部分，自此之后，体验和营销的融合也越来越广泛和深入。

## 1.6 体验的定义：拥抱于山顶的全面体验

总的来看，由于出发点不同，源自 4 个专业领域的体验概念，在范围和层面上存在着一定的差异。

（1）"用户体验"从微观层面的交互设计开始发展和演进，对"用户体验"是什么进行了界定。

（2）"体验经济"从宏观抽象的经济模式进行解读，更多地从前后的发展趋势上来界定"体验经济"的位置。

（3）"客户体验""体验营销"则从介于以上两者之间的中观层面，在企业和组织的管理、运营领域进行拓展。

虽然起点不同，但每个领域都在不断地演进，研究的范围和内容也逐步交叉和融合，例如，诺曼后来也一再强调"用户体验"不只是产品，而是要涉及企业各个部门的无缝协作；而"体验经济"也不仅仅是在宏观层面探讨抽象的阶段发展，而是要开始涉足具体的企业运营模式的演进。体验的定义可以理解为拥抱于山顶的全面体验，如图 1-2 所示。

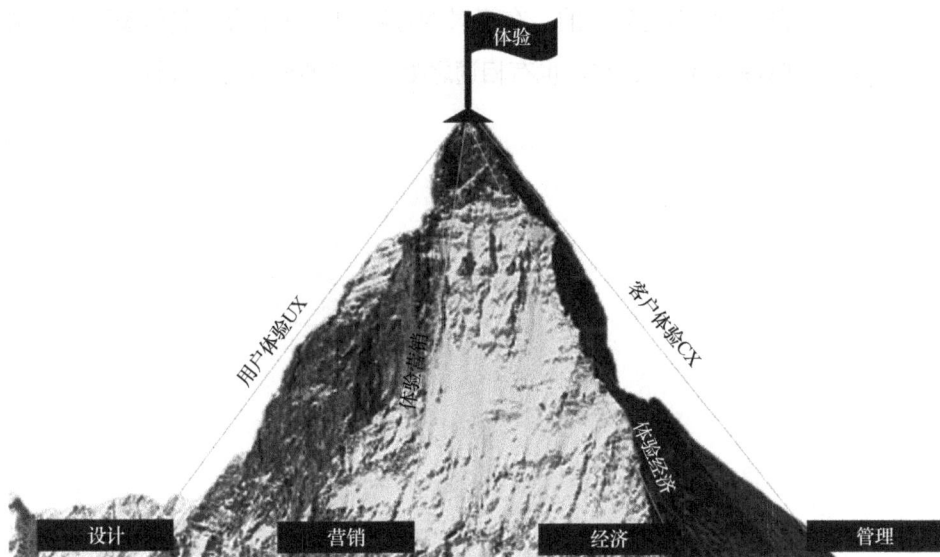

图1-2 拥抱于山顶的全面体验

随着各个概念的不断扩展和融合，我们需要一个更加概括性的名词来统领这些领域，这个词就是——"体验"（Experience）！这个"体验"不再只是"一个"体验，而是众多体验构成的系统和生态。在这样的发展趋势下，可以给它一个更广泛意义上的定义。

"体验"是作为个体的人，包括客户、员工，以及所有利益相关者的个体，与组织交互过程中形成的总体感知。体验是继产品、服务之后的下一代主流经济价值载体，是一种大规模、个性化定制的即时经济供应。

在这个更加融合的概念里，"体验"不再仅仅指某一种体验，而是包含了各个层面、各个维度的"体验生态"。企业追求的也不是某一个单一的"体验"，而是整个生态中所有利益相关者体验的动态均衡、总量增长，以及持续发展。

为了避免过于宽泛而无法聚焦，我们重点探讨各种类型体验中最重要的一种——"客户体验"，对它的定义如下。

客户体验是客户与品牌交互过程中，形成的总体感知。

当然，客户体验不是孤立的，在探讨的过程中，其也会与其他类型的体验发生关联，并且在方法上，它们也有相通之处，我们会一并进行讨论。

# 第 2 章

# 体验的本质：

## 实时、个性化地
## 以客户为中心

---

**本章概要**

　　对"体验"本质的理解，是整个客户体验学科
的基石。本章以"体验"的定义为基础，从体验的核
心组成要素、形成机制、主要特征三方面对体验的
本质进行了解读和分析，并据此定义了体验经济时
代企业的三大基础战略：以客户为中心（Customer–
Centric）、实时战略（Real–Time）、个性化战略
（One–For–One）。

## 2.1 体验的三大组成要素

理解"体验"的本质，可以从"体验"的组成要素、形成机制和主要特征来剖析。但所有分析的基础，都源于对"体验"的基本定义。

不论是"用户体验""客户体验"，还是更加广泛的"体验"，在每一个定义中，始终存在的两个关键词：一个是"交互"，另一个是"感知"，它们是"体验"的组成要素中的两个。

不管是总体的"体验"，还是细分类别的"用户体验""客户体验""员工体验"，都基于这两个基本要素。针对主体的不同而衍生出的不同概念，如"用户体验"和"员工体验"；针对的范围和层面不同，也会衍生不同的概念，如"用户体验"和"客户体验"。除了"交互"和"感知"这两个显性的组成要素，还有一个在所有相关概念中都没有言明但始终暗含的关键组成要素，那就是——"场景"。体验的三大组成要素如图 2-1 所示。

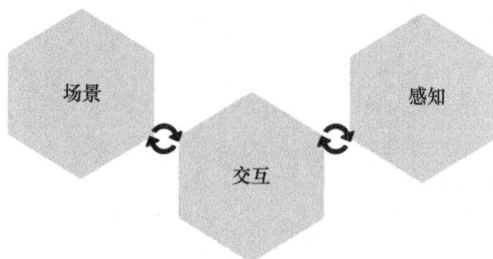

图2-1 体验的三大组成要素

所有的"交互"都是发生在一定"场景"中的，并且由于"场景"的不同，会导致不同的"感知"，进而会形成不同的"体验"。即使是相同的交互，放在不同的场景中，也会产生不同的体验，典型的例子就是同样的话放在不同的场合说，给听者的感受可能会天壤之别。

场景是主体（通常所说的客户）对所处环境的理解，包括所有行为和感知发生的背景环境。场景本身包括单个画面（某个时刻的拍照），以及连续多个画面呈现出来的上下文情节。某个场景的划分和界定，以主体（客户、员工等）的某一个相对明确的目标和所处环境作为依据。体验的场景如图 2-2 所示。

交互是主体在场景中为达成目标，与企业或组织进行各种形式的双向互动和互相影响的行为，包括各种有形的或者无形的互动。常见的交互包括图文交互、语音交互等。由于技术的发展，新的数字化交互形式不断涌现，并越来越受到客户的喜爱。体验的交互形式如图 2-3 所示。

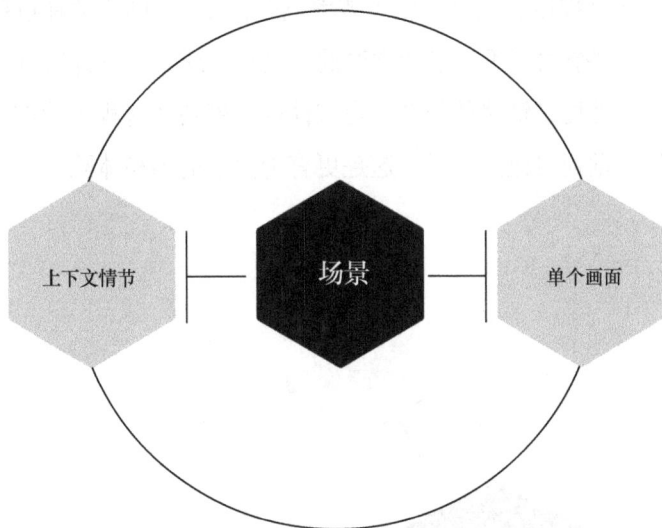

图2-2　体验的场景

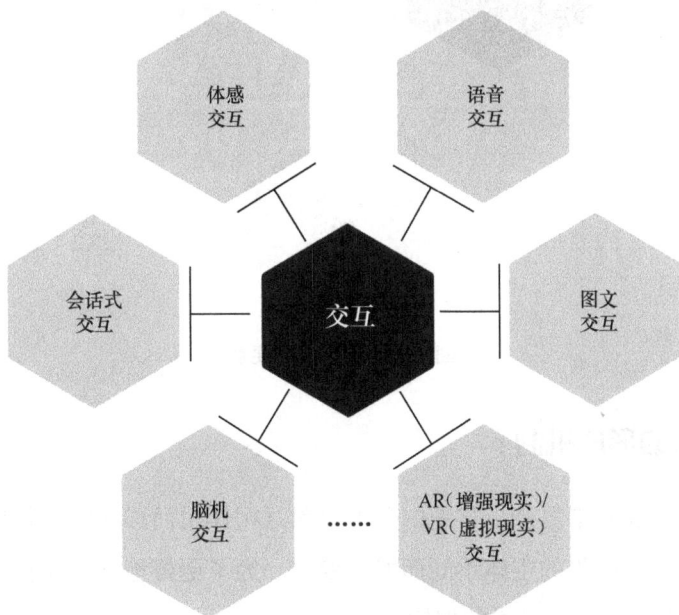

图2-3　体验的交互形式

感知是在某一场景下，主体通过与组织的交互行为而产生的主观感受。体验感知主要包括 3 个要素：效用，即主体的目标是否成功达成；简便，即达到目标的过程的难易程度和速度，属于效率范畴；情感，即主体在过程中的情绪，如图 2-4 所示。这个情感不仅包括常说的"满意"或者"好评"，而且包括能带来深刻体验的各种复杂情绪的组合。有些体验可能会在过程中让你觉得很痛苦，但同时也让你感觉到自己的成长，这是更有价值的情感和体验。

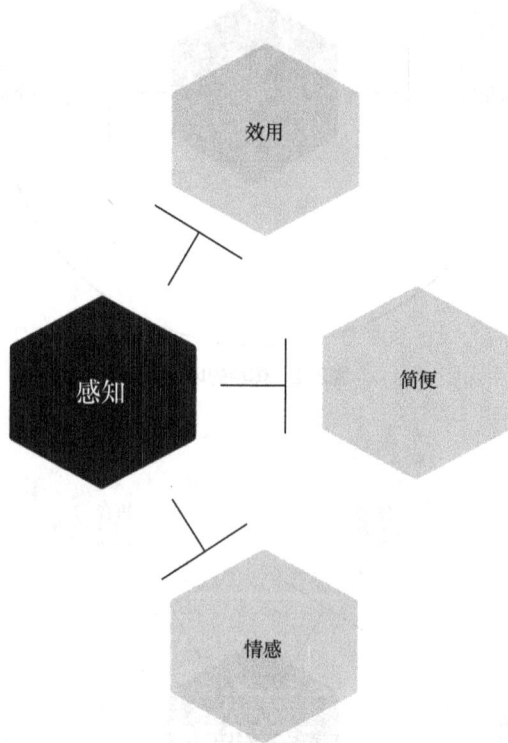

图2-4　体验感知的要素

## 2.2　体验的形成机制

体验的形成非常复杂，它是由多种要素互相作用而形成的，并且也会因所处的场景不同、体验的主体不同而发生变化。为了更好地理解体验，下面就体验的形成机制构建一个基本的架构。

首先，所有的行为、要素，以及最终的体验，都是在某一个场景下发生的，如图 2-5 所示。客户、员工等各种体验主体由于某种原因主动进入某一个场景，也有可能是被动地进入某一个场景。在很多情况下，主体处在一个多重场景，但在某些信息的刺激下，最终会有一个场景成为主体当下的主场景。

图2-5 体验的起点：场景

当身处一个明确、具体的场景时，客户就会产生一定的动机，并由此引发一个或多个具体的需求，同时也会因为有了动机而产生相应的预期，如图 2-6 所示，这些预期常常是由主体以往的经验和知识所决定的。

具体需求和动机的驱动，加上外部因素和信息的刺激与引导，就会转化为主体的具体行为，如图 2-7 所示，这些行为同时还会受到以前主体所具备的态度的影响。当这些行为与目标组织产生互动时，就形成了具体的交互。

具体的交互进一步产生主体的感知，主体会将这些感知与预期进行比较，从而形成最终的体验。而最终的体验，反过来会进一步修正主体对组织的态度和预期，并作用到下一次的行为、交互和体验上。体验的最终形成及后续影响如图 2-8 所示。

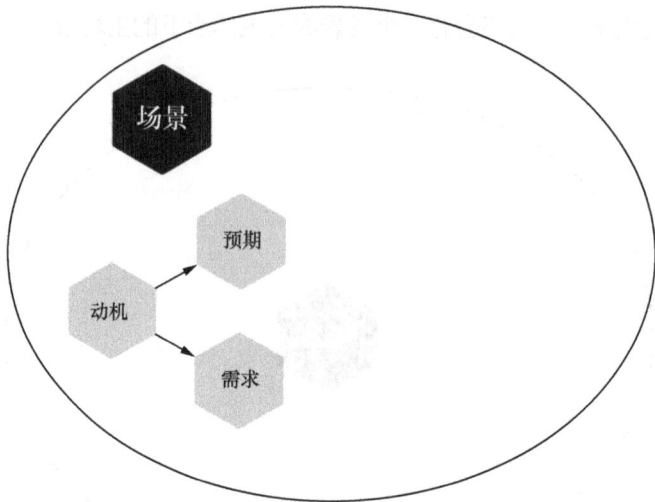

图2-6　具体场景下动机引发需求和预期

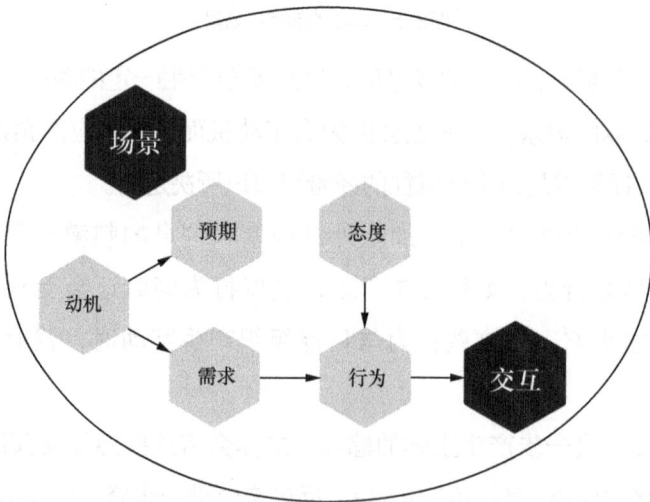

图2-7　具体行为形成的交互

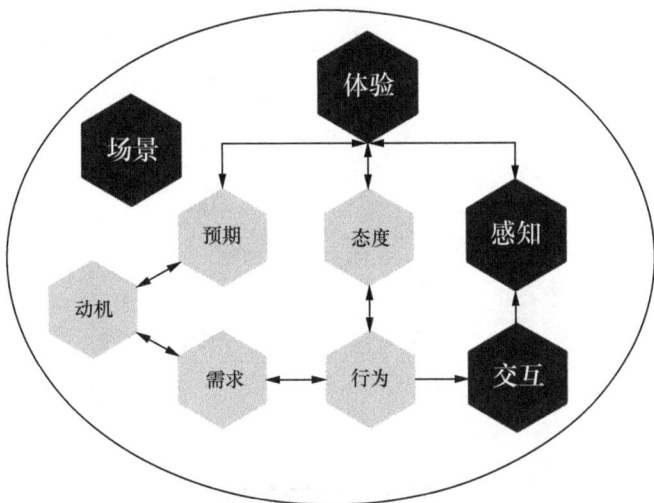

图2-8　体验的最终形成及后续影响

## 2.3　体验的主要特征

体验归根结底是主体的感知，所以与产品和服务相比，其最大的差异化特征就是：产品和服务依然属于组织，但体验产生于主体本身，并归属于主体。

因此，对于一个终极的"以客户为中心"的组织来说，它为客户提供的，不是止步于产品和服务，而是体验，只有体验才是真正的客户视角。

除了以上这个基本的特征，根据组成要素和形成机制，体验的主要特征还包括以下3项，如图2-9所示。

（1）主观：虽然体验是由客观的行为、交互引发的，但最终由感知与预期形成的体验都属于主观范畴。"情人眼里出西施"对体验来说绝对适用，相同的交互对不同的主体形成的体验可能会非常不同。

（2）实时：感知是在交互发生的同时产生的，并且是无形的、短暂的、不可存储的，所以它的生产和交付都是实时的、一体化的，不能像产品那样预先生产，延迟交付。

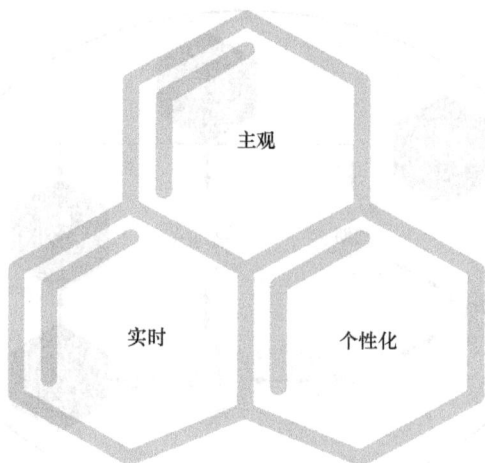

图2-9　体验的主要特征

（3）个性化：这是主观特征的延伸，不同的场景、交互和主体，都会形成不同的体验，个性化是体验的天然属性，这种属性的极致就是一对一的个性化。千篇一律的标准化无法激发情感，是体验的天敌。但一对一是有成本的，在实际运营中可根据实际情况提供不同程度的个性化。

主观、实时、个性化，这是"体验"与生俱来的天然属性，极致的体验就是激发主体的一种实时的、个性化的主观情感。体验的这些特征决定了组织不能完全按照工业时代的生产和管理模式来制造和交付体验。

虽然体验是非常主观的事物，但组织提供"体验"的目标是客观的，即要促进和达到一种客观的行为——如客户的购买、忠诚、推荐等行为，或者员工在工作中的敬业行为。

# 第 3 章

# 体验的类型：

## 构建属于自己的
## 体验方程式

---

**本章概要**

　　数字化已经让场景、交互和感知等体验组成
要素变得非常多维和复杂，不同的企业和部门根
据不同的目的，从不同的角度将体验划分为很多
不同的类型，企业需要根据自身经营的重点来选
择如何划分体验的类型，并明确重点。本章重点
介绍体验主要的划分维度、层次和类型，以及企
业如何构建自身的体验方程式，并应用到日常经
营中。

## 3.1 按主体划分的体验类型

体验是在一定的场景下，主体与企业或组织交互产生的感知，因此按照场景的不同、感知主体的不同、交互形式的不同、交互阶段的不同、交互渠道的不同、感知类型的不同，可以将体验划分为非常多的类型，并由此衍生出更多相关的体验概念。

体验不是单一的，体验是立体和多维的。所有这些不同类型的体验，它们之间并不是互相排斥的，而是相互关联、相互影响和依存的。划分这些类型，是从不同的角度来看待体验、洞察体验多维组成要素和影响因素，企业和组织可以根据不同的视角，来研究、设计、开发和提供体验。例如，按照主体不同可以将体验分为以下类型。

（1）客户体验：客户与组织交互感知到的体验。

（2）员工体验：员工在企业工作中与各方交互所获得的感知。

（3）股东体验：作为组织的股东与各方交互获得感知。

（4）合作伙伴体验：组织在资源、渠道、客户等各方面与合作方的交互和体验。

不同主体的体验类型如图 3-1 所示，围绕着组织构成了一个"体验生态"，它们互相依存和影响。一个有价值的组织可以实现整个体验生态的动态平衡和持续发展。如果不能从整体角度考虑，而是偏向于某一个体验，则整个体验生态将无法实现稳定和发展。

例如，如果为了提升客户体验，而对员工制定过于苛刻的工作标准，严重压缩员工的休息时间，过分损害员工体验，则会影响员工与客户的交互，并最终损害客户体验；同样，如果为了获取更多的利润，而去损害客户和员工的体验，则最终会导致生态的失衡。

在为数众多的各种体验中，客户体验是目前企业关注的重点，而客户体验也可以进一步从各个维度进行细分。例如，可以根据客户与企业交互的阶段将其划分为营销体验、销售体验、产品体验、服务体验等。

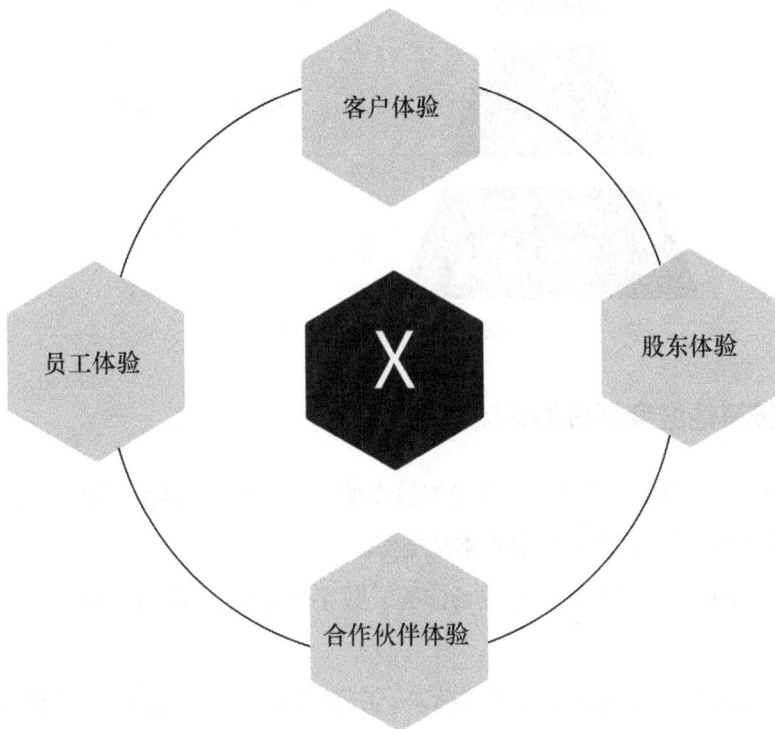

图3-1　不同主体的体验类型

## 3.2　按层面划分的体验类型

根据交互层面的不同，可以将体验划分为：最基础的触点层的体验、中间层的基于旅程层的体验，以及最高层的基于关系层的体验。不同层面的体验如图 3-2 所示。每个层面的体验不是完全隔离的，它们之间也存在着包含与交叉。例如，客户体验包含了用户体验层面的体验，同时也与品牌体验存在一定的交叉。

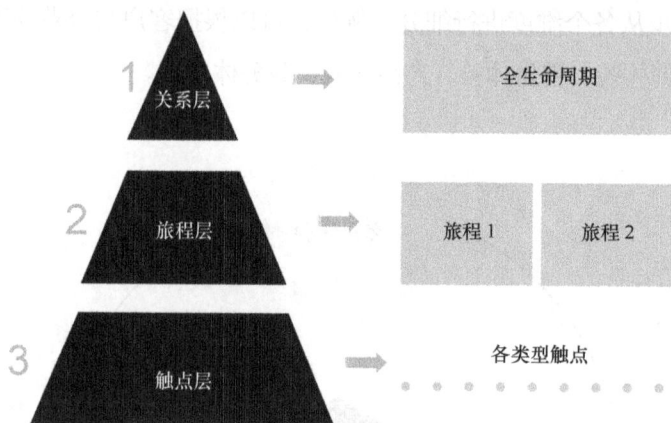

图3-2 不同层面的体验

## 3.3 按其他维度划分的体验类型

除了按照主体、层面来划分的体验类型，在企业的实际运营中，还存在根据其他各种维度来划分和抽取的体验类型。

（1）根据渠道类型划分为现场体验、数字化体验、实体店体验、面对面体验等。

（2）根据感知类型划分为视觉体验、听觉体验、触觉体验、味觉体验等。

（3）根据运营环节划分为营销体验、销售体验、服务体验等。

（4）根据活动类型划分为促销体验、试驾体验，针对员工的入职体验、培训体验等。

以上所有对体验类型的划分，既不是全部的，也不是唯一的。所有的分类，都是为了更好、更深入、更全面地理解体验，以便更好地组织、提供体验。到底如何划分是合适的，需要根据企业或组织面向的客户，结合内部的运营模式来进行，最终的效果是判断划分有效性的唯一标准。

## 3.4 构建企业自身的体验方程式

企业及其内部部门根据自身运营的需要，往往会从各种不同角度和维度划分出很多种体验类型，它们相互之间存在一定的交叉、重叠。面对这些众多的体验名词，人们经常会产生困扰和误解。所以，当一个企业内已经出现各种类型的体验概念时，有必要构建一个统一的体验方程式，以达到以下目的。

（1）明确当下最重要的体验：企业重点追求的体验是什么。目前，客户体验是大多数企业最重要的目标。

（2）明确主要的体验组成要素：最重要的体验目标是由哪些要素组成的，以及受哪些主要的因素影响。

（3）明确体验要素之间的关系：目标和要素之间的关系，不一定是非常精确的描述，但可以通过简要的符号表示它们之间的关联。

例如，一个大型企业正在通过各种渠道为客户提供多种形式的产品和服务，那么其体验方程式可以是：

$$客户体验 = 数字化体验 + 现场体验 + 服务体验$$

而对于一个刚刚成立的创业公司来说，起步阶段的重点工作是开发出一款好用的产品，那么其体验方程式会相对简单：

$$用户体验 = 产品体验$$

如果一个企业最近的重点工作是提升员工的体验，那么其需要的体验方程式可能是：

$$员工体验 = 入职体验 + 薪酬福利体验 + 工作体验$$

总之，不要被过多的概念所困扰，也不存在普遍适用的体验方程式。每个企业都可以根据自身的特点和目标，构建符合自身实际情况的体验方程式，来统一思想和认识，指导体验工作的开展。

# 第 4 章

# 体验的价值：

## 客户体验的投资回报

---

**本章概要**

　　体验要成为社会经济最主要的载体，受到企业的重视和投入，就必须体现出给客户带来的价值以及给企业带来的商业价值。本章分析了客户体验与商业价值建立关联的重要性和客户体验产生商业价值的 3 个主要途径，重点阐述了客户体验与客户忠诚度之间的相关关系的实证研究，以及客户体验给企业带来的价值和优势。

## 4.1 客户体验必须成为商业的一部分

客户体验这个词虽然炙手可热，但能把体验落实到行动上的企业，少之又少。即使在被称作用户体验先行者的互联网行业，用户体验部门在内部的真实影响力也并不像其在表面上看起来的那么大。一个重要原因是，体验本身还没有很显性地证明过自己的商业价值，也就是体验直接的投资回报率是多少、能带来多少收入、提升多少转化率、降低多少流失率等并不容易测算。不能非常明确地回答这些问题，体验就不会真正上升到企业战略层面，成为企业真正的驱动力，而只能作为一个传播和营销噱头。

想要成为真正以客户为中心的企业，就必须建立能将客户体验与财务表现直接关联起来的绩效框架。

——Forrester

那些目前在企业从事满意度、NPS（净推荐值）调研，以及客户体验质量管理工作的客户体验专业人员，承受着来自企业高层期望他们展示切实商业效果的压力。要做到这一点，就必须将主观的客户体验指标与核心可量化的商业绩效指标联系起来，以支持关键的商业决策。为了让客户体验真正融入企业的商业体系，需要重点加强两个方面的工作。

（1）将客户体验与财务指标相连接。目前的现实情况中，很少有将核心财务绩效与传统客户指标联系起来的例子，这些客户体验指标往往非常独立，且都是暂时性的，起不到实质性的作用，也很少有客户体验专业人员去收集能建立这种关联所需的客户行为指标和财务数据。

（2）吸引企业管理层的重视和投入。只有看到无可辩驳的、直接与最终回报相关联的关系，管理层才会将客户体验作为重要的优先事项进行投资。所以一定要给管理层展示客户体验的商业优势，不仅使用客户留存这些行为指标，还必须展示有多少客户购买了更多产品等财务相关数据，客户体验专业人士必须通过使用类似的数据来吸引高管的注意力。

## 4.2  客户体验如何在 3 个方面影响商业绩效

客户体验专业人员将客户体验指标连接到商业绩效的第一步是要了解影响商业绩效的要素，从而知道该如何去影响它们，再通过制定清晰一致的客户体验战略来获取更高的收益，提升客户体验在企业高层眼中的相关性，并吸引到更多的投资。总体来看，优秀的客户体验在提升商业绩效上有以下 3 个方面的作用。

（1）增加收入：通过提高客户忠诚度和回购率，客户体验的改进可以促进企业收入的增长。同时，好的客户体验还可以促进客户购买更多的产品或服务。出色体验带来的口碑传播和推荐也能进一步促进企业收入的增长，如图 4-1 所示。

**图4-1  客户体验促进企业收入增长**

（2）减少成本：通过消除客户痛点，以更清晰、更有意义和充满感情的方式与客户进行沟通和互动，也可以帮助客户获取更多的价值，减少客户投诉，减少不必要或多余的客户服务工作，并优化服务客户所需的人力和基础设施。

（3）降低风险：积极的客户体验和有价值的互动可以建立客户信任，这将带来更多的开放性、更高的透明度和更多的数据共享，从而帮助企业更好地了解客户、更准确地预测和评估经营风险，减少企业的潜在损失。

关于体验的投资回报率，体验研究机构 Temkin Group（已被 Qualtrics 收购并更名为 Qualtrics 体验管理研究院）长期以来一直在开展体验商业价值的研究，以下将介绍他们在客户体验商业价值方面的实证研究成果。

## 4.3　客户体验与忠诚度：Qualtrics 的实证研究

2020 年，为了解客户体验与忠诚度之间的关联关系，Qualtrics 调查了 10 000 个客户，针对不同行业里的企业，收集客户对这些企业的客户体验评价，以及他们对这些企业的忠诚度。Qualtrics 使用 XMI 客户体验打分模型评估了 20 个行业的 319 家企业和机构，并评估了客户体验的 3 个维度：成功率（相当于效用）、费力程度（相当于效率）和情感。采用客户对以下行为的意愿作为忠诚度指标：购买更多的产品或服务、推荐一家企业、原谅一家企业、信任一家企业，或者尝试一家企业的新产品或服务。

### 1. 客户体验与忠诚度的总体相关性

越来越多的企业将战略目标确定为提供卓越的客户体验，这样做除了简单地为了向客户提供更好的产品和服务外，更重要的是客户体验和忠诚度之间有着相关性。Qualtrics 在 2020 年的调查结果表明，客户体验与各项忠诚度指标的相关性程度如下。

（1）客户体验与增加客户购买意愿之间的相关性：Qualtrics 将客户购买更多产品或服务的可能性的数据与每家企业的客户评级得分进行比较，发现二者有显著的相关性，相关系数为 0.91，表明这两个变量之间存在着很强的正相关关系，如图 4-2 所示。

覆盖 20 个行业的 319 家企业和机构

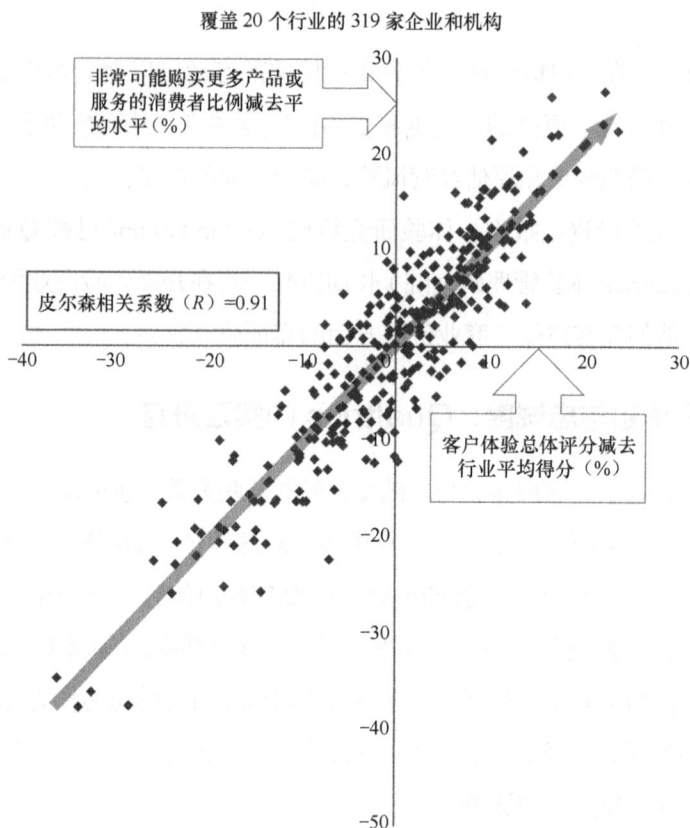

非常可能购买更多产品或服务的消费者比例减去平均水平（%）

皮尔森相关系数（$R$）=0.91

客户体验总体评分减去行业平均得分（%）

图4-2 客户体验与增加客户购买意愿之间的相关性

（数据来源：Qualtrics《2020年客户体验的投资回报》）

（2）客户体验与客户推荐意愿之间的相关性：Qualtrics 发现客户体验和 NPS（净推荐值）之间存在着很强的正相关关系，相关系数为 0.88，如图 4-3 所示。客户体验得分最高的 20% 的企业，其 NPS 平均得分比行业平均水平高出 16%，比排名最低的 20% 的企业的平均 NPS 高出 32%。

## 2. 客户体验对具体忠诚度行为的促进作用

Qualtrics 通过分析客户对体验的评级分布（分为"非常好""好""一般""差""非常差"共 5 个等级），结合 4 个忠诚度行为的意愿，发现各行业客户体验水平与具体忠诚度行为之间存在以下相关性，如图 4-4 所示。

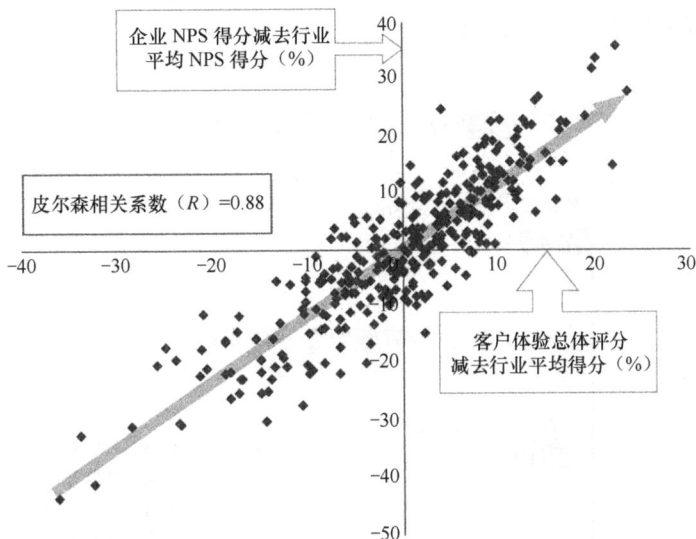

图4-3　客户体验与客户推荐意愿之间的相关性

（数据来源：Qualtrics《2020年客户体验的投资回报》）

（1）购买更多

在给一家企业"非常好"客户体验评级的客户中，94%的客户"很有可能"在未来从该企业购买更多的产品或服务。而在给一家企业"非常差"客户体验评级的客户中，只有20%的客户会这么做。

（2）推荐企业

在给一家企业"非常好"客户体验评级的客户中，94%的客户"很有可能"推荐该企业。而在给一家企业"非常差"客户体验评级的客户中，只有13%的客户会这么做。

（3）原谅企业

在给一家企业"非常好"客户体验评级的客户中，77%的客户"很可能"原谅在一家企业的某一次糟糕的体验。而在给一家公司"非常差"客户体验评级的客户中，只有15%的客户会这么做。

（4）信任企业

在给予一家企业"很好"客户体验评级的客户中，89%的客户"很有可能"

相信企业能满足他们的需求。而在给予一家企业"非常差"客户体验评级的客户中，只有 16% 的客户会如此。

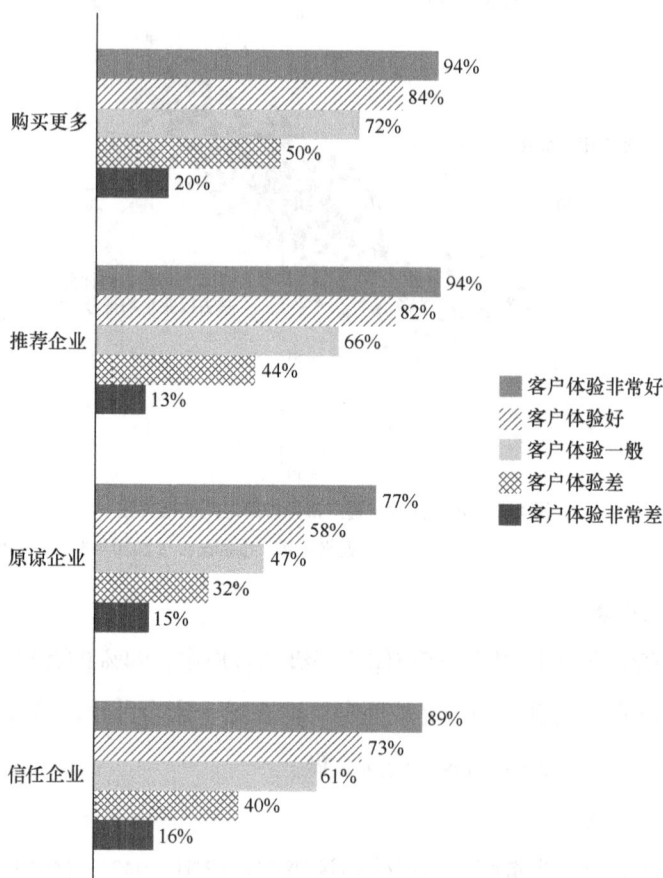

图4-4　各行业客户体验评级与再次购买意愿之间的相关性

（数据来源：Qualtrics《2020年客户体验的投资回报》）

### 3. 忠诚度与客户体验组成要素之间的相关性

除了将整体客户体验水平与不同的忠诚行为进行比较外，Qualtrics 还研究了客户体验的 3 个组成要素——成功率（效用）、费力程度（效率）和情感——是如何影响各种忠诚行为的，如图 4-5 所示。分析这 3 个组成要素和忠诚度指标之间的相互关系时，有以下发现。

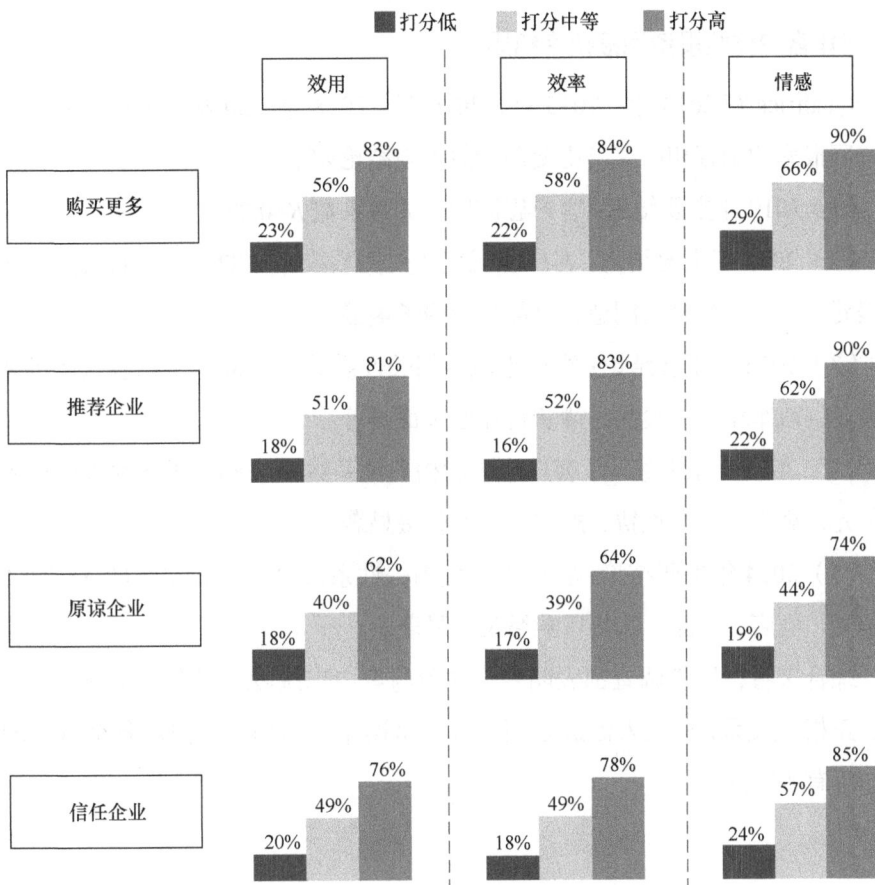

效用、效率和情感因素对忠诚度的影响
（覆盖20个行业）

■ 打分低　　■ 打分中等　　■ 打分高

|  | 效用 | 效率 | 情感 |
|---|---|---|---|

购买更多
效用：23% 56% 83%
效率：22% 58% 84%
情感：29% 66% 90%

推荐企业
效用：18% 51% 81%
效率：16% 52% 83%
情感：22% 62% 90%

原谅企业
效用：18% 40% 62%
效率：17% 39% 64%
情感：19% 44% 74%

信任企业
效用：20% 49% 76%
效率：18% 49% 78%
情感：24% 57% 85%

图4-5　客户体验的3个组成要素与忠诚行为之间的相关性

（数据来源：Qualtrics《2020年客户体验的投资回报》）

（1）情感产生的影响最大

虽然客户体验的3个组成要素中的任何一个的改善都会增加客户的忠诚度，但情感的改善带来的效果是最好的。情感评价高的客户比成功率或费力程度评价高的客户，更有可能在4种忠诚度指标上表现更好。

（2）成功率能预测客户购买和推荐产品和服务的可能性

通过成功率上的得分能最有效地预测客户额外购买产品和服务的可能性和推荐的可能性。在成功率打分为"高"的客户中，84%的客户可能会推荐该企业，并在未来会从该企业购买更多的产品和服务。

### 4. 历年客户体验投资回报研究结果

Qualtrics 在 2014 年、2015 年、2016 年、2018 年、2019 年进行了客户体验投资回报率的调查和研究，主要调查数据与结论如下。

（1）2019 年主要结论：客户忠诚度相关性系数 $R$=0.87。

（2）2018 年主要结论：客户忠诚度相关性系数 $R$=0.82，平均收入提升 7.75 亿美元，软件、计算机制造、食品行业增长最显著。

（3）2016 年主要结论：客户忠诚度相关性系数 $R$=0.86，平均收入促进 8.21 亿美元，汽车租赁、食品、酒店行业增长最显著。

（4）2015 年主要结论：客户忠诚度相关性系数 $R$=0.84，平均收入促进 4.72 亿美元，酒店、汽车租赁、航空行业增长最显著。

（5）2014 年主要结论：客户忠诚度相关性系数 $R$=0.83，平均收入促进约 3 亿美元，酒店、食品、零售行业增长最显著。

综合来看，历年调查都表明客户体验与客户忠诚度之间存在着稳定、高强度、正相关关系；在收入促进方面，总体呈逐年增加趋势，但对各个行业的促进作用有所不同。

# 第 5 章

# 体验的模式：

## X-Wheel数字化
## 体验飞轮模型

---

**本章概要**

　　20 世纪 90 年代以来，"体验"在各个专业领域开始发展和演进，虽然获得了广泛的认可，但是在实际的经济运营中，由于缺乏数字化基础及相应的运营模式，体验经济至今仍然未能成为主流经济模式。本章首先分析了数字化在体验运营模式中的基石作用，并重点构建和阐述了基于数字化的体验运营模式——X-Wheel 数字化体验飞轮模型。

## 5.1 数字化：体验运营模式的基石

体验相关的几个核心概念自20世纪90年代提出以来，已经有近30年，但目前除了在互联网行业，体验在其他行业仍然是一个模糊的概念。从整体的社会经济角度看，体验并没有超越产品和服务，成为经济的主流形式。

虽然我们对体验的起源、体验的特征有了越来越多的认识。但在具体的操作层面，企业和组织仍然没有形成有效设计、开发和交付体验的模式，从而无法让体验在商业上实现规模化。

任何事物要实现在商业上的成功，规模化是必由之路。只有实现了规模化，才能在获得收入增长的同时，实现单位成本的降低。

实现规模化最有效的手段就是标准化和分工：首先是将交付物标准化——即产品和服务，然后将生产和提供交付物的过程也进行标准化，将各个标准化的模块交由不同专门的角色来执行，提高效率和降低成本，这就是分工。于是就出现了各种标准化的生产线，以及不同角色的职能部门——研发部门、生产部门、营销部门、销售部门、客户服务部门。这就是工业经济时代的实现规模化交付产品的模式。

人的需求本质上是非标准化的，它随时会产生变化，零碎且无法准确描述，而且不同人的需求也不是完全相同的。但由于技术的局限，一直以来，我们只能在一定程度上用标准化的产品满足人的非标准化需求，并通过规模化保证商业上的可行和持续提供。

社会的发展和市场竞争，要求企业的供应进一步靠近和符合人的需求，这也是从工业经济到服务经济，再向体验经济发展的推动力。在体验经济时代，体验将成为主流的经济载体和供应物，与标准化的产品和服务不同，体验是主观的、实时的和个性化的，是非标准化的。

个性化是标准化面临的最大挑战，实时的个性化更加困难，其由传统的人工模式和工业技术是很难实现的。但实时的、个性化的体验要成为经济社会的主流，也必须通过规模化获得商业上的成功。所以，要真正步入体验经济时代，我们需要新的技术和模式，同时实现实时、个性化和规模化。

体验商业成功的条件 = 实时 + 个性化 + 规模化

能够同时实现这 3 项特征的，就是数字技术，以及基于数字技术的人工智能。只有数字技术才能将实体、虚拟等各种形式的要素进行融合和一体化，不断向实时逼近。同时基于数据的人工智能，可以摆脱人工在个性化上的局限，实现个性化的规模化。数字技术与体验的特征如图 5-1 所示。举个简单的例子：中国象棋特级大师柳大华打破世界纪录的车轮战纪录是 1 对 139，但 Alpha Go 可以在线同时跟无数个人下棋，只要有足够的服务器和电力就行。

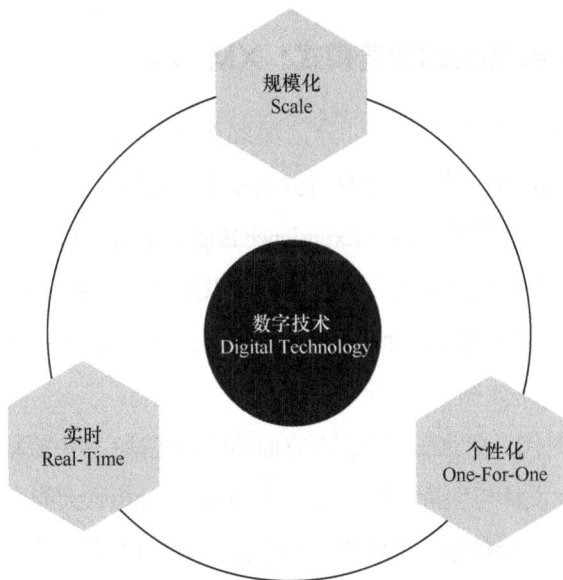

图5-1　数字技术与体验的特征

体验与数字化是一对互相成就的组合型要素：体验可以通过数字技术实现并获得商业上的成功；而数字技术可以通过体验展现核心的特征，并发挥最大的价值，如图 5-2 所示。

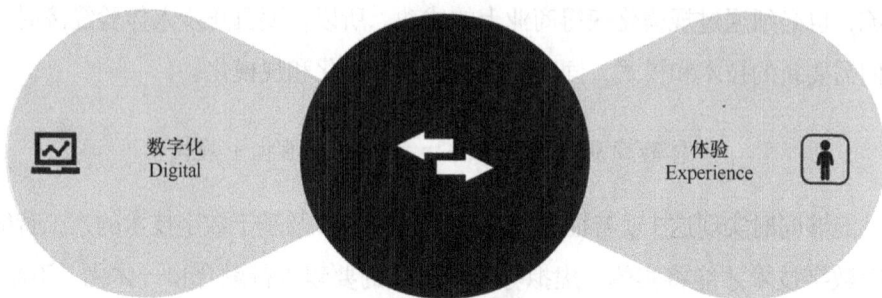

图5-2 体验与数字化

在体验经济时代，企业和组织不再是将交付物（产品和服务）标准化，而是利用数字技术将自身的能力标准化和最小化。然后根据主体的需求，对这些最小化和标准化的能力进行实时、灵活的组合，通过交互来满足主体的需求，这就是体验。

## 5.2　X-Wheel 体验的运营模式：XM+XE

由于体验与数字技术密不可分，因此企业的体验运营模式（Experience Operation Model，XOM）框架总体上由两部分组成：体验管理（Experience Management，XM）与体验工程（Experience Engineering，XE），如图 5-3 所示。

体验管理主要由能力体系、赋能体系，以及治理体系组成。体验工程主要负责体验和体验管理在技术层面的开发和实现，包括对各类相关技术、工具和平台的部署和应用，如图 5-4 所示。

在体验经济时代，企业在体验管理方面的能力包括：客户旅程管理、战略与愿景、研究与洞察、设计与创新、开发与交付、测量与分析六大能力，如图 5-5 所示。

体验管理中的赋能体系，主要负责为员工、合作伙伴等所有利益相关者提供所需的各种环境与资源，包括以客户为中心的文化、合理的组织机构和责任体系，以及客户体验相关的技术、工具和平台。

企业在体验工程方面的能力，主要是利用各种新兴数字技术，进行体验的技术开发和实现，以及对体验管理的各项能力进行数字化赋能，从而实现企业体验的数字化和运营模式的数字化，如图 5-6 所示。

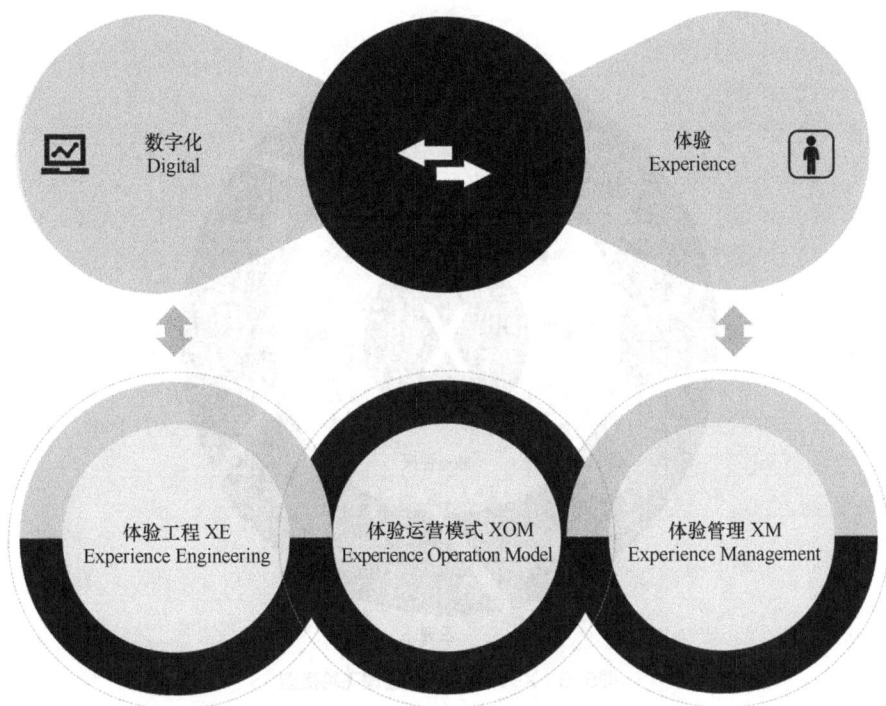

图5-3 体验运营模式框架

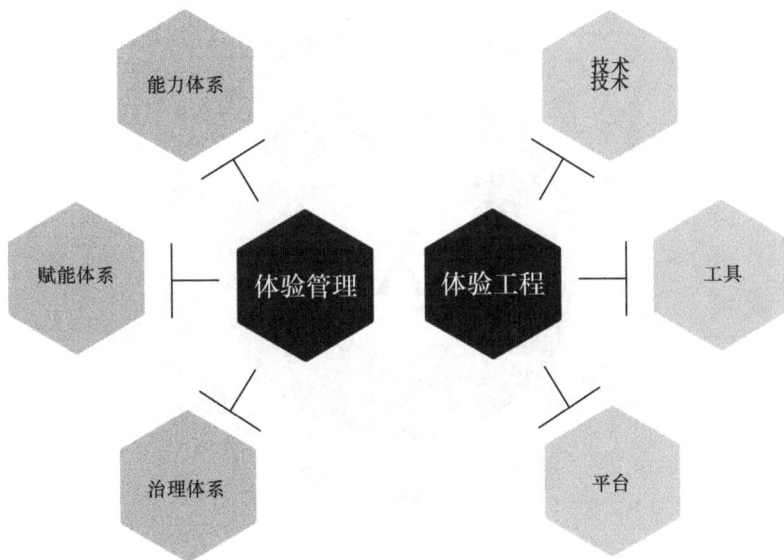

图5-4 体验管理与体验工程要素

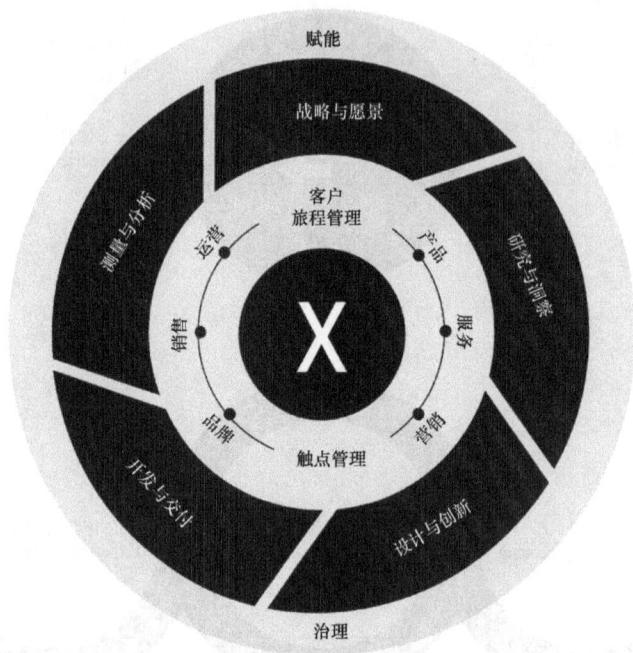

图5-5　X-Wheel体验管理飞轮模型

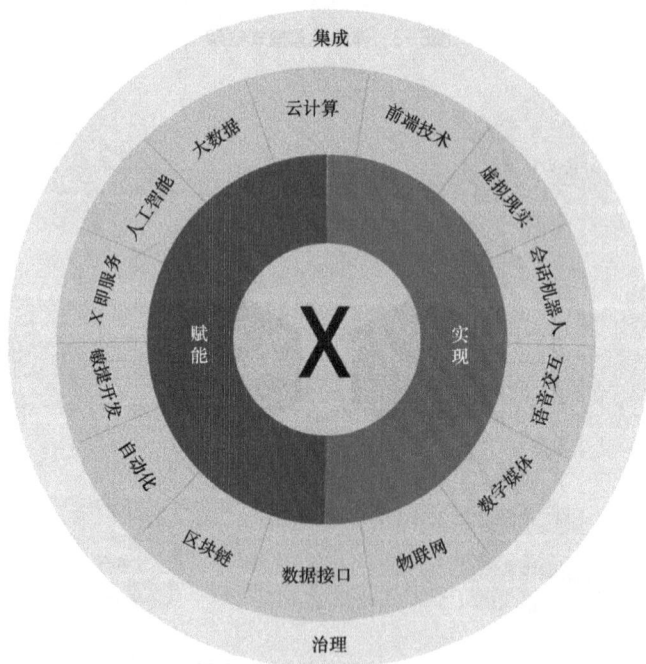

图5-6　X-Wheel体验工程飞轮模型

## 5.3 数字化体验运营模式的兴起

在体验相关概念诞生的年代，数字技术还处在萌芽时期，虽然约瑟夫·派恩和詹姆斯·吉尔摩提出了体验经济的概念，并获得了很多人的认同，但体验作为一种新型的经济供应形式，并没有在商业上大规模增长并成为真正的商业主流。

进入 21 世纪，以互联网技术为代表的数字技术开始迅猛发展，而作为体验早期代表的"用户体验"才开始在国内外互联网公司获得重视和应用，于是出现了互联网巨头不断收购设计公司的浪潮，很多互联网"产品"其实已经是体验的形态了，但这些发展只局限于互联网行业。

从 2015 年起，更广泛意义上的"数字化转型"（Digital Transformation）开始在全球范围内突飞猛进。在国内，"数字化转型"这个概念从 2018 年起开始被广泛提及，并成为各行各业关注的重点。"客户体验"与"数字化转型"的搜索趋势如图 5-7 所示。

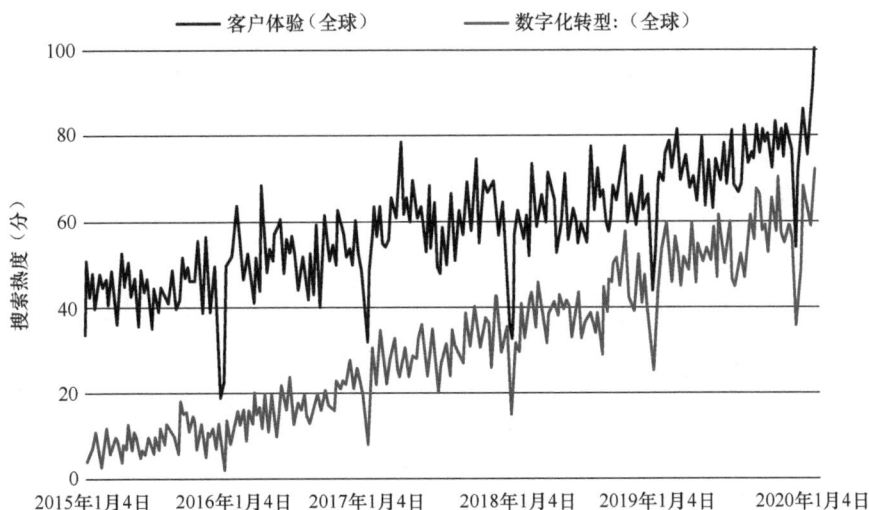

**图5-7　"客户体验"与"数字化转型"的搜索趋势**

（数据来源：Google Trends）

但是，企业离全面深入的数字化还有相当的距离，即使是现在，我们也只是看到了"体验"的曙光，只有数字化基础逐步完善和成熟，体验才会广泛出现，真正成为经济的主流商业形式。

如果要对未来体验的运营模式做一个畅想，可以这样描述它：

利用数字技术，构建实时的需求链和供应链，以场景为舞台，用产品作为道具，用服务作为仪式，给主体交付实时、个性化的体验。

# 第二部分

# 客户体验的
# 能力体系

本部分构建了客户体验管理的能力体系框架
及能力体系建设的基本步骤,并分别介绍了体验
战略、研究与洞察、体验设计、体验测量及客户
旅程管理等重点客户体验能力。

# 第 6 章

# 客户体验能力体系：

## 从意识走向行动的关键

本章概要

当下，很多企业对客户体验仍处于美好的向往阶段，尚无法深入和落地应用。继续往前的关键一步，就是建立自身的客户体验能力体系。本章首先简要介绍企业在客户体验成熟度上经历的 3 个主要阶段，并根据 X-Wheel 体验飞轮模型构建企业的客户体验能力体系，进而具体阐述构建体验能力体系的主要步骤。

## 6.1 体验在企业内发展成熟的 3 个主要阶段

提供客户体验对于企业来说是一件复杂和高难度的系统工程，体验并不会自然而然地产生，也不会在短时间内达到预期的目标。体验在企业内发展成熟，通常会经历 3 个主要阶段，如图 6-1 所示。

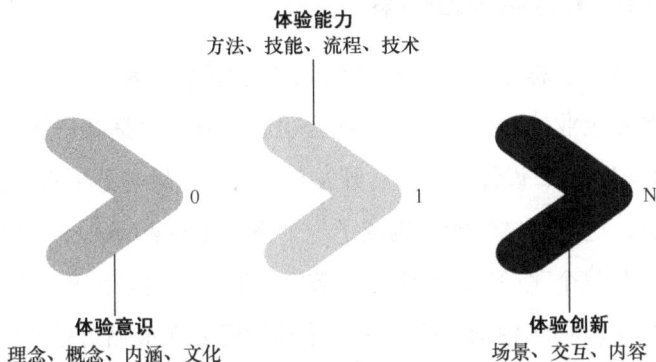

**体验能力**
方法、技能、流程、技术

> > >
0      1      N

**体验意识**
理念、概念、内涵、文化

**体验创新**
场景、交互、内容

**图6-1 体验在企业内发展成熟的3个主要阶段**

### 1. 体验意识阶段

认识到体验的重要性，理解体验相关的理念、概念，开始倡导建立以客户为中心的企业文化，并开始开展体验测试、评估等基础性体验工作。

### 2. 体验能力阶段

进入实质性的操作阶段，通过制定明确的战略目标并构建各项体验相关的能力和技能，协同整个组织围绕客户进行体验的设计、开发、提供和优化。

### 3. 体验创新阶段

在熟练掌握各项体验能力后，通过该能力和资源的重新组合，进行场景、交互和内容的扩展和开发，为客户提供新的体验。如果一家企业的体验仅仅停留在意识层面，那么它的体验管理就只会强调文化建设，停留在高管的口号里。

只有进入能力层面，企业才会思考体验对于增长的实际驱动机制，从战略层面思考差异化竞争力在哪里、如何打造。从组织和系统建设的层面思考如何进行企业运营变革。

只有一个企业通过自建或合作具备了体验运营的各项能力，能熟练对各种技术、方法和流程进行能力的组合和运用，才开始具备进行体验创新的条件。没有能力作为基础的创新，其成功率和持续性都是无法保障的。

## 6.2　X-Wheel 体验能力框架

之前已经给出了总体的体验运营模式：体验管理（XM）+ 体验工程（XE）。体验能力体系是企业体验管理体系的核心组成部分，包括客户旅程管理、战略与愿景、研究与洞察、设计与创新、开发与交付、测量与分析六大能力体系。

总体上看，这六大体验能力构成了一个飞轮（X-Wheel）：客户体验是这个飞轮的轴心，是整个飞轮唯一的核心；数字化时代，客户旅程是客户体验形成的基石，相当于轴心的轴承，所以客户旅程管理处在最贴近轴心的内环；外环的战略与愿景、研究与洞察、设计与创新、开发与交付、测量与分析五项能力，围绕着整个客户旅程，支持企业和组织为客户提供端到端的体验。

### 1. 战略与愿景

制定能为企业品牌价值主张提供支持的体验愿景，并以此为总体指引，结合企业现状与总体战略目标，制订企业行动路径图、行动计划及资源分配方案的能力。

### 2. 客户旅程管理

基于对人物角色和触点的管理，通过客户旅程地图绘制、旅程分析，以及旅程设计、编排等实践活动，监测、分析客户行为和体验，优化全周期、全触点的客户体验的能力。

### 3. 研究与洞察

基于多种形式的数据，对客户、市场进行调查、测试、评估与分析，并将洞察在企业内部、合作伙伴等利益相关者之间进行沟通和传播，形成对企业内外部整体、一致的理解的能力。

### 4. 设计与创新

在体验愿景的指引下，基于研究和洞察，通过创意、原型设计、测试验证等方法，定义能满足客户旅程各个关键触点和时刻的客户需求的体验，并不断进行迭代优化的能力。

### 5. 开发与交付

根据体验设计定义的体验，利用技术与工程进行实现，并通过营销、销售、客户服务、客户运营，以及忠诚度计划等各个环节，沿着整个客户旅程，根据客户的场景持续提供个性化体验的能力。

### 6. 测量与分析

设计多层级、多维度的指标体系，通过多渠道采集数据，对基于客户旅程或者关键触点的体验质量进行量化监测、分析和优化，并建立体验与组织总体指标之间的关联，进行体验评估和优化的能力。

在体验飞轮中，外环的各项体验能力越强大，相互之间的协作越顺畅，给飞轮能提供的动能就越大；客户旅程管理能力越强大，飞轮运行中的摩擦和损耗就越小。强大的动力加上低损耗的润滑，整体的体验就能像这个飞轮一样持续、高速地运转，驱动企业持续增长。

## 6.3 制订体验能力建设计划

系统性的能力提升是一个复杂的过程，不可能一蹴而就，需要制定明确的目标和行动方案，而且不存在普遍适用的解决方案。为了制定符合自身情况的能力建设方案，通常需要经过以下 4 个步骤。

### 第一步：开展调查研究

在这个阶段，主要是对来自内部不同部门的同事进行采访，让他们对企业的各项体验能力进行评估，从而收集企业各项体验活动的开展情况，作为体验能力现状分析和评估的输入。

在开始实施访谈之前，需要拟定访谈对象清单，尽量邀请来自不同部门的同事参加，并且保证每个部门至少有一名高级管理人员接受访谈。另外，需要制订一份体验能力评估表，列出需要了解和评估的能力项，并对每一项制订具体的评价维度、访谈提纲。表 6-1 是根据 X-Wheel 体验能力框架制订的一项能力评估表。

表6-1 客户体验能力评估

| 能力体系评估 | 实践活动 | 行为（所在的企业是否开展此实践活动） | 技能（掌握了此项活动所需的专业方法并能灵活运用） | 计划（有计划地按照一定的频率开展此项活动） | 流程（遵循简洁有力的规范流程进行此项实践） | 协同（确保所有相关部门能在此项行动上进行有效合作） | 问责（指定一位高级管理人员为此项行动的KPI负责） | 成熟度 |
|---|---|---|---|---|---|---|---|---|
| 战略与愿景 | 制定了清晰、差异化和激励性的体验愿景，并在企业内部达成广泛一致和共识 | | | | | | | |
| | 根据体验愿景，制定清晰、可执行的客户体验战略，并不断进行监视和调整 | | | | | | | |
| 研究与洞察 | 采用定性方法（如客户访谈等）和定量方法（如问卷调查、测试等）来研究客户 | | | | | | | |
| | 总结客户数据和知识，形成文档或其他输出形式（如任务角色、旅程地图、知识库等），通过分享帮助员工了解客户和提供的体验 | | | | | | | |

| 能力体系评估 | 实践活动 | 行为<br>（所在的企业是否开展此实践活动） | 技能<br>（掌握了此项活动所需的专业方法并能灵活运用） | 计划<br>（有计划地按照一定的频率开展此项活动） | 流程<br>（遵循简洁有力的规范流程进行此项实践） | 协同<br>（确保所有相关部门能在此项行动上进行有效合作） | 问责<br>（指定一位高级管理人员为此项行动的KPI负责） | 成熟度 |
|---|---|---|---|---|---|---|---|---|
| 设计与创新 | 根据定性研究和定量研究的成果来指导客户体验的设计 | | | | | | | |
| | 遵循与客户一起进行构思、测试的基本流程进行体验设计，在完成设计前不断按照这种方式进行迭代 | | | | | | | |
| 开发与交付 | 根据体验设计，在前端和后端快速、高效地实现和部署，通过检测和维护保障体验 | | | | | | | |
| | 在各个环节（如营销、客户服务等）和各种渠道（如官网、App等）持续交付符合预期的交互和体验 | | | | | | | |
| 测量与分析 | 设计相应的测量指标，检测和分析客户与企业的交互和感知，以及与客户行为和商业结果之间的关联 | | | | | | | |
| | 对体验测量的结果，以及可行动的洞察与内部员工和外部合伙进行分享和沟通 | | | | | | | |

| 能力体系评估 | 实践活动 | 行为（所在的企业是否开展此实践活动） | 技能（掌握了此项活动所需的专业方法并能灵活运用） | 计划（有计划地按照一定的频率开展此项活动） | 流程（遵循简洁有力的规范流程进行此项实践） | 协同（确保所有相关部门能在此项行动上进行有效合作） | 问责（指定一位高级管理人员为此项行动的KPI负责） | 成熟度 |
|---|---|---|---|---|---|---|---|---|
| 客户旅程管理 | 通过定性研究和定量研究制定人物角色和用户画像，绘制不同场景下的客户旅程地图并进行应用（如客户洞察、体验设计等） | | | | | | | |
| | 对不同场景下的客户旅程进行分析和编排、交付和优化端到端的客户交互 | | | | | | | |

在访谈过程中，不要求每一位被访者回答所有的问题，只需要其对自己最熟悉的几个领域进行打分和回答。访谈实施人员需要保持中立，避免给被访者引导和暗示，并且允许其对有些问题保留意见。

这一步骤一般需要花费 1 ～ 2 周的时间，最后输出每个被访者的访谈记录和打分表。

**第二步：分析能力现状**

这一阶段主要对第一阶段收集的数据进行统计和分析，评估企业各项体验能力水平，以及总体的体验成熟度。明确现有的优势在哪里，还有哪些能力不足需要提升。

根据访谈数据，先统计每一位被访者对每一项能力的回答，对该项能力的水平进行评分，一般可以分为以下 3 个等级。

（1）初级——没有开展此项能力涉及的各项活动，或者开展过但频次很少，执行过程不够专业和严谨。

（2）中级——严格开展过此项能力所涉及的大部分活动，这里的严格开展包括开展频次、过程和结果质量均须达到较高水平。

（3）高级——严格开展过所有能力项中的所有活动，开展频次达到要求，过程和结果专业、严谨。

将每一个被访者的评估结果在体验能力水平仪表盘上进行统一标识，如图6-2所示，作为定量评估的依据，同时结合访谈记录等定性数据，对体验能力的总体成熟度进行评估，并确定体验能力的短板。

| 体验能力项 | 能力水平 | | |
| --- | --- | --- | --- |
| | 初级 | 中级 | 高级 |
| 战略与愿景 | 1  2 | 3 | |
| 客户旅程管理 | | 1  2 | 3 |
| 研究与洞察 | 1  2  3 | | |
| 设计与创新 | | 3 | 1  2 |
| 开发与交付 | 3 | 1  2 | |
| 测量与分析 | 1 | 3 | 2 |

图6-2　体验能力水平仪表盘（示例）

这一步骤一般需要花费 2 ～ 3 周的时间，最后输出体验能力评估报告，对总体的客户体验成熟度和各项体验能力水平进行评级，确定能力短板和需要提升的能力项。

### 第三步：构思行动项目

这一阶段根据第二步确定的需要提升的领域，召集相关领域的专家和负责人，通过头脑风暴等方式，提出可以优化该项能力的具体措施，并结合措施的预期效果和可行性，对各项措施进行排序。

这阶段主要的工作就是创意和评估，需要提升的能力可能不止一项，可以一项一项地分别提出创意和进行评估。头脑风暴时，参加人员以与此项能力相关的人员为主，同时也可以邀请相关领域的人员参加，进行多维度思考，在头脑风暴前需统一对约束条件和大致的创意方向的认识。在评估时，可使用专家评估法，对每一项经过初步筛选的措施进行打分评估，并在能力提升项目优先矩阵上集中表示出来，如图6-3所示。

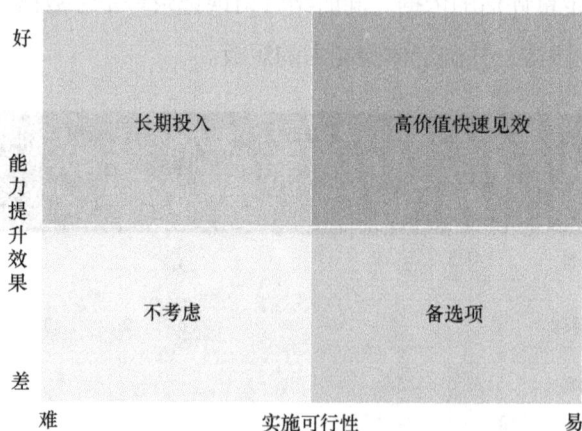

图6-3　能力提升项目优先矩阵

这一步根据需要提升的能力项多少，一般需要花费 3～6 周的时间，最后输出能力提升项目优先矩阵，以及能力提升项目清单。

### 第四步：创建行动计划

能力建设计划的最后一步是基于输出的优先矩阵和项目清单，创建具体的行动计划，主要包括以下几点内容。

（1）能力提升的目标：计划提升哪些体验能力，分别达到什么程度。例如，提升体验设计能力，达到中级水平。

（2）能力提升的项目清单：需要开展的具体工作项目，支撑目标的哪些内容。例如，构建一项设计体系平台，提升设计资产复用程度。

（3）项目成功的标准：明确项目成功的标准，对整体的客户体验的影响。

例如，减少设计周期，提升产品用户体验水平。

（4）负责方与参与方：谁能从每个项目中受益，谁来负责，谁参与，谁有知情权。例如，由设计总监负责，设计团队、开发团队参与。

（5）项目所需资源：项目在人员、费用、技术上的投入。例如，需要设计师多少人、前端开发多少人、云资源有多少等。

（6）立即开展的工作项：需要短期内开展的工作，以便推动项目快速启动。例如，8月1日前召开项目启动会，与利益相关者访谈。

经过以上4个步骤，一份具体的客户体验能力提升计划就正式出炉了，但这是能力建设和提升的第一步，更关键的是执行和落实，并在实践中不断调整和优化。

# 第 7 章

# 客户体验战略:

## 开展客户体验的
## 统一行动纲领

---

**本章概要**

在客户行为高度随机和不确定的数字化时代,想要带给客户记忆深刻的体验,就必须有明确的体验战略和愿景,否则企业的体验只是随意行为,缺乏明确的目标,而且随时可能失败。本章简要介绍了体验战略和愿景的作用,重点阐述了体验战略的核心要素,并具体说明了制定战略所需要的研究工作和主要步骤。

## 7.1 出色的客户体验需要统一的战略

不能在没有蓝图的情况下就开始建造大楼，企业也不能在没有统一愿景和规划的情况下，就开始为客户提供体验，这样提供的体验是不可预知和无法持续的。任何致力于提供出色体验的企业和机构，都需要有一个可以在以下3个方面发挥关键指导作用的体验战略。

### 1. 跨渠道和触点的和谐统一

数字化时代，客户可随时随地通过多种渠道和触点与企业进行交互，包括各种网站、App、IVR（交互式话音应答）系统、联络中心、实体店等，对于大型企业来说，拥有数百个触点是很常见的情况。然而对于客户来说，他们不会考虑渠道，他们认为企业应该作为一个单一的主体与其交互，并期望这些渠道感觉起来是整合一致的。

然而客户的这种期望越来越难以满足，因为越来越多的体验融合了数字和实体形式，例如，在星巴克买一杯咖啡，客户在实体店通过与店员交互来下单，买单时则是通过微信支付或星巴克自己的移动支付。这就是为什么需要一个统一的体验战略，而不是割裂的数字化体验战略，或者单独的实体渠道体验战略。应通过统一的体验战略，明确界定客户与员工、合作伙伴，以及各种不同技术的互动关系，不论客户是通过哪种渠道、有哪些接触点、进行哪种交互。

### 2. 让所有员工知道工作的焦点

在大型企业里，不论是产品经理、设计师、客户服务代表、品牌经理、营销经理，还是客户体验专业人员，都无法协调所有不同业务单位里每个能影响客户体验的活动。相反，大家需要的是一个统一明确的指引，这相当于一个公认的原则，界定企业应该从事哪些活动，应该避免哪些活动。企业所有的员工，无论是管理人员，还是一线人员都应该明确掌握这些指引并遵守。

一旦没有统一的工作焦点，就会出现很多互相冲突、影响客户体验的情况，例如，某家企业的客户服务支撑体系里同时存在着 3 个项目：一个是让更多客户转向会话式客服机器人，一个是让客户从机器客服转向 ATM 远程视频客服，还有一个是将聊天客服扩展到另外 3 种语言。

### 3. 让体验优化变得积极主动

在很多大型企业和组织里，通常是被动地、反应性地解决客户体验问题，客户体验团队整天忙于问题的查找和修正的工作。虽然这些改进客户体验的临时方法可以消除一些随时可能出现的客户痛点，但是如果要创造差异化的品牌体验，从而达到客户价值和商业成功，仅靠这样被动式的方式是不够的。

制定明确的客户战略不仅可以帮助公司改善现有的体验问题，还可以通过明确总体的方向指引来防止这些问题。在客户打电话给呼叫中心求助的时候，能提供有用的帮助对客户来说是很棒的体验，但他们真正想要的是一开始就没有问题。在有明确的体验战略并得到有效执行的情况下，这些不该发生的体验问题从一开始就会被避免。

根据以上对客户体验战略的作用和目的定位，我们可以对客户战略做如下的定义：

> 根据企业和组织的客户体验愿景，提供能满足或超出客户预期的客户体验，指导企业行为和资源分配的行动计划。

始终谨记：客户体验战略不是一系列毫无逻辑的客户体验举措清单，而是有明确目标的总体行动计划和指南。

## 7.2 客户体验战略的 6 个关键组成部分

客户体验战略必须服务于企业总体的商业目标，能指导企业和组织的业务活动和投资，弥补客户期望与企业内部能力之间的差异，为企业的商业战略在内容（WHAT）、目标客户（WHO）和方式（HOW）方面提供更深层次的详细信息。

因此，有效的客户体验战略必须牢牢扎根于企业和组织的整体战略，必须是可操作、可执行的，而不是抽象的理念，必须设定大胆的愿景和具体的实现路径。完整的客户体验战略包含以下 6 个具体的要素。

### 要素 1：体验愿景

客户体验愿景描绘了企业和组织计划提供的客户体验，它从企业的品牌战略中得到指引，最好与品牌战略融为一体，并且可以体验的形式真实地代表企业的价值。例如，希尔顿欣庭酒店的愿景是："成为世界上最热情的酒店，为客人创造真诚的体验，为团队成员提供有意义的机会，为股东创造高价值，以及对社会有积极的影响。"通过设定这一愿景，希尔顿欣庭酒店为制定战略和可操作的执行路线图奠定了基础。

### 要素 2：目标客户

客户体验战略需要具体、明确，并生动地描述目标客户，真正以客户为中心的组织通常将"人物角色 / 客户画像"置于其客户体验战略的核心位置。人物角色 / 客户画像是一种有助于指导产品功能、交互和设计决策的客户原型，旨在建立对目标客户的共同和完整的认识，并为客户体验的行动计划带来聚焦和准确性。

### 要素 3：差距分析

差距分析是要确定当前提供的体验与客户体验愿景所描述的预期体验之间的差异，在进行差距分析时，需要对客户体验的关键要素进行分解，并根据体验愿景和客户需求，明确关键要素，针对这些关键要素进行差距分析。例如，通过差距分析可以揭示企业当前提供的实时聊天客户服务能力，与客户对以这种方式进行互动的期望之间存在显著差异。

## 要素4：路线图

客户体验路线图应该在更广泛的层面列出具体的业务目标，以及为实现这些目标需要在一段时间内完成的项目和计划。路线图通常可以采用甘特图的形式来展示，包括项目优先顺序，并按多个泳道进行排序。例如，香港的一家保险公司使用其客户体验路线图来呈现在36个月内需要分3个阶段完成的所有项目，以达到客户体验成熟度的目标水平，其路线图包括"建立客户体验测量框架"和"聘请首席客户官（CCO）"等活动。

## 要素5：责任体系

客户体验战略应指定路线图中每个项目的负责人，并给每个团队和个人分配责任，以及相应的权力和资源，从而让大家能共同承担整体的客户体验战略。建立完善和明确的责任体系，这不仅会增加各种活动完成的可能性，还会提升以客户为中心的思维模式。例如，一家全球零售银行在它的客户体验战略中给各个团队都分配了职责，包括数字团队和客户洞察团队等。

## 要素6：关键绩效指标——KPI

要将客户体验战略从愿景和理念转变成为实际的成效，必须采用科学的方法来评估，KPI可以用来评估客户体验对企业总体目标的贡献。在设置KPI时，要注意将多个相互冲突或者高度相关的指标合并为一个指标，以便更好地将各个部门与业务目标保持一致。评估客户体验战略成功的KPI如表7-1所示。

表7-1　评估客户体验战略成功的KPI

| 战略聚焦 | 成功指标 | Q1-18 | Q2-18 | Q3-18 | Q4-18 |
|---|---|---|---|---|---|
| 客户体验 | 净推荐值（NPS） | | | | |
| | 客户费力指数（CES） | | | | |
| | 客户体验指数 | | | | |
| | 客户成功 | | | | |
| | 客户投入 | | | | |
| | 客户情感 | | | | |

| 战略聚焦 | 成功指标 | Q1–18 | Q2–18 | Q3–18 | Q4–18 |
|---|---|---|---|---|---|
| 客户效率 | 首次联络解决率 | | | | |
| | 质量（出错率） | | | | |
| 客户互动 | 促销客户成功率 | | | | |
| 客户数字化体验 | 交互数字化比例 | | | | |
| | 门户网站客户增长率 | | | | |
| | 门户网站使用增长率 | | | | |
| 客户承诺 | 零售承诺完成率 | | | | |
| | 整体承诺完成率 | | | | |
| 价值产出 | 税后利润 | | | | |
| 员工敬业度 | 员工净推荐值（eNPS） | | | | |
| | 生产效率 | | | | |
| | 单位成本 | | | | |

［数据来源：马来西亚友邦保险公司（AIA Malaysia）］

## 7.3 客户体验战略来自全面的洞察

正确的体验战略不仅来自宏观战略的分析，还来自对客户、业务合作伙伴、内部利益相关者和市场的洞察，需要寻找商业价值、客户价值和机会之间存在一致的最佳点，这需要在制定体验战略时进行充分的研究和洞察，主要的洞察维度包括以下几点。

### 1. 理解企业的业务

要全面理解企业的业务，需要回答如下的关键问题。

- 谁是我们的核心客户？
- 我们目前在市场上的地位如何？
- 数字化体验将如何改变我们的行业？
- 增长计划是什么？数字化体验如何发挥作用？
- 我们如何测量业务的成功？
- 我们的品牌承诺是什么？

通常情况下，企业内都会有一个指导业务决策和投资的商业战略，为确保体验战略能实现这些关键业务目标，需要开展一些企业内部调查来了解以下情况。

（1）总体战略

全面把握企业的战略重点是为了赢得新客户、进入新市场、压缩成本或实现其他的重大目标。通过与企业的战略部门沟通，或者研究季度和年度报告、投资者电话会议，以及股东大会会议记录，了解目标市场在哪里。另外，体验专业人员可以通过与企业中高层管理人员的访谈，了解他们对企业的愿景，了解他们在内部是如何与团队就战略进行沟通的，以保证体验战略与总体商业战略保持一致。

（2）非体验团队及其计划

非体验专业的部门和同事对于体验战略的认可和执行也至关重要，因此需要尽早与他们达成一致，了解他们未来的计划，包括可能支持或影响体验项目的计划，还要了解体验战略可以给予他们支持的举措。例如，在一家刚经历合并和组织架构调整的企业，其市场部门正专注于恢复客户的信任，这种信任由于前期公司的动荡出现了非常大的问题，所以体验专业人员应该专注于改善基本问题，例如，将体验问题解决时间和解决方案的满意度作为企业的体验战略重点。

（3）企业的品牌承诺

体验战略必须兑现品牌所做的承诺，因此要了解这些承诺是什么。可以先回顾最近的品牌形象研究，看看品牌在哪些方面可以与客户产生共鸣。如果组织缺乏强大的品牌或正在进行品牌重塑，则可以与营销或品牌团队携手开发体验和品牌战略。

（4）市场机会

将企业与所在行业以及其他行业的竞争对手进行基准比较，可以帮助企业确定需要在哪些方面进行提升以满足客户期望，在哪些领域中只需要坚持到底，在哪些领域已经成熟而需要实现差异化。例如，联邦快递（FedEx）除了自己的客户之外，还调查竞争对手的客户，以了解他们对运输提供商的看法、运输行为以及运输体验的最重要属性。使用这些数据，FedEx可以根据其运输体验与竞争对手的对比，预测市场份额。

## 2. 理解企业的客户

理解企业的客户需要回答如下的关键问题。

- 目标客户的需求和目标是什么？
- 核心客户使用了哪些类型的数字化终端？
- 哪些客户的需求和目标可以驱动忠诚度？
- 不同细分客户群／人物角色的期望有哪些差异？
- 满足和未满足的客户期望分别有哪些？
- 目标客户的痛点是什么？正在发生什么变化？

体验专业人员需要全面了解企业的客户，除了从结构化定量调查中收集到的数据和信息之外，为了有力支撑体验战略的制定，还应该了解客户的以下方面。

（1）客户的情感需求

企业往往会回避或忽视关注客户体验的情感维度，因为情感似乎是抽象、无形和非理性的。但研究已经证明，客户的情感在很多行业都是影响客户体验和客户忠诚度的最重要的因素。在关键时刻与客户的互动决定了客户体验中的情感部分，这既是理解他们目前所感受到的情感，也是尝试去激发忠诚度的一种好方法。在了解客户的情感时，可以使用隐喻启发式的研究方法，例如，图片投射、情绪板等，可以有效帮助研究客户与企业在关键时刻的情感，并在体验愿景和战略中做出针对性的体现。

（2）客户对体验的期望

一旦了解了客户的内在动机，就需要了解这些因素会如何影响他们对品牌体验的期望。可以通过定性研究发现这些客户期望，然后在更大的客户群中进行验证。例如，联邦快递从寄件人的焦点小组访谈中了解到，影响其客户体验有大约 100 个重要属性，从投放箱位置到驾驶员的态度，但为了评估并挑选出最重要的影响因素，需要进一步的调查和验证。在利益相关者的帮助下，他们将重要属性缩减到大约 60 个，然后对客户进行了调查，并使用联合分析法进一步根据与客户满意度和市场份额的相关性对列表进行筛选。根据最后的结论，联邦快递将所有客户体验行动计划都集中在通过这一过程筛选出的属性上，确保在有限的预算下最大限度地提升客户体验。

（3）客户忠诚度驱动因素

企业如果试图成为每个人的最佳选择，则最终会适得其反，导致平庸的客户体验。更好的方式是将企业的所有业务协同起来，把精力聚焦在一部分主要的客户需求上，洞察这部分客户的忠诚度要素。富达投资（Fidelity）开发了一个框架，能帮助企业发现最重要的客户反馈：仔细检查哪些客户交互最有可能引发推荐或者贬损，将这些影响最大的交互标示为"关键时刻"，然后利用运营数据来确定每个交互影响的客户数量。基于该框架，通过一线员工来评估富达可以改善每次互动的程度。

## 3. 理解企业客户体验现状

理解企业客户体验现状需要回答以下关键问题。

- 企业的内部流程如何支持客户旅程？
- 客户期望与目前的体验之间存在哪些差距？
- 可以使用哪些关键资产来实现客户体验的差异化？

无论企业在当下是否制定了体验战略，实际上其已经在提供客户体验，只是存在好坏的差别。在企业制定体验战略时，需要通过评估了解现在企业的体验所处的位置。

（1）目前体验的现状

使用差距分析来确定需要采取哪些措施来实现预期的结果。首先，通过绘制客户旅程地图，从研究标记为最关键的环节开始，评估企业在关键时刻交付的客户体验质量。接下来需要与内部利益相关者和客户一起验证旅程地图，确定与预期体验存在的差距，以及导致这些缺陷的原因。UPS快递在整个客户生命周期中围绕客户需求和期望绘制客户旅程地图，然后在所有关键时刻上评估自身的表现，查找存在的不足。

（2）基础生态系统

创建一个体验生态系统地图——支持客户旅程的人员、流程和系统的网络图，包括公司内部和外部的，以及企业自有的或者直接控制的各种要素。生态系统图可以完整地呈现支持体验战略所需的各种组织连接和技术，还可以突出呈现组织已拥有的核心资产，并可围绕这些核心资产制定体验战略。一家电信运营商认识到其基础设施已经过时，无法支持无缝的跨渠道客户体验，因此它计划将其基础设施现代化。作为战略制定初始工作的一部分，他们绘制了客户旅程地图和生态系统地图，用于理解体验中涉及的流程、应用程序、集成点和数据。这些洞察在相当长的时间内，指导了 2.5 亿美元以上系统集成计划的需求定义和设计。

（3）员工的能力

必须充分重视员工所扮演的角色，并找出表现不佳的领域。虽然员工可以成为企业最大、最有价值的资产，但他们的行为也可能是最难改变的因素，因此需要提前了解员工所有的绩效表现。德国能源巨头 E.ON 在制定他们的体验战略时，分析了员工绩效与客户期望之间的差距。该分析既可用于战略开发，也可用于培训设计，以帮助员工学习如何提供新的体验。

## 7.4　制定客户体验战略的三大步骤

一旦完成了支持性的研究工作，就该把洞察的成果应用到体验战略的制定中，这个制定过程可以分成 3 个阶段：首先，设定体验愿景；其次，将愿景转化为战略；最后，定期重新审视和调整体验战略。

### 1. 设定体验愿景

在收集了有关客户、商业目标及内部能力的洞察之后，客户体验专业人员应将这些输入整合成预期体验的愿景。

（1）整合各角度的洞察

寻找并优先考虑不仅对客户具有高价值，而且对企业也具有高价值并能发挥组织优势的机会，这是企业最有希望实现客户体验差异化的地方。企业需要定期进行一次全面定量的客户价值分析，以确定对客户最重要的要素，通过对标分析明确企业在竞争中所处的位置，结合行业分析寻找市场机会，以及对企业战略进行内部审查，将这些研究的洞察与其结合起来，最后输出具备指南作用的一系列决策因素，这些因素可以为提供的体验奠定基调，是制定愿景的基础。

（2）选择企业的聚焦点

重要的是明确不该做什么，正如战略大师迈克尔·波特（Michael E.Porter）所说："战略的本质是选择不做的事情。"企业需要在各个方面进行权衡选择：瞄准哪些客户和市场，哪些市场需要忽略，并决定要在哪些方面取得优异表现，哪些地方进行适度投资。基于对其竞争优势和可行改进的分析，可以开发出聚焦的价值主张，以指导客户体验。

（3）制定能引人注目的愿景宣言

首先要明确而简洁地向客户说明客户体验的核心承诺，以表达将提供的体验的高级别的愿景。这可以是一个带有强烈意愿的宣言，也可以是一组体验原则、主题或客户承诺。

（4）展示愿景以获得最大的影响

虽然精心设计的文字宣言可以做到很生动，但没有任何东西可以像引人注目的可视化效果那样将体验愿景带入实际的工作和生活。形象的故事板在这个时候可以很好地发挥作用，特别是在配上充满激情的配音的情况下。如果领导者希望能够让人惊叹，并且有足够的预算，那么考虑制作一个引人入胜的、快节奏的视频是一个非常合适的选择。营销和广告代理机构睿域营销（Razorfish）就为它的一位客户设计了一系列故事板草图，如图7-1所示，用来传达数字购物体验的关键概念。

（5）与员工一起验证体验愿景

最后，要确保提出的愿景清晰易懂，并且能鼓舞各级员工。所以在制定愿景的过程中，可以与来自整个企业的高管、中层管理人员、体验冠军团队，以及员工代表进行互动沟通，最终确定企业的体验指南，以验证和支持结果。

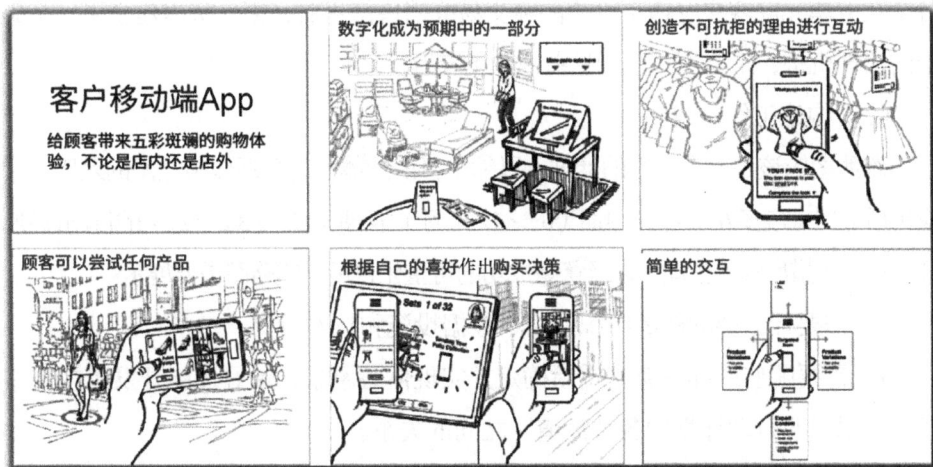

图7-1　睿域营销（Razorfish）数字购物体验故事板草图

[数据来源：睿域营销（Razorfish）网站]

## 2. 将愿景转化为战略

愿景是为预期的客户体验设定的一个基调，但要通过活动和投资才能将它变成现实，这时需要一个可执行的体验战略。

（1）明确客户承诺

详细说明每个体验原则对企业的客户、对交付体验的员工的含义是什么，需要与来自每个部门的员工合作，让他们在愿景向战略转变过程中提供帮助。例如，巴宝莉（Burberry）重新做出了其迎宾店的客户承诺，其中的一条是当客户进入商店时向他们表示欢迎。为了履行这一承诺，该公司用和蔼可亲的内部员工取代了那些太过严肃的外包安保人员。对客户服务部门来说，向客户展示他们被重视的方式是感谢他们给公司带来的业务。

（2）统筹企业各项能力

实施战略需要建立或改变内部流程。例如，如何进行体验设计和体验测量，甚至需要企业文化更加以客户为中心。为了确定需要加倍投入的领域，应对企业的体验能力成熟度现状进行评估，并制订缩小差距的计划。第一资本金融公司（Capital One）的战略核心是投资并与客户建立良好的关系，因此当意识到企业里各个业务单元向客户发送了大量的纯交易或销售信息时，第一资本建立了一个集中的治理机构，来监控和限制这些类型的交互。

（3）构建工作路线图

路线图应该是一个可行的计划，以缩小目前的体验与预期体验之间的差距。它应包括近期（最多6个月）、中期（6～12个月）、长期（12～36个月）的行动计划，开展每项举措所需的活动，以及衡量成功的可量化目标。线路图需要展示：

- 需要什么样的新的组织能力、数据投资和技术投资；
- 需要哪些内部资源来重新确定并实现体验愿景，最好还能开发可视化路线图，以说明行动计划中各"泳道"之间的关系。

### 3. 定期重新审视体验战略

虽然对客户的基本承诺可能不会改变，但提供的方式必须不断发展，以应对新的技术、新的竞争、新的客户期望，以及其他趋势。为了避免误判，须留意两种类型的信号，它们的出现表明是时候重新审视体验战略了。

（1）显性因素：宏观经济、法规、并购活动和品牌重塑

由于这些因素通常会影响企业的战略和品牌，因此它们也会引发对体验战略的重新审视。这些变化很容易被发现，当发生其中任何一个时，就应通过对已收集的研究成果来评估已发生的变化，并确定它是否会对客户的期望和价值、商业战略或内部能力产生影响。

（2）隐性因素：客户行为、竞争、技术或文化的转变

这些是可能需要改变战略的其他因素，其通常随着时间的推移逐步形成，或者平常不在体验专业人员的视线范围内。为了避免忽视或者遗漏这些隐性因素，企业应该加强客户洞察工作，不能仅仅停留在问卷调查和焦点小组这些常规研究上，而应该采用能发现这些因素的工具和方法，如竞争分析等方法。

为了尽快、尽早地发现影响因素的变化，最好进行定期的实地研究，及时发现市场、客户，以及企业内部的变化，评估对体验战略的影响。

# 第 8 章

# 客户旅程管理：

## 数字化体验管理的
## 核心能力

---

**本章概要**

数字化时代，客户与企业交互的触点爆炸式增长，客户体验正从单一触点走向端到端旅程，客户旅程是企业交付最佳体验的根本。本章首先介绍数字化给客户体验带来的内涵演变，以及客户旅程能给客户和企业带来的价值。然后重点阐述作为数字化体验管理核心能力——客户旅程管理的整体架构、工作内容和工作原则。

## 8.1 数字化带来的触点大爆炸

过去的 10 年中，数字技术的爆发式增长创造了"赋能型"的客户，他们能够熟练地使用各种工具和海量的信息，在有需求时找到自己想要的东西，并以最低的价格让这些东西交付到自己家门口。为了应对这一趋势，以客户为中心的企业开启了数字化转型之路，争先恐后地拓展与客户的数字化触点和交互，以便跟上他们的步伐。

如今，始终在线的客户使用越来越多的接触点来发现、探索、购买商品，以及与品牌保持互动。企业通过实体店、自助终端、平板电脑、呼叫中心、移动终端、社交媒体等各类渠道和触点，以各种形式与客户进行着交互，如图 8-1 所示。数字化的早期，互联网和移动互联网是这些日益复杂的购买过程的核心部分，伴随着 5G 的发展，以物联网为代表的其他数字触点迅速普及，不管在哪个领域，客户与企业的触点都在急剧增加，具体表现在以下几个方面。

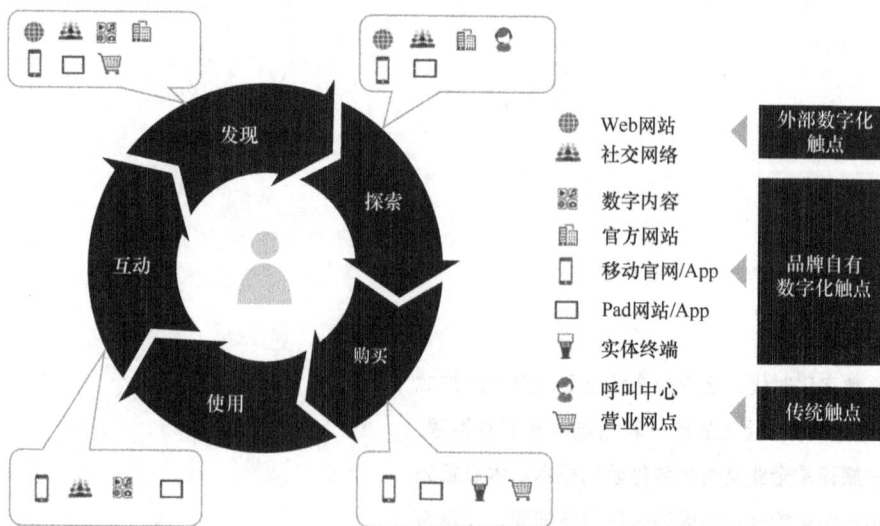

图8-1　数字化触点与交互

（数据来源：Forrester）

偏好随时随地的数字化交互：客户尤其是年轻人群更加青睐数字化渠道，

2019 年中国互联网络信息中心（CNNIC）调查的数据显示，中国手机用户中线上购物的比例达到 78.9%，移动支付比例达到 73.4%。传统零售企业正在通过部署数字显示器、平板电脑等将数字功能集成到商店环境中。

喜欢通过多种渠道和触点购物的客户已经开始接受这种购物方式，而且对多渠道购物的期望在持续增加。在英国，54% 的网购人群有在线下单店内取货的行为，在线下单后，其中 2/3 的人希望能够在 24 小时内取货，而近 1/3 的人希望可以立即取货。线上和线下体验之间的紧密结合对满足客户的需求已经变得至关重要。

热衷于通过社交渠道搜索和分享：数字化时代的客户社交属性很高，而不仅仅是通过网络了解购物情况。68% 的中国城市网民会定期在品牌的官方网站上阅读评分和评论；京东、天猫等各大电商网站都建立了强大的评论功能，很多购物者会上传自己购买产品的照片和使用视频。

在客户偏好和行为触发对数字化触点的需求的同时，数字技术也在迅猛发展，来迎合这种需求。自 2016 年以来，智能终端市场开始饱和，但人工智能、物联网等新技术应用加速，开始出现了语音交互、生理识别、VR/AR 等新的交互形式。同时由于前期移动互联网大发展时期出现的大量 App 和社交网络，让客户与企业进行交互的渠道从原来的单一触点（产品／服务）变得多元化，所以不管从交互的形式，还是交互的渠道，客户体验正从原来的单点图文交互走向多维，如图 8-2 所示。

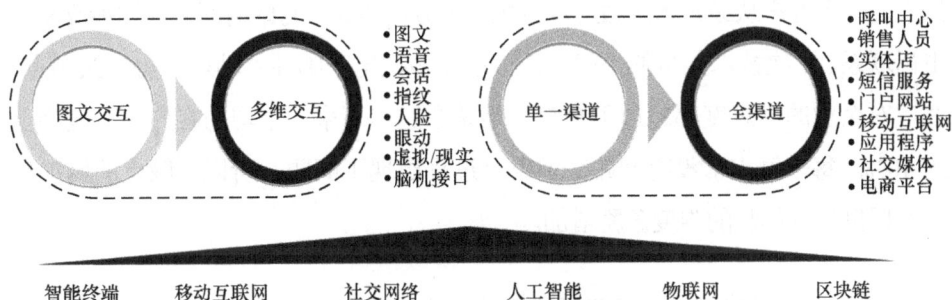

图8-2　体验的多维发展趋势

在新需求、新技术的驱动下，客户与企业交互的形式与渠道多元化，而且与企业打交道的触点数量急剧增加。根据美国市场研究公司 GlobalWebIndex（GWI）2017 年的调查，美国商务人群平均拥有 3.64 部终端，常用的 App 为 15～35 个，平均拥有 5.54 个社交账号，平均每天收发 121 封邮件。无论对于企业还是客户而言，都将迎来一个触点大爆炸的时代。

## 8.2 触点大爆炸带来的挑战

触点的急剧增加，虽然加强了客户与企业的连接，但同时也带来了更多的复杂性问题，主要表现在以下几个方面。

### 1. 客户行为的随机性和不确定性增加

太多的触点，加上太多的影响因素，导致客户随时可能会受到来自另外一个触点的影响，快速跳转到其他触点。根据英国数字营销专家娜塔莉·薇芙（Natalie Weaving）的研究，平均情况下，目前一个客户至少需要跟企业 / 品牌经历 9 个触点，才会形成一次最终的消费。也就是说在触点大爆炸的趋势下，客户行为的随机性和不确定性大大增加，单一触点对转化率的贡献在不断下降。

### 2. 客户最终的感知并不是简单线性的触点累加

触点增加了，但是客户的满意度并不是对这些触点感知的简单平均，甚至多触点会不断放大每一个触点的缺陷。据麦肯锡对某个电信运营商获客过程的研究，一个客户从最开始接触到最后购买服务持续 3 个月的时间，平均涉及 9 次电话联系、1 次技术人员的上门拜访，以及多次电子邮件互动。在每个接触点，客户对企业的满意度都超过了 90%。但整个过程下来，平均的客户满意度降至约 40%。每个触点都没有问题，但整个过程出现了问题。所以，触点的增加让企业提供良好体验的难度急剧增加。

### 3. 企业内部职能孤岛式的组织结构面临巨大挑战

许多企业仍然在组织孤岛中运作，每个职能部门承担着不同的职责，负责不同的触点，这种模式阻碍了企业在整个过程中提供流畅的跨触点体验的能力。这种烟囱式的运营模式会不断造成触点之间的体验断裂，同时还会放大每个触点的缺陷，对最终的体验造成严重的影响。

## 8.3 从单一触点走向客户旅程

在企业现有的模式和环境下，多触点会在客户体验、商业转化上给企业带来巨大挑战，企业不能像过去一样只把焦点放在单一触点上，而应该放在由多个触点组成的完整过程上，这个端到端的过程就是客户旅程（Customer Journey）。企业也应该从追求聚焦单一触点交互的用户体验（UX）转向更加注重覆盖整个客户旅程的客户体验（CX）。

> 客户旅程的定义：客户旅程是客户为达成某一目标，在各个阶段与品牌在一系列触点上交互的总和。

数字技术将产品和服务（不论是实体的还是数字的）分解为越来越细的、越来越多的触点，未来的体验就是基于这些触点组合而成的旅程形成的感知。随着触点的增多和行为的碎片化，未来单一触点上的体验追求的是效率和沉浸，小程序的迅速发展就是这一趋势的现实体现。而多触点的客户体验，将是像客户旅程一样的流。这种流以客户为中心，为每一个客户的每一次体验，提供实时、智能、一对一的交互流，并且每一次交互都更加自然，整体更加流畅。数字化时代的体验蓝图如图 8-3 所示。

### 1. 对客户旅程的关注迅速增加

在意识到数字化带来的客户行为和体验内涵上的变化后，各方对客户旅程的关注和重视越来越多。如图 8-4 所示，Google 搜索趋势数据显示，过去几年中全球范围内对"客户旅程""客户体验"的关注度在持续迅速增加，而对"用户体验"的关注度则基本持平。以前，"客户旅程"的搜索量只有"用户体验"的 1/5 左右，但目前已经基本处在同一水平。

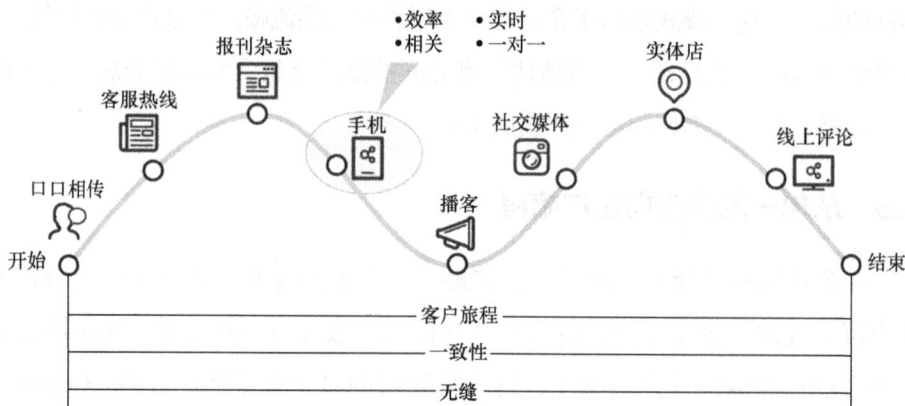

图8-3　数字化时代的体验蓝图

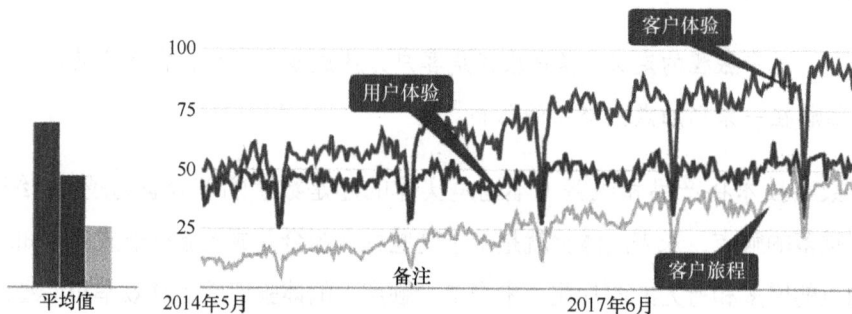

图8-4　"客户旅程"等的Google搜索趋势

（数据来源：Google Trends）

同时，来自业内大型企业、权威研究和咨询机构的数据也都显示，客户旅程对客户体验和最终商业价值有显著的积极作用，如图 8-5 和图 8-6 所示。所有这些来自不同角度的观点都说明：关注单一触点是不够的，多触点的客户旅程才是未来。

## 2. 客户旅程的特点

在进行研究、分析和管理时，需要注意数字化时代客户旅程的以下特点。

（1）每一个客户旅程都是独一无二的

根据客户旅程的定义，不同的人、不同的场景，其目标也会不一样，所以每个人在每次不同的场景下，都会有一次不同的客户旅程，与组织产生不同的交互和体验。因此，在真实的世界里，每时每刻都有无数的客户在经历着无数个不同的客户旅程，每个人都从这个独一无二客户旅程中，获得实时的、独特的客户体验。

"客户体验旅程水平高低，与客户满意度和收入的相关性，远高于触点的表现"

"尽力提升客户旅程满意度，不仅可将客户满意度提高20%，更可能降低20%的客服成本，同时提高15%的收入"

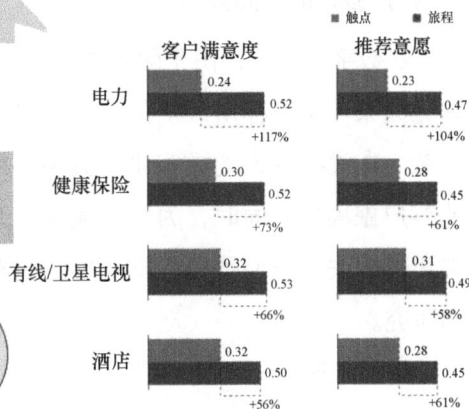

客户满意度提升 **+20%**　　服务成本降低 **−20%**　　业务收入增加 **+15%**

旅程与整体绩效表现的相关性明显高于触点

■ 触点　■ 旅程

| | 客户满意度 | 推荐意愿 |
|---|---|---|
| 电力 | 0.24 / 0.52 +117% | 0.23 / 0.47 +104% |
| 健康保险 | 0.30 / 0.52 +73% | 0.28 / 0.45 +61% |
| 有线/卫星电视 | 0.32 / 0.53 +66% | 0.31 / 0.49 +58% |
| 酒店 | 0.32 / 0.50 +56% | 0.28 / 0.45 +61% |

**图8-5　客户旅程对客户体验和最终商业价值的作用1**

（数据来源：麦肯锡咨询公司）

★macy's　　mcorpcx　　KERRY BODINE & CO.

×8　　ROI 50%　　+74%

梅西百货（Macy's）发现跨多个渠道购物的顾客的价值是单渠道购物者的8倍

McorpCX研究表明，当专注于买家的旅程时，其营销投资的回报率超过50%

CX专家凯丽·博丁（Kerry Bodine）表示，将内容与客户的旅程保持一致可以使收入增长74%

**图8-6　客户旅程对客户体验和最终商业价值的作用2**

（数据来源：梅西百货、McorpCX、Kerry）

（2）客户旅程可以划分为不同的阶段

虽然客户旅程是为了达成某一个目标，但是客户是通过逐步完成不同的小目标，最终达成这个大目标的。达成这些小目标的过程，就是一个完整客户旅程中的不同阶段。通常，我们可以将一个客户旅程划分为发现、探索、购买、互动几个主要的通用阶段，但并不是每次的客户旅程都会完整经历所有的阶段，而且其不是线性的，可能会发生阶段的暂停、跳跃、往复。

### 3. 客户旅程的不同类型

在数字化时代，由于触点的急剧膨胀，信息的无限扩张，相比以前，客户为完成某一个目标所经历的交互会越来越多，实际经历的客户旅程会越来越复杂。在没有强大的数字化工具和平台可以使用之前，我们是无法看清真实的客户旅程的。同时，为了避免从一开始就陷入过于具体的细节而导致整体视角的缺失，我们需要根据不同的需要，在不同的层面对客户旅程进行分析和研究。

（1）微观客户旅程

微观旅程是客户在某一个触点或渠道内的行为路径。在线下渠道，其可能是一个营业厅或者实体门店；在线上则可能是 Web 网站或各个 App 内的旅程。这些渠道内的旅程可能还包括一些更聚焦、更短的微观旅程，其往往只截取某一段旅程来做深入分析，如客户注册旅程、登陆旅程等。如图 8-7 所示，谷歌分析（Google Analytics）展示了用户在一个网站或者 App 内的浏览路径，包括总共经历了几步，每一步打开了哪些页面，每个页面的流量是多少，每一步的上一步是从哪里来的，下一步流向了哪里，有多少用户直接退出了。同样，对于每一个用户，也有同样的路径图。基于这些数据，可以分析用户最典型的路径有哪些，最不常走的路径是哪些，在哪些路径的哪个页面转化率最高，哪些路径的流失率和转化率最低，并结合具体的页面进行原因分析，进而找到优化方案。

（2）宏观客户旅程

宏观旅程是在微观旅程的基础上，进行抽象和提炼后的跨渠道和触点的旅程。与微观客户旅程相比，它的复杂程度会大很多。尤其是在数字化时代，渠道和触点的形式越来越多，为了某一个目的而进行的跨渠道和触点行为已经成为常态，并且会日趋复杂。以电信运营商的宽带服务来说，客户从最初的了解/对比至到期后续约，会经历8个阶段，每个阶段客户都可以通过各种线上/线下触点跟企业交互，如图8-8所示，并且不同触点之间也不是单向线性的，可能会存在往返和迂回，所以整个客户旅程会非常复杂（据统计，一个省级运营商的各级线上触点为300～600个，线下触点为1000～3000个）。虽然其整体框架与微观旅程大致相同，但分析的触点数量、层次和维度会大大增加。

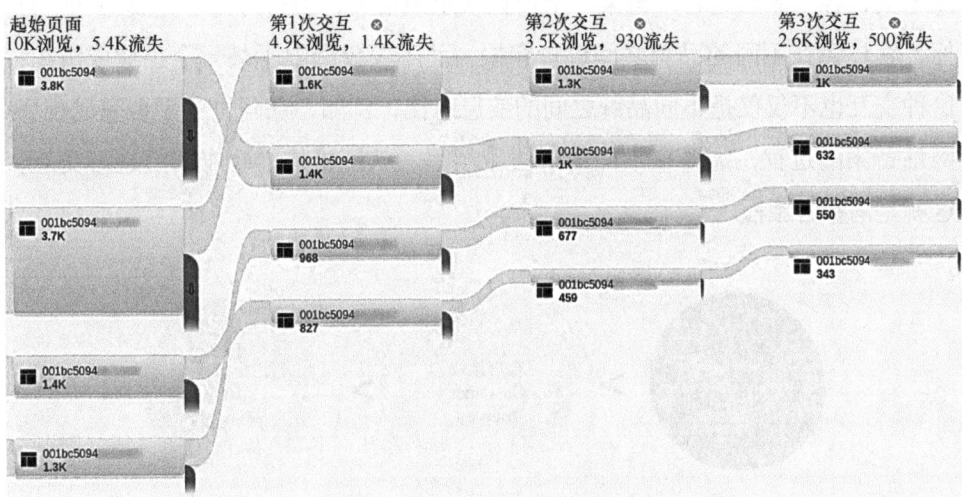

图8-7 微观客户旅程（以某网站的客户浏览为例）

（数据来源：Google Analytics）

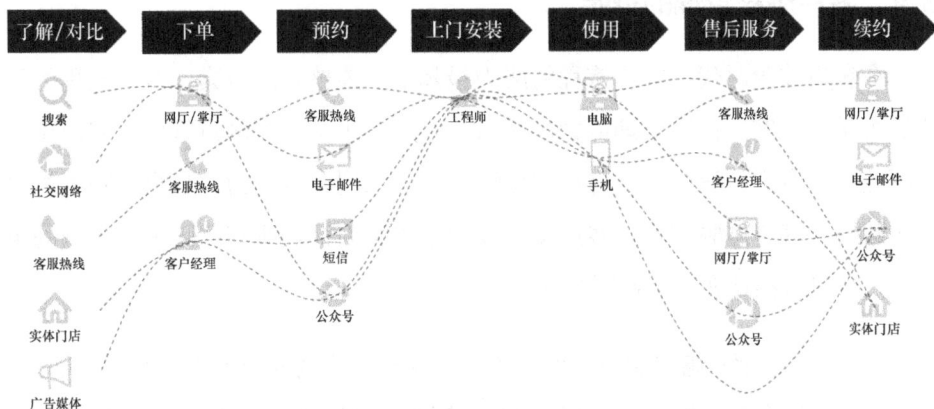

图8-8 宏观客户旅程（以光纤宽带客户体验为例）

微观客户旅程往往被用在具体使用流程和交互的分析、设计上，侧重于用户体验层面，所以也可以称之为用户旅程（User Journey）。而宏观客户旅程往往用在多渠道和触点的分析规划和设计上，同时也可以支持具体交互层面的设计，侧重于客户体验。

除了用户旅程、客户旅程，还有一个更广泛视角的旅程——消费者旅程（Consumer Journey），如图 8-9 所示。用户旅程是客户与某一个产品、渠道、触点相关，客户旅程是客户与某一个企业或组织相关，但有时为了完成某一个目标，客户会在不同的品牌之间进行穿梭，而不仅仅局限于某一个企业或组织，这种交互也不仅仅是不同品牌之间的信息对比，例如，在阿里云平台完成一个网站备案的过程，需要在不同的阶段跟阿里、认证机构、政府部门进行交互，这就是消费者旅程。

图8-9　旅程的不同层面

## 8.4　客户旅程管理的框架

在客户体验时代，客户旅程将成为最基础、最核心的要素，客户旅程的管理能力是企业客户体验管理能力的基石。它包括了企业的触点管理、客户旅程地图绘制、客户旅程分析、客户旅程编排等一系列进阶能力，是企业开展体验文化建设、客户体验测量、客户体验设计、体验创新等所有体验相关工作的第一步。客户旅程管理框架如图 8-10 所示。

客户旅程管理的定义：旅程管理是基于对人物角色和触点的管理，通过旅程地图绘制、旅程分析、旅程编排、旅程合唱等实践活动，监测、分析客户行为和体验，从而优化全周期、全触点的客户体验，也通常被称为客户旅程管理。

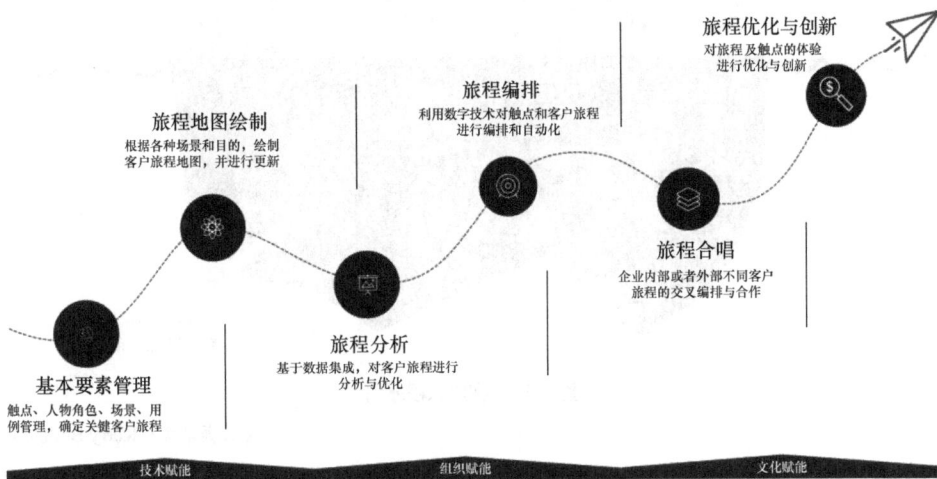

**旅程优化与创新**
对旅程及触点的体验进行优化与创新

**旅程编排**
利用数字技术对触点和客户旅程进行编排和自动化

**旅程地图绘制**
根据各种场景和目的，绘制客户旅程地图，并进行更新

**旅程合唱**
企业内部或者外部不同客户旅程的交叉编排与合作

**旅程分析**
基于数据集成，对客户旅程进行分析与优化

**基本要素管理**
触点、人物角色、场景、用例管理，确定关键客户旅程

技术赋能　　　　组织赋能　　　　文化赋能

图8-10　客户旅程管理框架

## 1. 客户旅程管理的基本原则

（1）全员参与

客户旅程管理是一项全面管理行为，不仅是对客户旅程中可见部分（与客户交互的部分）的管理，还包括对客户旅程中不可见部分（为客户旅程交付提供支持的内部行动）的管理，如图8-11所示。它是一项需要全员参与的系统工程，既包括营销、销售、客服等一线团队，也包括科技、物流、生产等后端部门。

（2）3K原则

3K指关键人物角色（Key Persona）、关键客户旅程（Key Journey）、关键触点（Key Touchpoint），如图8-12所示。客户与企业交互过程中，不同的客户、不同的场景相互交叉会产生非常多的旅程，但并不是所有的旅程都同等重要，不同的问题对客户体验的影响程度并不是线性的，企业的资源也是有限的，为了确保有限的投入能获得最大的体验改善，需要优先对最重要的客户旅程进行改进。

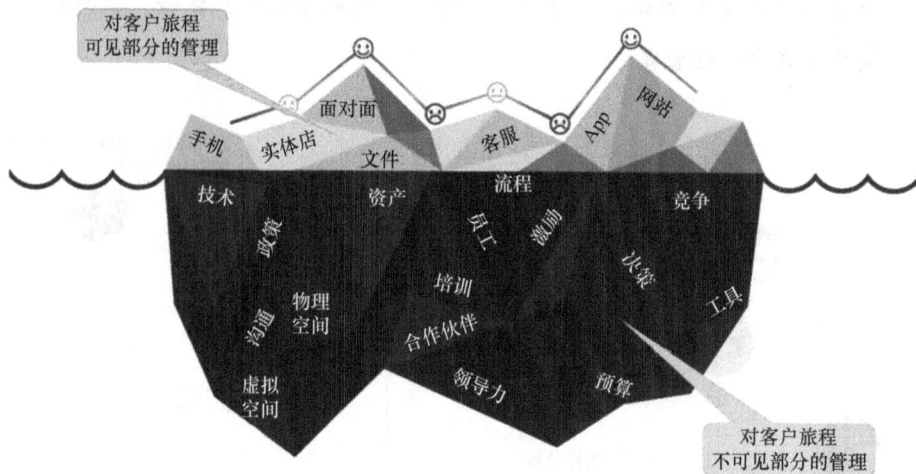

图8-11　客户旅程冰山

（数据来源：Kerry Bodine）

聚焦 3K 是企业在客户旅程管理中取得突破的关键！

（3）敏捷迭代

这项原则是在第二项原则基础上的延展。首先按照 3K 原则选取重点旅程切入，当在少数几个旅程上快速获得效果，证明客户旅程管理的价值后，开始建立相对规范的数据和运营体系，再向其他业务领域进行快速扩展，获取规模效益。

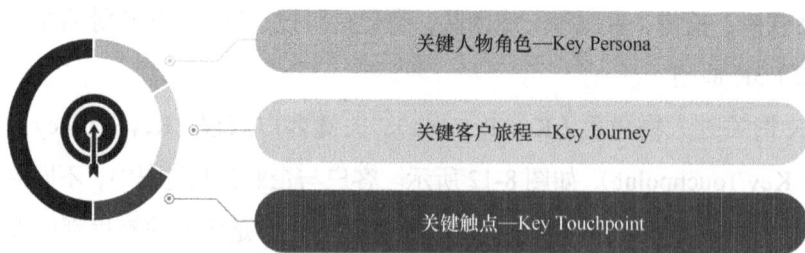

图8-12　旅程管理的3K原则

## 2. 客户旅程管理的工作内容

基本要素管理：管理好客户旅程的基本要素，是开展更高阶的客户旅程地图绘制、分析和编排工作的基础。对人物角色、客户场景、渠道和触点进行全面梳理，建立规范的管理制度和体系，可以大大提升其他旅程管理工作的效率和效果。

### 工作 1：旅程地图绘制

将客户旅程地图以可视化图形的方式呈现特定客户在某一场景下的假定性客户旅程，描述这一过程中各阶段客户的目标、期望、行为、情绪、痛点，以及完整的体验。

### 工作 2：客户旅程分析

其结合定性与定量、主观与客观数据，对贯穿客户旅程的全触点、全周期客户交互行为、动机进行分析，并预测客户行为，进行优化交互、提升价值的分析实践。

### 工作 3：客户旅程编排

其基于预测性和规范性的客户旅程分析能力，以接近实时的方式，对与客户的一系列跨渠道、多触点的交互进行设计和规划，并以自动化流程的方式进行实践。

### 工作 4：旅程管理赋能

跟整体的体验管理工作需要赋能体系的支持一样，客户旅程的管理也需要文化、技术和组织方面的赋能。

# 第 9 章

# 洞察与研究：

## 通过客户之声建立
## 整体性洞察力

---

**本章概要**

　　本章首先对研究和洞察的内涵进行重新定义，并阐述在数字化趋势下，传统研究的不足，以及需要实现的 3 个转变。然后重点介绍如何通过客户之声（Voice of Customer，VoC）体系的建设来实现这种转变，内容包括客户之声的基本框架、建设步骤和策略，以及需要规避的问题。

## 9.1 研究与洞察的定义和重要性

### 1. 研究与洞察的定义

跟研究相关的概念非常多，在用户体验领域最常用的是"用户研究"（User Research）这个概念。它是指运用一系列方法对产品的使用者尽心研究，其重点在于理解用户的行为、需求和动机，从而设计以用户为中心的产品和服务。用户研究是产品设计和研发过程的关键部分，它可以使员工统一围绕着用户的需求和动机，帮助验证内部假设，减少产品开发时间，最终提高用户满意度和信任度，并从正确的产品定位策略中获得最大的商业成功机会。同时，如果将研究尽早纳入研发过程，还可以避免问题的出现，省却高昂的修复成本。

但是，需要特别注意的是，尽管用户研究是任何研究组合的重要组成部分，但它不能代表企业在客户体验管理领域应该开展的所有研究。用户研究偏重于产品研发领域，但是为了提供完整的客户体验，产品只是其中的一部分（当然也是非常重要的一部分），还有很多其他领域也需要开展各种研究，如对竞争对手的标杆研究、对服务的研究、对产业的研究等，这些对客户体验管理的各项专业能力建设和运用都非常关键。

所以，"用户研究"是更广泛的"研究"概念中的一个元素，它倾向于强调客户理解的特定层次，包括客户的背景、动机、目标，以及他们的看法和反应，通常与所开发的事物有关；而更广泛的"研究"则包含影响一个企业客户体验的所有层面。同时为了强调应该基于研究有支持进一步决策和行动的结论和建议，我们用"研究和洞察"这个概念来定义客户体验管理中这种更广泛的研究活动，它包括了我们通常所说"用户研究""市场研究"等，如图 9-1 所示。

### 2. 研究与洞察的重要性

研究为什么重要，或者说为什么研究对于客户体验很重要？让我们回到客户体验的定义本身——它是客户角度的交互带来的感知。没有研究，我们就无法理解这种视角。因此可以说研究是理解客户的基础，以客户为中心实际上意味着我们需要了解客户的想法、需求、期望是什么，所有这些都是来自对客户以及客户所处的环境（包括宏观环境和微观环境）的深刻理解，而对客户的深刻理解来自强大的研究实践。因此，从根本上讲，如果没有研究，就不可能做到以客户为中心。

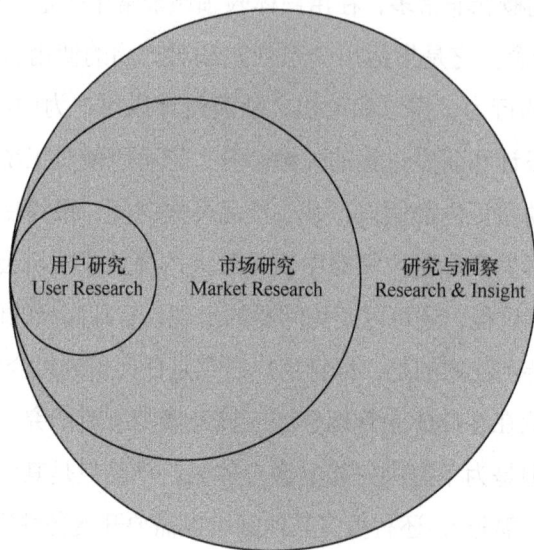

图9-1　"研究"相关概念的关系

另外，研究除了在个人层面对获得出色的客户体验非常重要之外，其还可以让研究人员真正与利益相关者建立联系，并了解他们的实际状况，这会给实际工作带来更大的意义。研究就是参与人员形成同理心的一种方式，即从他人的角度看事物，理解他人的经历。这不仅仅是关于为什么要创造这个东西，实际上也关乎如何改变一个人的生活，如何以富有成效的方式为他们的世界增添光彩。同时，与其他人建立的这种联系往往非常具有启发性和激励性，并使我们每天所做的工作变得人性化。

研究是一项非常基础和关键的能力，但它与其他能力本质上也是交织在一起的——体验设计、体验测量、客户旅程管理都需要以研究为基础，如图9-2所示。可以说研究和测量就像双胞胎一样，两者之间有着密切的相互关系。如果在其中一个方面没有扎实的实践，那么另一个方面也无法做到有效。对于体验设计来说也是一样的——研究也是设计的内在部分之一。某种程度上，可以将研究视为设计的一个子集，因为不论在设计的哪个阶段，研究都会以不同的方式发挥作用。战略的制定，营销、品牌的传播和销售的执行需要随时关注客户和市场的变化。即使涉及文化、技术和组织方面，也往往要以研究和洞察为开始，研究与客户体验相关的所有事情都息息有关。

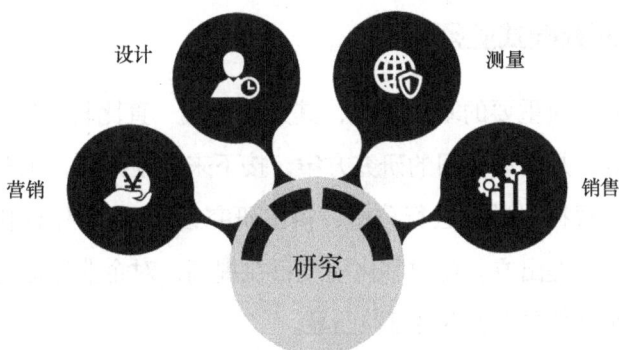

图9-2　研究与其他能力的关系

### 3. 研究与洞察的关键特征

虽然研究是一项基础而古老的行为，但随着商业环境和模式的变化，我们需要以发展的眼光正确理解研究和洞察工作，尤其是在以下几个方面。

（1）不仅要研究客户，而且要研究市场

客户是问题的起点，但市场环境也会影响客户的预期，以及提供体验的模式，所以研究对象不能局限于客户，而要从更全面的角度进行研究和分析，让研究成果更具备操作性。

（2）与利益相关方共同完成整个过程

研究不是研究人员接受任务后，独自完成整个研究过程，最后将研究结果提交给委托方。这种封闭的研究方法，已经不适用于目前快速多变的市场环境，让相关方都参与进来，并保持持续沟通，是让他们从研究中获取更多信息和洞察的更好的方式。

（3）通过成果分享提升企业整体洞察力

每一项研究输出的成果，不能仅停留在研究文档和研究人员的脑海里，而应该进行广泛和深入的传播和分享，让更多的人能随时接触到这些成果，形成更广泛的洞察力，才能够让研究持续地发挥更大的作用。

正确地认识研究的内涵和发展，才能选择正确的研究模式和方法，指导我们构建合适的研究技术体系，选择具体合适的研究工具和平台。

## 9.2 传统研究模式亟须转变

研究作为一项重要的基础工作，其开展模式一直比较固定：先定义研究对象和确定问题，并制订专门的研究方案，接下来实施研究，主要是数据的采集和处理，然后根据对数据进行分析，得出研究结论，并提出相应的研究策略，提供给研究需求提出方。在数字化程度日益提高，对企业敏捷度要求越来越高的今天，这种研究方式的不足日益凸显。

### 1. 传统研究模式的不足

（1）旁路

在传统研究模式下，问题是被抽离出来进行针对性研究的。在整个研究期间，研究体系和企业的实际运营体系是分割的，研究流程很大程度上是独立于企业之外在运作的，相当于一个旁路系统，而没有嵌入实际的运营体系，研究的过程与企业实际情况交互不够，研究成果的验证和应用速度不高。

（2）延时

这个不足是第一个不足的衍生品。因为传统的研究模式游离于实际的运营体系，从制定研究方案，到研究实施，再到输出研究成果的整个研究过程往往要耗费数月甚至更长的时间，所以等最后得出研究结论和策略时，企业所处的环境和自身的情况往往已经发生了变化。这种滞后的研究模式得出的研究结论显得过时，尤其是在数字化的今天，市场和企业的变化速度非常之快，快速的实时响应变得尤其重要。

（3）封闭

在传统的研究模式下，研究过程中产生的数据往往局限于研究参与人员和研究需求提出方，最后的研究成果通常也只是以报告和文档的形式输出，提交给研究需求提出方。整个研究的产出都被局限在一个很小的范围，而没有在更大的范围共享，以便产生更广泛的共识和更大的应用价值。

## 2. 传统研究模式亟须转变

针对传统研究存在的问题，必须要在模式上进行转变，从而实现在 3 个关键问题上的转变。数字化时代的研究模式升级如图 9-3 所示。

图9-3　数字化时代的研究模式升级

（1）从旁路到嵌入

虽然分离式的研究模式对于研究一些长期问题仍然是有效和有价值的，但是对于支撑企业日常运营的研究，必须实现从旁路到嵌入的转变，在研究的每个阶段保持与实际运营体系的紧密对接和融合，随时获取反馈和调整。

（2）从时延到实时

通过数字化的手段，提升数据采集、分析的效率和速度，提升响应速度，缩短研究过程的周期，将原来数周甚至数月的研究周期，不断进行压缩，向实时（至少是准实时）的目标努力，提升迭代速度。

（3）从封闭到共享

研究成果（包括过程成果）不能仅局限于研究参与人员和少数需求提出方，而应该通过各种方法和数字化手段，在尽可能大的范围内进行快速分享，让企业内更多的人可以基于这些成果进行决策，或者开展进一步的分析和洞察。这对更大程度地发挥研究成果的价值，提升企业整体的洞察力非常关键。

## 9.3　什么是客户之声

针对传统研究存在的问题，近些年越来越多的企业开始实施客户之声计划，在聚焦客户视角的同时，实现在研究模式上的转变，提升研究和洞察的效率和价值。

### 1.　客户之声的定义

什么是客户之声？全球知名的客户体验研究机构 Gartner 和 Forrester 分别给出了以下的定义。

> 客户之声解决方案结合了多种传统的孤岛型技术，这些技术涉及对直接的、间接的以及推断的客户反馈进行捕获、存储和分析，并整合了社交媒体监控、企业反馈管理、语音分析、文本挖掘和网站分析等技术，以提供对客户声音的整体视图。通过在正确的时间、正确的渠道将相关信息传播给正确的人，从而对根据由此产生的客户洞察采取行动。
>
> ——Gartner

> 客户之声是一种收集客户反馈和数据、挖掘这些信息以获得洞察，并将这些洞察整合到业务决策中的系统方法。
>
> ——Forrester

以上两项对客户之声的定义，都强调了客户之声是一种系统性的客户研究和洞察方法，涉及对客户反馈的采集、分析和洞察，并将这些洞察用于决策和行动。其中，Gartner 尤其强调了对各种数据采集和分析技术的整合。结合以上的定义，我们对客户之声给出如下定义。

客户之声是一种客户研究和洞察体系，它利用和整合了各种数字技术，多渠道采集客户的期望、需求、偏好、观点和反馈，进行管理、分析和洞察。并将这些数据和洞察进行可视化和分发，支持企业的商业决策和行动。

## 2. 客户之声的基本框架

客户之声是一套体系，包括了相关的各种研究和分析方法，同时也包含了相关的技术、工具和平台。它不同于一次性的专题研究项目，而是一个持续运营的行动体系。因此，客户之声往往需要一个专门的计划来支持其建设和运作，所有的客户之声计划都需要支持以下常规的周期性活动。客户之声的一般框架如图9-4所示。

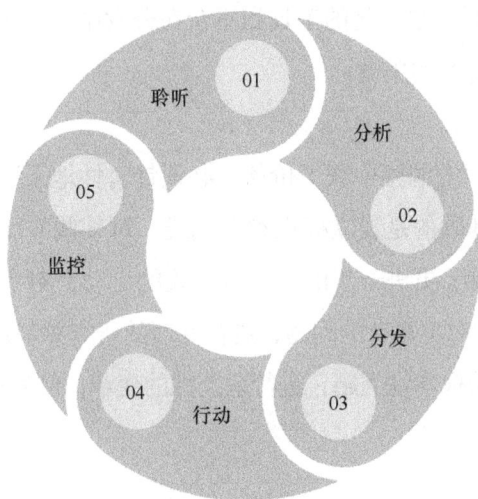

图9-4　客户之声的一般框架

（1）聆听

企业需要建立客户聆听体系，包括岗位、流程、工具和平台，然后通过调查、社交媒体、电子邮件、在线评论和电话等方式收集客户反馈。反馈可以有多种形式，包括主动的或被动的、结构化的或非结构化的、直接的或间接的。然后，聆听体系将这些反馈聚合到一个统一的平台中进行存储和管理。

（2）分析

采集数据后，客户之声团队需要对这些数据进行分析之前的处理和整合：包括时间线处理、客户 ID 整合、数据格式转化（如将语音转化成文本等），以及尽可能的结构化处理等，为进一步的分析打好基础。基于处理好的数据，可以根据需要开展各种常规性和专题性的分析，并利用数字技术进行可视化，建立仪表盘。

（3）分发

通过分析形成的各种洞察和可视化报表，需要通过合理的分发在企业内进行共享。要保证能通过正确的渠道、在正确的时间，将正确的数据传递到正确的人手中。为了做到这一点，需要制定明确、合理的分发规则，并根据环境和效果灵活调整。同时，数字化的工具和平台在分发中至关重要，它们是保证分发的及时性、可获得性的关键。

（4）行动

为了从客户之声的洞察中获得价值，必须针对性地采取行动。这些行动包括各个层面的：最基础的是设立标准和警戒线，对某些方面的体验问题低于标准时进行提醒和预警；更进一步的是立行立改的行动，对个人客户投诉立即回复；再往上一层是针对更复杂的问题，进行专项的研究并制定解决方案；最高层面是针对反映出来的根本性问题，进行系统性的变革，例如重新设计整个体验，并培训和指导员工。

（5）监控

采取行动之后，客户之声团队需要从内部跟踪行动计划所取得的进展，以及其是否取得了最终的商业目标。这种持续的监控有助于呈现客户体验指标的进展，并量化客户之声计划的投资回报率。在企业中广泛地宣传这些细节，有助于其他人看到客户之声项目的营销和效果。

### 3. 客户之声的价值

设计良好、执行正确的客户之声计划可带来许多好处，它在帮助企业了解与客户、员工、合作伙伴、供应商等相关方的关系时非常有用，客户之声计划能带来的好处包括以下方面。

（1）形成统一的客户洞察视图

客户之声计划从客户视角出发，围绕完整的客户旅程，对各种形式的客户反馈进行整合，制定客户反馈采集策略。针对每一种场景匹配最合理的数据采集方式，对以往重复性的采集方式进行合并，对采集到的数据进行整合，形成统一的客户洞察视图，而不是盲人摸象式的分析，如图9-5所示。同时，其也可以减少对客户的重复打扰，提升客户在反馈时的体验。

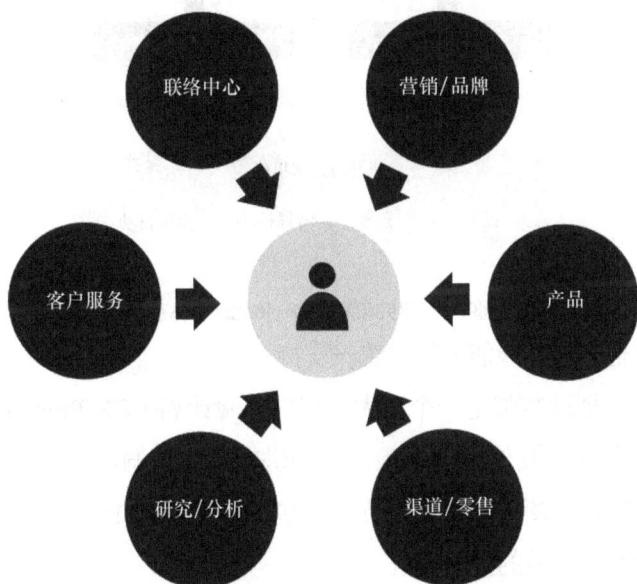

**图9-5 通过客户之声形成统一的客户洞察视图**

（2）实现研究和洞察的一体化闭环体系

利用数字化客户体验技术，客户之声计划可以提升在采集、分析、分发和行动等各个环节的数字化程度，提升效率。同时还能通过整合提升各阶段的一体化程度，打破在客户数据层面的孤岛，从而大大提高客户反馈、分析和行动的速度，支持实时、客户驱动的响应和洞察，推动研究和洞察走向实时、嵌入式的运营模式，实现研究和洞察的一体化闭环体系如图9-6所示。

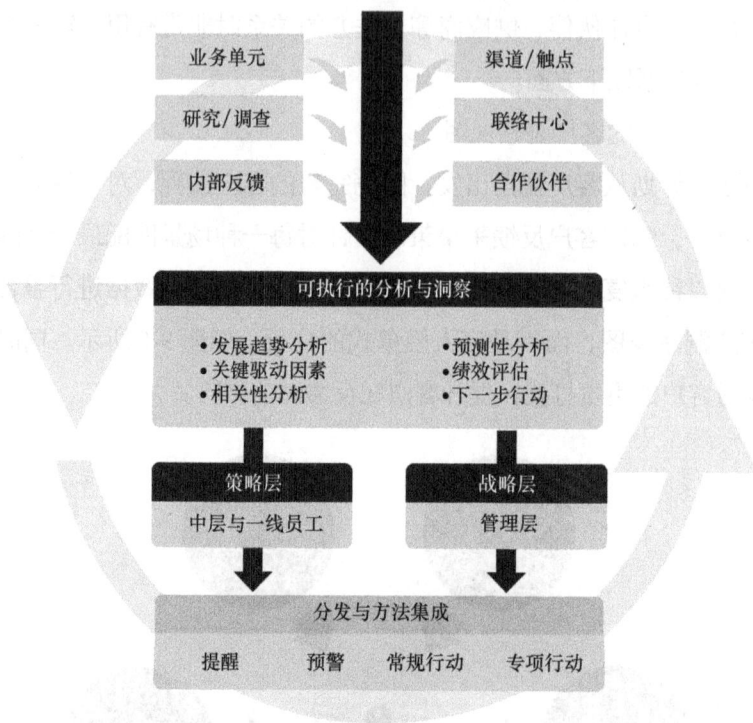

**图9-6 研究和洞察的一体化闭环体系**

（3）为其他客户体验能力提供统一支持

客户之声计划通常都是一个更大的客户体验计划（**CX Program**）中不可缺少的一部分，并能为其他客户体验能力提供在数据和洞察方面的输入和支持，包括对研究、设计、测量、文化和技术等方面的支持，如图9-7所示。

（4）驱动客户体验的持续改进

客户之声最终带来的好处是能够通过实时的研究和洞察，改进各个层面的决策，不断优化运营流程、产品和服务，从而提供更好的客户体验，减少客户流失，实现业务收入增长的商业目标。

根据 Gartner 的研究，收集客户反馈可以将追加销售和交叉销售的成功率提高 15% ~ 20%。此外，实施良好的客户之声计划有助于降低留住客户的成本，积极投入客户之声计划的企业在客户保留方面的支出比不参与的企业少 25%。

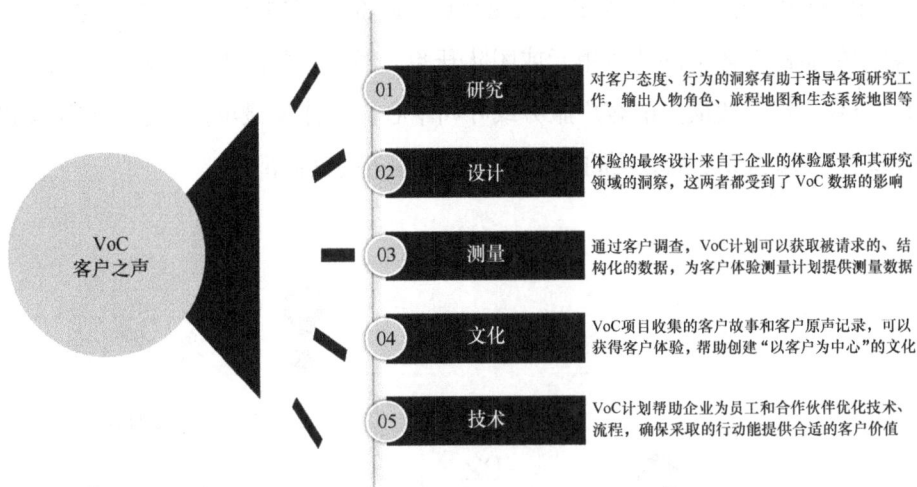

图9-7　客户之声对其他客户体验能力的支持

## 9.4　建设客户之声的基本阶段与原则

### 1. 建立客户之声的基本阶段

客户之声虽然能带来很多的好处，但是它本身是一个复杂的系统，这决定了一个客户之声体系的建设不是一蹴而就的，而需要逐步积累和推进。在 2020 年 Forrester 的一项调查中，只有 12% 的客户体验专业人士认为他们的 VoC 成熟度很高或非常高。一般来说，客户之声的建设一般要经历 3 个阶段，如图 9-8 所示。

（1）基础阶段

在这个阶段，主要聚焦于正确掌握基础知识，并构建一个具备可拓展性的基础设施，处在这一阶段的客户之声体系通常具备以下特征。

① 通常从问卷调查开始。定量调查数据可以帮助企业评估体验的质量，并确定好或者差的体验的关键驱动因素。问卷调查的实施门槛较低，这就是为什

么客户之声项目经常建立在调查之上的原因之一。事实上，89%的企业主要通过电子邮件发送在线问卷调查，46%的企业利用网站弹出窗口进行调查。

② 从局部试点开始。大多数企业都是从局部范围的试点开始的，通常是从对客户体验最有热情的业务单元或团队开始，然后将范围扩展到其他部门。例如，与客户打交道最多的客户服务或呼叫中心，往往是最早推动客户之声建设的领域，在取得成功后，再将该项目扩展到业务的其他部分。

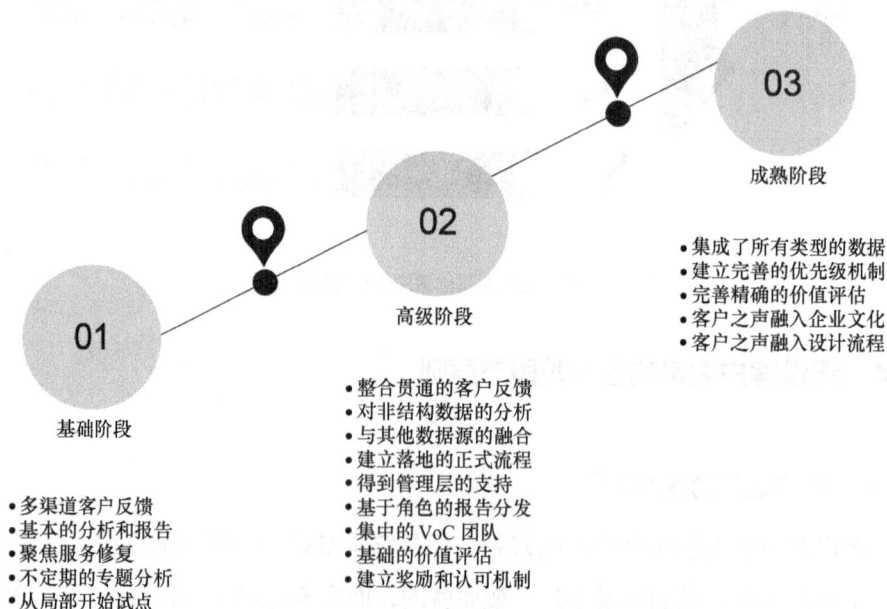

**03**

成熟阶段

- 集成了所有类型的数据
- 建立完善的优先级机制
- 完善精确的价值评估
- 客户之声融入企业文化
- 客户之声融入设计流程

**02**

高级阶段

- 整合贯通的客户反馈
- 对非结构数据的分析
- 与其他数据源的融合
- 建立落地的正式流程
- 得到管理层的支持
- 基于角色的报告分发
- 集中的 VoC 团队
- 基础的价值评估
- 建立奖励和认可机制

**01**

基础阶段

- 多渠道客户反馈
- 基本的分析和报告
- 聚焦服务修复
- 不定期的专题分析
- 从局部开始试点

图9-8　建设客户之声的3个阶段

③ 使用基本分析来获取最容易取得的成果。在基础阶段，通过挖掘客户反馈数据，找到和修复具体的客户体验问题点——相对容易解决的问题。通过证明客户之声项目的价值，为更大规模的客户体验转型奠定基础。

④ 重点是开展服务和体验的修复。客户的投诉为企业提供了一个努力纠正错误的机会，这不仅可以修复与客户的关系，还有助于强化他们之间的关系，服务修复可以是一对一的，也可以对某个细分客户群进行批处理。企业通常可

以在客户服务、投诉或客户体验等部门中设立专门的响应团队来开展修复。

⑤ 建立可拓展的客户之声计划。虽然项目在基础阶段的规模都很小，但也要着眼于未来的扩张，这一点至关重要。后期更成熟的项目应该专注于减少客户调查的数量，并使用主动的、非结构化的反馈，如呼叫中心客服代表的通话、聊天记录和社交媒体帖子等。企业必须在一开始就深思熟虑地设计客户之声计划的基础设施框架，保证能够容纳未来需要添加的各种其他数据源。

（2）高级阶段

一旦基础阶段的体系构建并运营成熟，就可以在这些基础上扩展数据源，强化分析功能，进一步证明客户之声的价值。这一阶段属于客户之声的高级程序，主要特征包括以下几点。

① 能收集和分析非结构化和非经请求的客户反馈。非结构化的客户反馈可以来自调查中的开放式回复，也可以来自客户的电子邮件、电话、聊天、打分和评论等。通过挖掘这些非结构化的客户反馈，可以了解是什么导致了不好的体验，并识别出以前未曾发现的深层问题。例如，通过将客户对体验的打分和评论进行结合，一家公司发现了一种没有被注意到的技术产品缺陷，这是仅仅进行 NPS 调查所无法做到的。

② 建立正式的流程来推动闭环行动。VoC 团队必须建立使员工能够执行修复措施的流程，无论是闭环单个客户问题的循环，还是对更大的系统性问题采取的专项行动，这个流程通常需要在企业范围内开发建立闭环行动的指导方针，并与一线员工定期或不定期开展沟通，收集实施过程中存在的问题并不断进行优化。

③ 整合来自生态系统的其他声音。一线员工和合作伙伴可以直接从客户那里听到大量的反馈，他们同样可以把这些数据和信息通过客户之声计划，传递给 VoC 团队，同时也可以提供他们自己的改进想法。

④ 基于角色进行分发和报告。不同层面、不同角色的员工，对客户反馈的关注侧重是不同的。在业务单元和运营层面，需要分享关于交互和旅程级指标的详细报告，指导一线员工提供更好的客户体验。而在管理层，更关注总体的

关键指标和趋势。高级阶段的客户之声，可以针对不同角色的需求进行数据、信息和仪表板的分发。

⑤ 引入基于数据的激励和认可。企业可以利用积极的客户反馈，提升员工的成就感。例如，爱彼迎（Airbnb）在引入视频作为其反馈计划的一部分后，将其收到的正面评价的视频在内部进行宣传，这些视频占比超过了50%。自从将这些视频引入以后，企业内对客户之声团队提供的客户反馈更感兴趣了。

⑥ 严格地量化业务结果。高级阶段的客户之声计划必须确定一个能证明其效果的用例，比如降低成本——通过减少呼叫中心的话务量、聊天会话数量或电子邮件节省成本。

⑦ 集中客户之声团队，提升效率。客户之声最高效的方式是进行集中运营，否则会因为重复建设导致效率低下，甚至会损害客户体验。例如，万事达信用卡刚开始允许多个团队运行各自的客户之声计划，结果是企业内有超过400名员工可以访问客户信息并可以向客户发送调查，导致一个客户收到了100个调查邀请，并且调查中使用了4种不同的量表。为了解决这个问题，万事达卡最终创建了一个统一的客户之声卓越中心。

（3）成熟阶段

成熟阶段的客户之声能够将客户之声数据融入员工的日常工作，从而为各个利益相关方的决策提供更加全面和深入的支持。

① 实现完整的数据集。为了从客户之声中得到正确的洞察，并对它们进行优先级排序，必须跨多个数据源采集数据，形成完整的数据集来进行模式识别。在这个阶段，客户之声计划通过将多个数据源的客户声音数据与其他系统，如CRM（客户关系管理）数据相结合，不断提升洞察力水平。通过将关键数据集添加到客户的反馈中，使得不用再去询问已经有答案的问题。例如，数据集成后使大多数零售商能够在每个客户的反馈中附加货品编号、访问日期、交易时间、交易编号和收银员等信息，这使得客户之声团队能够更有效地评估客户不满的根源，并做出运营改进，例如对员工进行再培训或提供现场指导。

② 制定一个统一的优先级排序框架。通过客户之声可以发现很多体验改进的机会，但我们不可能解决所有发现的问题，必须聚焦重点问题和机会。但目前只有很少企业有一个统一的框架来对所有的机会进行优先级排序。在这个阶段，企业根据改进计划对客户和业务的潜在影响，通过建模来搭建评估框架。这类框架还应有助于评估拟实施项目的操作性、可行性、投资回报率和风险。

③ 建立一种拥抱客户之声的企业文化。为了推动客户之声计划达到成熟的程度，企业必须建立以客户为中心的文化，并让员工将这种文化融入日常工作。客户之声计划能为利益相关者提供洞察和策略建议，帮助他们提供与客户产生共鸣的体验。例如，美国电信运营商康卡斯特（Comcast）利用对客户之声的投资来推动文化变革和改善客户体验——对技术的投资帮助该公司能"采纳、影响和赋能新的员工行为"，提升员工的敬业度和工作效率，并最终转化为向客户提供更好的体验。

④ 将客户之声融入实际的体验设计流程。为了让企业更高效地运营，客户之声团队必须进行跨职能的协作，将客户之声融入业务部门和其他项目。例如，美国运通公司的用户体验研究人员与客户之声团队密切合作，每周一次联合起来分享研究发现，并确定在可用性研究和客户之声数据中发现的共同趋势。这可以帮助用户体验团队使用客户之声的洞察来指导体验设计工作，并在产品改版发布后使用客户之声来度量改进。

## 2. 建设客户之声的基本原则

从零开始建设一项客户之声计划，推动计划从最初的基础阶段走向最终的成熟，并获得实际的业务成果需要一个漫长的过程。在这个过程当中，需要遵循一些基本原则，来保证客户之声计划不会走进泥潭，并获得最终的成功。

（1）构建一个而不是多个客户之声体系

在业务部门和职能部门众多的大型企业和组织，最容易出现同时并行多个客户之声项目的情况。虽然建立集约型客户之声计划会影响到初期的建设效率，但是长远来看，统一的客户之声体系具备以下优势。

① 改善客户反馈时的体验。通过统一的客户之声计划，可以尽量减少单个客户收到的反馈邀请数量，同时能保证客户收到的邀请保持一致性，使用相同的设计、措辞和量表，遵循统一的品牌规范，有利于创造更连贯的客户体验，并使整个组织标准化。通过连接到其他数据源，如其他运营系统和交互分析工具，可以让企业在选择何时何地请求客户进行反馈更具战略性。例如，一家金融服务公司最终决定统一客户之声项目是因为单个客户收到了 100 多个来自多个业务单元的反馈邀请，不胜其烦。通过打破和关联客户之声孤岛，改善了企业内部利益相关者拿到的客户之声分析报告，并让更多的团队参与创建解决方案，从而为系统性问题提供更好的建议和解决方案

② 更好地确定整个企业的优先级。将客户之声数据结合在一起能改变一个企业考虑问题优先级的方式。例如，一家消费品厂商在将客户之声数据连接到其他数据源之前，一直没有搞清楚客户调查中负面反馈的来源，这也导致很多客户退货。后来通过整合满意度评分和客户评论数据，该企业发现问题不是产品有缺陷，而是因为购买时没有收取某些费用导致用户不能开箱即用。发现这个问题后，他们在产品网站上增加了需要额外付费的通道，并在产品包装盒子上添加了一张贴纸，让客户知道会发生什么，以及要马上使用产品还需要做什么，这些措施帮助该产品在同类产品中胜出。

③ 降低投资和运营成本。采用多种技术和平台的、碎片化的客户之声项目，会降低企业在技术投资上的价值。创建一个统一的视图也可以根据情况采用不同的方式开展，一种常用的方式是采用统一的数据采集分析平台。这种方法不会破坏那些能够适应当前技术的某些特性和功能，以及现有供应商提供的孤岛系统。它既能通过低成本方式连接和整合现有技术，又可以合并新的数据源。还有一种方式是，根据技术供应商合同的逐步结束，慢慢开始减少现有技术的数量，最后简化为一个统一的企业解决方案。

（2）加入员工和合作伙伴对体验的反馈

虽然客户之声通常主要采集的是直接来自于客户的声音，但越往后越会发现，仅凭客户的反馈并不足以改善客户体验。客户对决定其体验的员工、流

程、策略和技术等更广泛生态系统的可见性非常有限。因此，当客户分享反馈时，特别是通过调查等常见的方法，往往会遗漏关于是什么导致体验崩溃的重要细节。故而，在客户之声中加入来自内部员工以及外部合作伙伴的反馈也非常重要。

① 员工反馈可以为有问题的体验提供深刻的场景。员工可以通过让客户之声团队深入了解问题的根本原因，来帮助识别问题并明确改进的机会。通过改善更广泛的客户体验生态系统中的底层要素，企业可以更加系统地改进客户体验。

② 员工也可以对其他改进机会提出建议。对更大的生态系统的深入了解，让员工可以对产品、服务、体验甚至战略提出改进建议。例如，美国通信服务公司 Comcast 采纳来自客户服务代表的员工反馈，从而促进了对其实体营业厅的重新设计。

（3）场景化客户之声的采集和分析

客户的想法和行为往往比我们预想的要多得多。通常企业更多地着眼于客户的行动或者态度，但对客户所处的具体场景缺乏重视，这也不是客户之声收集的重点。但缺乏具体的场景信息，会导致客户之声收集的反馈停留在表面，而无法深入挖掘问题背后的原因。例如，一家全球领先的手机厂商就表示："无论采用哪种形式，都存在用户反馈模糊、问题指向不明确的困惑。"场景化信息的不足还会导致企业对客户决策和行为的原因进行二次猜测，或者更糟的是，他们会叠加自己的意见、经验和观点来填补这一空白。为了让客户之声更加深入，有效的客户之声计划必须重视各个阶段的场景化因素。

一是在采集过程中的场景化。明确中心客户会处在哪些场景？需要对哪些重点场景收集反馈？哪些场景不适合进行客户反馈的收集？每一个重点场景适合采用什么样的反馈形式？每一个场景询问什么样的问题是最合适的？

二是回归场景对客户之声进行分析。要从客户反馈中找到问题真正的原因，以及有建设性的策略建议，必须还原到具体场景中进行分析。例如，对于一个大量的"还好吧"这样不痛不痒的反馈，如果还原到具体的场景，可能会发现客户给出这样简短到"没有价值"的反馈，其实是由于客户正在赶地铁的路上，企业需要调整发送反馈的时间点。但如果是在很多场景下，各种细分客户都给出了这种反馈，则企业可能需要反思自身的品牌正在变得模糊，必须从更高的层面提出解决方案。

三是通过场景化在内部讲述真实的客户故事。很多企业为了提升企业内部员工的客户意识，建立客户为中心的文化，会在内部对客户之声进行宣传和分享。但是要想吸引大家的注意，并且愿意倾听客户的声音，不能仅仅停留在仪表盘的指标数据的分享。场景化的客户之声能让客户故事更加真实，更具感染力，更能触动员工的内心深处，更能改变固有的观念，并促进以客户为中心的行为。

数据并不能激发灵魂，如果想让员工采取有意义的行动，那么请讲述数据背后场景化的真实的客户故事。

（4）基于客户旅程采集客户声音

客户的体验不会在付款后就结束，客户与企业的整个交易过程都可能是完美的，但如果快递或退货环节处理不当，那么客户将不会关心品牌所做的一切，而会毫不犹豫地在评论区或社交媒体上分享他们刚刚经历的一次糟糕的购物体验。客户旅程中任何地方的糟糕体验都会破坏整个体验，因此需要从端到端的视角来全面收集客户在每个阶段、触点的体验反馈，尤其是关键点的交互和体验。

同时，企业需要一种像客户旅程这样端到端的架构，将这些体验反馈实时标记给关键利益相关者，并提供自动化的工作流程，在出现问题时立即提醒客户服务、产品或营销团队。当每个人对客户的期望以及他们在整个旅程中与品牌互动的体验达成一致时，就不需要更多的解释和沟通了，可以把更多的时间和资源花在行动上。

（5）关键是最终的闭环落地行动

客户之声提供的数据和洞察在刚开始的时候会让人觉得非常有价值，但是很快这种感觉就消失了。因为这种客户之声越来越多，但是如果没有实际的优化行动，现状一直没有改变，问题依然存在，客户对这些问题的反馈也不断重复。最后，可能连客户也因为没有结果而感到绝望，不再进行反馈。这就是客户之声缺乏最后的闭环落地导致的结果。

《2018年微软客户状态报告》中的两个数据也清楚地说明了闭环系统的重要性：虽然90%的受访者表示希望得到品牌的反馈，但超过50%的受访者认为不会对他们提供的反馈采取任何行动。

客户之声计划必须具备闭环落地的能力，并且还要使这种闭环实践更系统。不要过多地陷入分析阶段，在那里很容易成为分析麻痹的受害者。虽然可能发现一个惊人的洞察，但如果没有一个流程对它做出反应，则洞察本身是无用的，持续的行动才是最关键的。

## 9.5 建设客户之声的基本步骤

客户之声是一个复杂的系统，其建设过程也相当复杂，而且不同企业的情况和目标也不尽相同，所以不存在一个普遍的建设路径，这里总结了一个基本的建设步骤，可以基于实际情况进行调整，如图9-9所示。

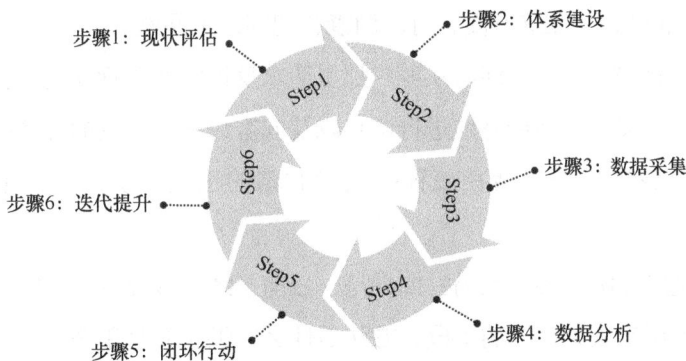

图9-9　建设客户之声的基本步骤

### 1. 现状评估

客户之声体系建设的第一步，就是对企业现有的客户聆听进行评估。客户聆听评估的目标是明确企业目前在哪里以及如何要求客户提供反馈、审查客户主动提供反馈的地方、集中收集、评估和共享客户反馈的方式等。最终，评估结果应输出更具体的结果——制定建设或者完善客户之声计划的具体方案，包括根据整体的客户旅程设计在哪里以及如何邀请客户反馈，确保所请求的反馈与行动和结果相关联，以一致的方式关闭与客户的循环。评估客户聆听现状主要包括以下 4 个方面。

（1）找出目前哪些地方正在收集客户反馈

首先，需要盘点所有现有的客户反馈源。如果整个企业已经在使用相同的调查工具并且数据是集中的，这一点就很容易弄清楚。但是，如果是采用随意或分散的方法来收集反馈，则这项工作可能非常具有挑战性。要找出谁在向客户发送调查，有时最好的选择可能是开展一次内部的关于客户反馈收集的调查。要求整个企业内的部门和团队负责人完成一项关于他们是否以及如何收集客户反馈的问卷，报告使用了哪些工具，发现了哪些问题，以及应用的结果如何。

如果前期绘制有客户旅程地图，那么此时客户旅程地图非常有帮助。如果没有，则可以创建一个专门的客户聆听地图，以标识在客户旅程中需要开展客户反馈的地方。这也是回顾客户调查的设计方式、客户调查问题，以及可能存在冗余地方的机会。在这方面，可以调查和询问以下问题。

- 是否有关于如何、何时从客户那里请求反馈的明确管理规范？
- 是否有关于如何最好地进行调查以及向客户展示调查的方法指引？
- 客户旅程是否包括在旅程中正确时刻的正确聆听内容？是太多还是太少？
- 这是应该听的接触点吗？如果是，目前已经开展聆听了吗？
- 目前用来收集反馈的手段、方法是什么？供应商有哪些？
- 在每个触点多久采集一次反馈？是否存储了此触点收集的反馈？多长时间？
- 是否可以集中访问在此触点收集的反馈？此接触点收集的反馈是否传递或合并到其他地方？
- 谁负责管理此触点的客户反馈收集过程？谁负责确保在此触点上对反馈

做出适当的（及时的、有帮助的等）响应？

- 是否有能力在此接触点提供实时或接近实时的交互和对话？

另外，评估时需要关注的不仅仅是接触点，许多不同部门都进行了自己的客户调查和反馈计划，而这些计划和反馈计划彼此独立，没有共享数据和成果。客户互动的每个前端部门都有可能拥有自己的调查或反馈收集体系，因此可能需要采访每个业务或职能部门的相应人员。调查的问题包括以下几个。

- 所在的部门是否进行过调查？或使用其他类型的工具来获取客户的反馈？

- 使用什么工具进行客户调查或获得反馈？多久做一次？效果如何？

- 是否经常以其他方式收集客户反馈？收集信息多长时间了？

- 这些信息保存在哪里？谁有权访问您的客户反馈／调查结果？

- 如何应对客户提出的担忧或问题？是否还想获得目前没有的其他信息或反馈？

（2）找出客户分享意见和问题的其他地方

企业往往通过问卷调查要求客户做出反馈和回应，并且仅限于企业提出的问题。事实上，许多没有参与调查的客户仍有话要说，或者有一些调查之外的其他问题需要反馈，这些内容他们同样希望企业也能听到，所以也需要密切关注跨渠道的反馈。客户经常在用户论坛、评论网站和社交媒体上分享反馈。需要注意并寻找这些客户要求具体回复的地方，以及他们如何提供反馈。

分销渠道和合作伙伴的网站也是一个很好的途径，例如客户可能会在经销商网站而不是汽车厂商的网站上分享有关新车的反馈。另外，也可以询问那些直接与客户互动的员工和合作伙伴听到的客户反馈，例如联络中心的客户代表和其他一线工作人员每天都会收到客户的信息。在了解这些其他反馈渠道的过程中，涉及的问题包括：谁是负责人？是否有人积极响应客户并根据反馈采取行动或关闭循环？这些都需要纳入评估的范围。这时可以调查的问题包括以下几个。

- 谁在监控客户在评论网站、用户论坛和社交媒体社区上反馈的意见和建议？

- 收集此反馈的期望是什么？客户是否期望企业在这些领域采取行动？
- 有没有办法让面向客户的员工实时提交他们收集到的客户反馈？这是否与客户数据整体相关？

（3）审查采集、使用和共享数据的方式和途径

一旦搞清楚了客户反馈的现状，接下来就可以评估如何使用这些反馈，寻找决定客户之声计划成功与否的系统性问题。在此过程中可能会发现在理解客户期望和需求方面存在的差距，需要更多沟通和培训的地方。在评估这方面的工作时，可以询问的问题包括以下几个。

- 团队是否拥有正确的工具和技术来收集、评估和指导围绕客户反馈的行动？
- 客户数据是如何组织和分发的？是否有客户数据的集中统一视图？调查结果和其他数据是否存放在孤立的数据库或团队工作流程中？
- 谁在负责针对客户反馈所需采取的行动，包括解决客户问题和闭环流程？

更好的信息可以带来更好的行动，客户聆听评估就是确保客户之声计划能收集正确的输入，帮助最终设计和开发出正确的输出。客户愿意与企业分享他们的反馈，是因为他们希望自己的反馈能以有意义的方式被企业聆听、理解并采取行动。客户聆听评估是一种对客户关系的尊重，并确保企业能在正确时刻聆听正确的事情。

（4）客户聆听工作现状评估指南与练习

为了更好地实施客户反馈现状的评估，可以将上述 3 个方面的问题整理出来，根据需要做成访谈大纲的形式，并让评估团队和部分被访谈对象参与进来，进行练习型的评估，在这些练习中分享信息和结果。也可以在此过程中使用已经拥有的工具，例如客户旅行地图等。

## 2. 体系建设

通过现状评估，可以整合各利益相关方在客户之声方面的需求。如果已经

存在了多个客户之声项目，则为了决定如何连接现有的这些项目，还需要梳理以下内容：了解其他利益相关者的需求、要求和当前的方法，并将他们的需求整合到一个更全面的解决方案和统一的视图中；评估当前的客户体验技术、工具和平台，了解现有的使用情况、每种技术支持的用例、正在使用的功能和特性，以及每种技术的优缺点。

接下来是基于各方面的现状评估，识别现有客户之声计划中存在的差距。如上文所述，客户之声计划有 3 个级别：基础的、高级的、成熟的。大多数企业还没有达到最高水平，因此可以通过评估现在所处的阶段，与目标阶段进行对比，明确存在的差距和短板，针对性地制定建设方案。例如，想要从基础阶段提升到高级阶段的企业，可能会专注于整合非结构化和主动反馈，因此文本分析能力可能是至关重要的。

一旦掌握了上述必要的信息，下一步是制定构建或重建客户之声的具体方案。由于各个企业的基础和目标不同，因此并不存在一个通用的客户之声建设方案。但通常情况下，一个客户之声建设方案的要素主要包括以下几个。

（1）数据采集方案

该方案主要回答针对哪些重点客户，在哪些场景、触点采集客户反馈和数据，数据采集的形式、采集周期是什么，如何存储和管理等，现有各个客户之声系统之间如何打通和连接。

（2）数据分析方案

该方案主要回答基于采集到的数据，需要开展哪些常规分析和专题分析，需要利用哪些分析方法、技术，需要开发哪些仪表盘，如何分发给需求部门和各个岗位人员。

（3）闭环落地方案

该方案主要回答针对客户之声提供的客户反馈和洞察，在各个层面可以采取哪些响应和闭环落地措施，是否需要制定专门的流程来保障策略的落地执行，相关部门的职责是什么。

（4）团队建设方案

该方案主要回答在客户之声计划的规划和建设过程中需要哪些部门的参与，

需要哪些岗位人员的参与。计划建成投入运营之后，需要配套哪些相应的岗位，相应的职责是什么，需要多少数量等。

（5）技术建设方案

该方案主要回答为了支撑客户之声计划的数据采集、分析和分发，需要采用哪些技术，整体的技术框架是什么，如何开发或者购买相应的工具和平台来支撑这些工作，需要多少投入。

（6）运营管理规范

该方案主要回答客户之声计划建设投入运营之后，日常的工作如何规范开展，对于重要的常规性工作，明确各相关部门、团队和人员的职责，以及相应的流程和工作标准，激励或惩罚机制等。

（7）建设路径与计划

该方案主要回答根据以上具体的建设内容，如何分阶段进行建设，关键的里程碑有哪些。针对每个部分如何组织建设工作，相应的具体计划是什么。

以上是客户之声方案的基本组成部分，整体的框架可以根据各个企业的情况进行调整。由于环境和需求的不断变化，定期审查和修改客户之声的策略也是非常必要的。

## 3. 数据采集

当客户之声计划建设完成，或者没有完全建成但已经有了相当的基础，就可以进入运营环节，第一个重要的环节就是数据的采集。收集高质量的客户反馈是客户之声计划成功的基础。通常情况下，可以将数据分为3个不同的类别。

（1）直接反馈：当客户知道企业正在倾听并期待他们的请求得到回应时，直接向企业提供反馈。这类反馈可以通过调查、投诉表、市场研究或焦点小组进行。

（2）间接反馈：客户谈论到企业，但不一定直接给企业发送这些信息。这类数据可能是客户在社交媒体上发布的消息、在线评论、图片、视频等。

（3）推断反馈：与客户体验相关的运营、行为和交易数据，包括网站数据、购买记录或联络中心数据。

在收集客户之声这个环节中还有几个关键点需要强调：首先，要保证数据的真实性、有效性，并将数据源连接到一个统一的系统中。数据越是全面真实有效，分析结果越能接近真相。一方面要求采集数据时尽量全面，避免遗漏数据；另一方面需有丰富经验来甄别和剔除无效数据、假数据。其次，需要将数据源接入同一个系统，打破数据孤岛。以各大电商平台为例，平台之间相互竞争，评论数据和在线咨询数据只能在平台上看，无法导出与合并，从而形成数据孤岛。最后，在进行客户之声的数据分析之前，需将各平台数据打通，建立自己的数据仓库，方便统一管理、分析和调取数据。

客户反馈是客户之声最重要的数据来源，之后将对数据采集的方法进行专门介绍。

### 4. 数据分析

采集到各种客户之声的数据后，接下来就是如何从中获得可操作的分析和洞察。许多企业的客户之声计划面临的一个问题就是：收集了大量客户数据，但不知道如何从中真正获得可执行的、有意义的分析和洞察。可以从最基础的分析开始，如对不满意评分和投诉的快速分发、基本的现状和趋势分析等。更进一步的，可以围绕重点业务目标设置预警，或者对一些客户和业务问题的假设进行验证（证实或证伪）。最深入的是针对一些重要问题，进行专题的研究和分析，例如最近客户对产品最不满意的地方是什么，如何针对年轻人设计最佳的产品组合等。

在客户之声计划采集的数据中，以文本数据为代表的非结构化数据占据着越来越大的比例，对这些数据的分析产生的价值也越来越大。这时可以借助 AI 技术，尤其是自然语言处理（NLP）技术来开展分析工作。让机器或者模型代替人工去理解客户反馈的每一句话中提到了哪些点，对这些点的情感倾向是正还是负。在此基础上，量化客户的关注点以及对关注点正面、负面反馈的声量。由于中文语义的复杂性，NLP 需要大量的训练才能达到比较高的准确率。比如"这豆腐真臭"，对于长沙臭豆腐外卖店来说是一句好评，但放在超市的新鲜豆腐里就是一句差评了。因此，需要通过大量的训练，让 NLP 明白在当前语境下，到底这是好评还是差评。

在分析和洞察阶段，不能止步于得到分析和洞察结果，还需要搭建丰富的仪表板，支持多维的分析和可视化图表展示。结合业务需求，根据企业中不同岗位角色的需要进行针对性的分发，赋予每个人洞察客户之声的能力，这一点也非常重要。因此，客户之声平台需要提供多个配套功能，比如灵活地筛选、预警、消息中心等。

## 5. 闭环行动

在收集了大量的反馈并对其进行分析后，接下来就是如何处理和行动，如何通过可执行的行动推动变革。对于具体的行动，可以有不同层面的落地应用。一是对具体体验问题的立行立改，例如某个客户反馈电子发票无法正确投递，应立即查看导致此问题的原因，直到客户收到正确的电子发票。二是对发现的突出问题，开展专项行动。例如，收到越来越多的客户对某商场手机上网信号的投诉，可成立专门的项目团队，分析原因并制定方案，由工程部门进行网络基站的建设和完善。三是从更高、更完整的层面，进行体验的系统性创新。例如，针对客户反馈宽带投诉处理周期长的问题，对整个宽带业务的投诉处理流程进行重新设计和部署。

有时候从客户之声输出的分析和洞察是显而易见的，企业的改善行动就会非常明确。例如，某手机厂商的营销团队，将其某款新手机定位为年轻一代使用的性价比手机，同时为了宣传年轻化会选择通过知名游戏进行宣传。之后通过分析电商评论和社交媒体相关话题反馈发现，客户的关注点集中在用这款手机打游戏很好用的体验。企业可以根据这个结果立即采取行动，将营销重点放在游戏手机上。但有时候得到的是统计层面的分析结果而非洞察，需要结合更多来源的数据，进行更深入地分析，才能最终得到指引行动的见解。例如，某日化产品的客户服务部门开展的客户调查显示客户对产品的 NPS 值在下降，结合研发团队的电商评论分析发现，关于包装设计、产品气味的负面反馈特别多。

当采取行动之后，还需跟踪问题的改善效果和收益，形成良好运转的闭环。并非通过一次行动就能达到很好的效果。在采取行动后，需要重复上述的 VoC 洞察过程，监测跟踪各项体验的改善情况，根据效果不断调整策略再行动，直至交付很好的体验。

### 6. 迭代提升

当客户之声计划建设完成并投入运营之后，需要根据实际运营的效果进行不断完善和迭代，包括采用新的数据采集方式、接入更多的数据源、引入更多的分析功能、开发更多的仪表盘，以及在企业内部推动建立正式的闭环流程等。另外，以下措施虽然不是直接针对客户之声的优化，但也可以很好地帮助客户之声计划获得更多的关注和更有价值的成效，从而推动计划的升级。

（1）聚焦在企业优先级排序靠前的事项。建立一个体验优化项目的优先级排序框架，然后将客户之声的输出成果聚焦在优先级靠前的事项上，能够吸引企业从基层到高层的更多关注，输出的洞察和策略能得到更快的执行。

（2）突出和宣传取得的成果和投资回报。对客户之声非常有价值的成果和洞察进行重点宣传和推荐，能帮助业务部门获得更多的成效。例如，一家美国零售商基于客户之声数据分析发现，对客户的道歉本身对客户更重要，而不是退货退款解决方案。仅道歉就使客户保留率提高了 7 个百分点。对这些显著效果的定期和不定期的沟通和宣传，可以让更多业务部门开始关注客户之声计划。

（3）不断识别内部干扰者并将其变成支持者。找出想要改变现状的内部利益相关者，尽早地让他们参与进来，帮助一起推动客户之声计划。同时，对那些明显持不赞成态度的团队和个人，主动沟通他们的顾虑和反对的原因，在建设方案和运营中考虑他们的意见和建议，逐步化解他们反对的声音，最终将他们转化为支持者，一起推动客户之声计划的提升。

## 9.6 如何收集客户反馈

客户反馈是客户之声最重要的来源，本部分专门对客户反馈的渠道和形式、客户反馈问题进行阐述。

## 1. 客户反馈的收集渠道和形式

以下列出了常见的客户反馈收集形式和渠道，通常可以混合使用不同的形式来确保收集的客户反馈是全面、真实的。

（1）客户访谈

客户访谈是收集客户之声数据的传统技术之一，它通常用于了解特定客户对产品和服务的问题、需求、态度、行为等各方面的信息。可以选择为特定客户或具有某些共同属性的一组客户开展这类形式的反馈。通常可以通过面对面执行，或者通过电话或电子邮件开展。虽然面对面访谈的成本是所有访谈形式中最高的，但它仍然被认为是建立信任的客户关系的最有效的形式，因为客户认为这种类型的交互更加个性化。

（2）在线客户调查

采集客户之声另一个常用方法是进行在线客户调查，这些调查可以帮助企业非常方便地了解客户及其问题。它可以收集封闭式的问答，也可以收集开放式的文本、图片、视频等数据形式。但是，如果没有使用正确的平台、正确地提出正确的问题，那么这种方法反而会得到有害的结果。

（3）实时聊天

根据一项研究，目前有48%的客户会通过实时聊天与企业联系。在企业官方网站上提供实时聊天是一种收集实时客户反馈的绝佳方法，它还可以减少客户感到不满意的可能性。实时聊天不仅能用于听取客户投诉并解决问题，还能有效收集客户之声的数据。

（4）社交媒体

社交媒体是反馈的重要组成部分，它为企业提供了与客户进行双向沟通的机会。在微博、微信、知乎、小红书等常用的社交平台上，都可以参与相关正在进行的对话和讨论，通过积极参与或倾听与这些客户建立联系。社交媒体的核心优势在于，它可以与使用产品或服务的客户进行更直接和实时的对话。虽然这是收集反馈、寻找趋势和创建故事的好方法，但将其转化为可开展进一步分析的数据还是具有一定的挑战性的。

（5）App/ 网站行为

网站和 App 应用也是收集客户意见的常用渠道，对于企业来说，这些都是自己完全可控的渠道，可以根据情况灵活配置。除了可以通过这些渠道开展其他聊天和在线调查等反馈，还可以通过后台系统收集客户在网站上和应用内的行为。可以通过利用热图、访客录像等工具来实现分析，有很多种专门的工具可以帮助企业快速地收集这些形式的客户反馈，例如 Hubspot、Hotjar、Ptengine 等。

（6）服务热线

企业的客户联络中心与客户的通话录音可以让企业收集到非常具体的体验问题，同时也可以大致了解客户如何看待品牌、他们有什么样的反对意见以及他们对公司的其他期望。尽管要从联络中心系统中获取可利用的数据需要大量的时间，但建议不定期对这些非常真实和丰富的数据进行分析。它还可以帮助企业培训客户服务和支持团队，以更好地处理异议，从而增强客户的服务体验。

（7）在线客户评论

在线评论通常并不是客户对企业直接的反馈，但也是客户非常真实的意见和建议。在淘宝、京东、天猫等电商平台，以及什么值得买、差评等社区都可以采集到大量的客户评论，分析它们对企业业务的影响，以及如何使用评论来赢得在线声誉和客户推荐至关重要。86% 的客户表示不愿购买有负面在线评论的企业产品，因此不仅要分析这些客户评价，还要及时处理负面评价。

（8）面对面调查

一对一的面对面客户调查是一种非常深入收集客户心声的方法。这种方法能收集到各个层面的信息，但是非常耗费资源和时间，因此对于客户规模比较大的大型企业来说，并不经常使用这种方法。但在进行客户研究时，许多中小型企业可以使用这种方法，并且可以配合像在线调查和在线文档这样简单的工具来完成。

（9）净推荐值调查

净推荐值 NPS 是一种目前最流行的体验管理工具，也用于测量客户对企业的忠诚度。NPS 调查可以为企业提供快速可靠的客户反馈，这种系统的工作方式很简单。调查时，客户需要在 0～10 的范围内回答一个简单的问题："您向朋友或同事推荐我们公司的可能性有多大？"同时会附带一个简单的开放式问题，询问客户选择这个选项的原因。目前有很多在线调查工具或者专门的 NPS工具可以支持快速开展这类调查。

（10）焦点小组

这种方式通常是将 8～12 个客户集中在一个房间，由一个专业人员主持，他们被要求分享对产品或服务的看法、期望和意见等。小组参与者之间可以自由地相互公开交谈。这种数据收集方法可以用于深入了解客户的需求优先级，或测试概念并获得反馈。除了访谈和调查之外，有时还将使用焦点小组方式作为进一步调查和了解每个触点的客户之声的最后一步。

（11）电子邮件

这种方法可以灵活运用于各种场合，非正式或正式、定期或不定期的，等等。可以向特定客户发送个性化的电子邮件，或创建可用于整个目标群体的通用模板。可以直接将邮件回复作为客户的反馈，也可以在邮件中嵌入在线调查等其他反馈形式。

（12）专用反馈表

这种形式是在官方网站、App 或者邮件里设置一个专门的反馈表，通常会被固定在某个位置，不论在哪个页面或者哪封邮件，都会出现在基本相同的位置，客户可以随时打开反馈并提交，这让现有的客户访问某些渠道时有机会随时分享他们的反馈。

## 2. 客户反馈的收集场景和问题

在通过以上各种渠道和形式收集客户反馈时，如何提出发人深省的问题，对激励客户参与反馈并提供有见地的回复非常关键。那么，什么是最好的客户反馈问题？当然，这取决于企业所在的行业以及企业与客户的关系等许多因素。但反馈请求没有得到足够关注的一个因素是向客户请求反馈时，没有充分考虑客户所处的具体场景。只有符合当时客户场景的提问，才能更有效地收集真实的客户反馈。以下是对一些常见场景的问题建议，当然客户场景远不止这些，需要根据实际情况进行设计。

（1）客户似乎感到满意但并不热情

决定客户体验水平的一个重要因素就是客户的预期，必须根据客户的期望来衡量客户的感知。如果他们得到的正好是他们所期望的，那么这也许会带来满足感，但这会带来更多的忠诚度和推荐吗？当客户所经历的体验处在这样一个临界点时，是询问如何超出预期的好时机。

这时适合的问题是："我们应该为我们的服务或产品增加些什么？"

企业测量客户满意度得分（CSAT）之类的指标时，也会询问客户："什么会让您满意？"但往往会得到很多"嗯"和"我不知道"的回答。满意往往让人感觉平淡，提供额外的价值才是让体验脱颖而出的关键。当在恰当的时机问"我们应该增加什么"时，会让客户分享的不仅是可能缺少的内容，还有如何超越预期以创造真正难忘的体验。

（2）客户与流失客户的特征很匹配

企业总是希望与客户的关系能永远持续下去，但客户总是在不断探索和前进，一个企业通常只是其客户生命周期的一部分。当客户要流失或看起来可能要流失时，企业可能会问："我们可以做些什么才能让您留下来？"这个常用的问题并不是一个好的问题，也不是一个向前看的问题。

这时一个更适合的问题是："我们需要改进哪些方面可以让您继续成为我们的客户？"

虽然这仍是一个非常笼统的问题，但是在用一种向前看的方式表达，这是一个更有力量的问题。询问客户需要企业马上改进的地方，这可以让客户说出他们的想法并分享所经历的具体挫折改进机会。也许让客户感到沮丧的主要来源只是如何能快速地开出电子发票，这很容易解决。

（3）客户离开企业流向了竞争对手

当流失的客户并不是没有需求，而是转向了竞争对手那里时，如果企业能保持合理的联系方式，那么在客户流失一段时间之后，向这些流失的客户征求意见也是非常有诚意的沟通方式。

这时适合询问的是："你能分享一下在哪些方面的体验变得更好了吗？"

过往的客户可能是最坦诚的客户，向以前的客户询问竞争对手的体验如何变得更好，不仅可以让企业更多地了解竞争对手的表现，还可以了解自己存在的不足，明确自己需要在哪些方面进行改进。但需要指出的是，再次沟通的目标不是尝试再次销售，不要刻意为了赢回客户而做这件事。

（4）一位新客户对第一次与企业互动赞不绝口

让客户感到激动是一件值得高兴的事情，但作为企业不能仅仅停留在激动的层面，这也不意味着工作已经完成。应在他们为成为企业客户而感到高兴的那一刻，利用客户的热情得到更多有价值的反馈。

这时适合询问的是："你觉得我们的产品／服务适合推荐给你的朋友和同事吗？"

数据显示被推荐的客户停留的时间更长，更有可能推荐更多的额外客户，并且比其他客户具有更高的客户终身价值（CLV）。无论是要求客户直接推荐，还是对产品进行打分和评论，都是一个可以利用的有利时机。

（5）客户对事情的进展表示不满

当客户感到沮丧时，企业会习惯性地推荐一些解决方案，但有时最好的处理方式是询问客户他们此时最需要什么。

这时适合询问的是："我们能为你做些什么吗？"

消除客户的顾虑，并考虑能真正帮到他们的方式。通常，我们习惯性地假设某些事情已经无法改变，并接受随之而来的挫折。但如果我们从思维中消除这些限制，就会看到更多的改进潜力。

（6）客户在旅程中完成了一个具体的阶段

在客户体验的整个旅程中，每个客户都会经历具体的时刻，例如，通过研究对比选定了一款产品、完成了产品的购买、实际使用了一次产品等。通常情况下，缩小关注范围并仅就某个阶段和时刻向客户询问可能会有所帮助。

这时适合询问的是：以"我们可以做些什么来简化／改进……"开头的问题。

以上问题中的"简化／改进"一词也可以根据情况进行替换，尤其是在客户已经提供具体反馈的情况下。如果客户说流程太慢、令人困惑等，就可以询问如何使其更快、更清晰或更容易，关键是要体现你在问什么。

（7）在客户旅程中的任何地方

无论客户处于什么场景，重要的是他们可以反馈企业还有哪些地方可以做得更好。但大多数客户并不觉得有能力去做这样的分享，或者觉得分享并不会带来任何有意义的改变。这就是为什么企业必须积极主动，并始终如一地明确表示重视客户反馈的原因，在各种场景和时刻，持续地向客户发出针对性的反馈请求。

所以，应在客户旅程中的每一个合适的时刻经常询问："您的问题在这里得到了有效解决吗？还需要我们做哪些完善的工作？"

这种反馈问题不仅适合于客户，也适合于内部对员工的反馈。这个问题不仅让企业有机会了解情况，还让企业在出现新的抱怨和不足时，可以对客户说声"对不起""感谢您提出的宝贵意见"等，以免这些问题对品牌的忠诚度造成负面影响。

以上只是对场景化提出客户反馈问题的示例，并不是全部。企业可以根据不同的客户、不同的场景和客户旅程，按照这种思路和方法，设计出更多的场景化问题进行测试和优化。

### 3. 客户反馈收集的常见错误

这里整理和分析了企业在收集客户反馈时所犯的常见错误，尤其是在请求客户反馈时询问的问题，这些是在收集反馈时需要尽量避免的基本问题。

（1）强制客户进行反馈

不回答反馈问题就不能进入下一步，不输入开放式的文本反馈就不能提交调查……有些企业为了快速获得客户反馈，采取了这种强制性的客户反馈。虽然在短时内能增加反馈的数量，但是会影响反馈数据的质量，而且会对品牌造成负面影响。始终要记住的是，提供反馈不是客户对企业的义务，而是在为企业提供帮助。

（2）以内部视角设计问题

"您对我们的客户服务工作有哪些改进意见""您觉得我们的营销宣传存在哪些问题""您对刚才营业人员的服务满意吗"这些从内部视角划分出来的问题往往会对客户造成困扰，客户往往并不清楚企业所说的领域具体包括哪些，从而导致反馈结果并不能准确反映问题，甚至会造成误导。

（3）调查问题过于含糊

要求客户提供"任何评论"是另一个常见的错误。客户会非常困扰到底要写些什么，他们往往没有那么多的精力和时间去帮助企业从头到尾地思考和聚焦。相反，企业却始终要具体反馈。如果想寻求改进建议，最好询问："针对这方面，我们可以改进什么？""我们还应该做哪些事情？"

（4）调查问题缺乏人情味

询问反馈问题时不够个性化和人性化，语气过于生硬，是一个常见的错误，尤其是对于 B2B 调查。这可能是由于调查问题往往是由专业调查研究人员设计的，保持专业性、严谨性是一种习惯。但为了让客户在反馈时有一个放松的心态，更真实地反映自己的感受和意见，企业需要注意沟通时的语气。通过使用客户的名字，并提及他们与公司的具体互动场景，可以让反馈问题更加个性化和人性化。

（5）调查问卷太长

很多企业的客户调查问卷超过了 10 道题，需要多个页面才能回答完。保持简短是一个反馈调查的基本原则，一般情况下调查不应花费客户超过 2～3 分钟的时间，如果客户想深入沟通，可以提供联系方式。

# 第 10 章

# 体验设计：

## 构建端到端的体验设计能力

---

**本章概要**

　　本章首先界定体验设计的内涵和定义，对目前在体验设计工作中普遍存在的误解和问题进行分析。其次，针对存在的问题，重点介绍端到端的客户体验联合设计模式，以及开展体验设计的基本步骤。最后，就如何在体验设计中融入情感的关键问题和关键要素进行阐述。

## 10.1 客户体验设计的定义及作用

为了创造出色的体验，企业必须以有目的性的、深思熟虑的方式与客户互动，这意味着要通过弥补目前存在的普遍短板来提高严重缺乏的体验设计能力。尽管体验设计并不是一个新的概念，但其也没有一个普遍公认的定义。为了统一认识，本书在综合各种定义的基础上，将"体验设计"定义如下。

依据组织的体验愿景，在市场研究与客户研究的基础上，对与各相关方的交互进行定义，以创造价值达成目标的过程。

体验设计的目的是创建具有情感共鸣的交互，本质上是一种以人为本的方法。体验设计使企业可以有意地设计其产品、服务、流程和交互，从而为客户提供一致的、积极的体验。当体验设计在企业中得到广泛实践时，可以帮助企业实现以下目标。

### 1. 发现客户潜在的需求，而不仅仅是显性的要求

体验设计不是简单地实现利益相关者或客户提出的建议，首先要着重了解客户的真实目标、愿望和信念。它利用对客户更深入的洞察来确定他们尚未满足的（通常是未表达的）需求，然后将这些潜在的需求转化为企业的机会。

### 2. 强化完整的客户旅程，而不仅仅是孤岛式的交互

体验设计旨在创造与客户建立持久情感关系的体验，这意味着需要在更广泛的范围内考虑与客户的互动，通过客户旅程而不是单个接触点来看待所提供的体验。

### 3. 激发客户的情感，而不仅仅是追求效用和效率

与大多数其他试图使产品和服务更实用或更易于使用的设计过程不同，体验设计致力于通过满足客户的感受、期望和需求，来建立与客户情感上的连接。

### 4. 与客户一起创造，而不仅仅是为客户创造

体验是好是坏，最终由客户而不是企业来判断。体验设计需要通过将客户引入整个设计过程来实现这一点，首先要了解他们是谁，然后与他们一起生成和测试想法，最后根据他们的意见来调整解决方案。

### 5. 专注于开发解决方案，而不仅仅是解决问题

体验设计不是通过解决需要解决的问题来应对各种挑战，而是使用创造性和批判性思维来不断探索新的想法，以寻求可以为客户带来价值的解决方案。

## 10.2 客户体验设计中普遍存在的误解和问题

目前在很多企业，设计还是一项非常不成熟甚至缺失的能力，企业的各个层级对设计普遍存在很多误解。

### 误解 1：设计只关乎外观和感觉

很多人认为设计是与艺术高度相关的领域，许多企业将设计等同于漂亮的外观和与众不同的感觉，并认为这是一个主要适合具有艺术素养的人的学科——这是一个非常错误的观念。虽然设计最开始与审美息息相关，但其最终是一门解决问题的学科，而且随着技术的发展，技术与设计的融合将成为大的趋势。如何将艺术与科学相结合，创造客户价值和商业价值，才是设计的根本所在。

### 误解 2：设计是设计师的事

那些将设计高度美学化的企业和个人通常会认为设计只能由专业的设计师来完成，但实际上设计工作也分成不同的层面和领域。有些系统性、专业性的工作需要由专业的设计师来完成，还有很多设计工作可以由其他专业领域的员工在相应工具和方法的支持下完成。同时，企业要尽量让更多的员工掌握设计思维，通过赋能实现设计能力的民主化，将各个层面的设计能力有效结合起来。

### 误解 3：设计是基于本能而不是研究

还有很多企业虽然没有将设计局限于美学和艺术范围，但却错误地认为有效的设计是由设计师的本能和直觉驱动的，而不是专业和深入的研究；或者会认为研究是一项太耗时、耗力的事情，虽然上对设计的确有所帮助但并不直接，也不是必要的。然而，依赖本能的设计是有风险的，往往具有误导性。另外，将设计能力建立在可遇不可求的本能和直觉之上，不利于企业规模化设计。

虽然在过去的几年中，客户体验管理已逐渐成为部分企业的重点工作，但仍然很少有企业能够提供出色的体验。以上对设计的误解是企业在建立并提升设计能力时的阻碍，同时在具体开展设计工作时，也普遍存在一些执行层面的问题，例如进行交互设计方面缺乏目的性。其他经常出现的问题还包括以下几个。

### 问题 1：仅解决已表达的需求

尽管大多数企业都会听取客户的意见，但仅仅对部分客户的具体抱怨做出反应并不能构成良好的客户体验。而且，客户经常无法或不愿意表达他们真实的需求、期望和想法。例如，一位银行客户可能抱怨在营业厅的排队时间太长了，而实际上她的这个负面反馈更多是由于经过漫长的等待之后，柜台工作人员对待她的态度很不耐烦，而不是等待本身。如果仅解决客户提出的问题（漫长的等待），那么银行将会浪费宝贵的时间和资源来解决非关键问题。

### 问题 2：透过孤岛式的视角看问题

每个企业都会按照职能和业务单元划分不同的部门和团队，这种方式在进行分工和提高运营效率的同时，通常也会导致员工形成不同的客户视角，进而导致企业解决的仅仅是部分客户的需求，或者只是简单拼凑出来的、脱节的客户体验。例如，企业在组织了一波线上营销活动后，许多新客户致电公司询问情况，营销人员可能将其视为成功。但是，服务部门可能会将这一效果视为失败，因为他们对突如其来的大量咨询不堪重负，无法解决问题。

### 问题 3：忽略情感的作用

研究表明，客户与品牌交互时产生的情感是品牌忠诚度最重要的影响因素。然而，尽管情感很重要，却很少有企业能做好客户情感反应的测量，并针对性地设计出色的客户体验来满足他们在不同场景下的情感需求，形成品牌化的体验。客户与品牌的每一次互动都会引起某种情感反应，如果忽略情感因素，企业此时提供的体验引发的情感将是随机的，甚至可能是负面的，这对实际的商业转化，以及长期的品牌建设都起不到积极的作用。

为了解决在客户体验设计中存在的问题，企业需要在内部推广体验设计的理念和技能，采用更加协同式的体验设计模式，有效利用各种方法、工具和平台，并在设计过程中融入更多的客户情感因素。

## 10.3 客户体验联合设计模式

为了设计和交付出色的端到端体验，企业和设计参与者们需要具备端到端的客户视角，同时要设计和交付贯穿全旅程的客户体验，需要有效整合各种企业资源和要素，包括人员、思维、技能、方法、流程、技术。而每一项资源和要素都存在着多个层面和维度的选择，并需要根据实际情况进行组合运用。我们将这种对多种资源和要素有效整合运用、进行基于客户旅程的端到端体验设计的模式称之为"联合设计模式"。

### 1．人员：联合设计模式的常见岗位和角色

当企业按照体验设计来设计和开发客户体验时，通常这些活动被限制在负责领导整个企业设计项目的设计专家身上。但是，通过在整个企业中分配和实践体验设计职能，企业可以获得更多的价值。为了在企业范围内推广和应用这种设计模式，可以设置相应的岗位，或者赋予一些设计师相应的角色，来推动联合设计模式在企业内部的普及，如图 10-1 所示。

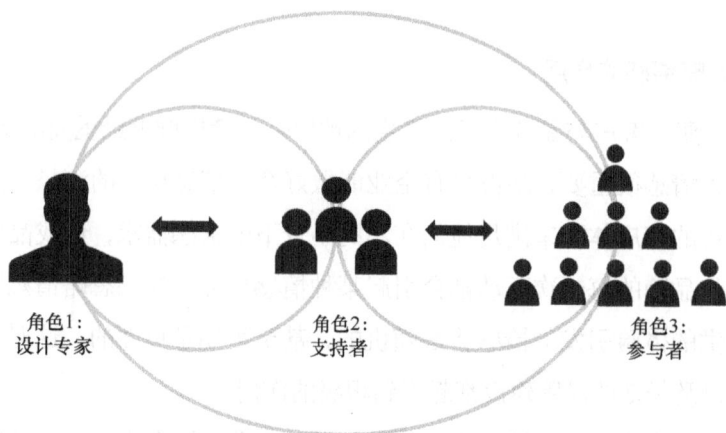

**图10-1　联合设计模式中的3个关键角色**

### 角色1：设计专家——训练有素的体验设计从业者

专家通常位于企业内部的一个集中的设计团队中，他们是经验丰富的专业设计人员，能够熟练运用各种设计方法。

联合体验设计模式的第一层是专家级设计者，其往往是企业内部专职的设计师。他们对一家企业在采用体验设计方法的合理和精确程度方面起着至关重要的作用，包括遵循什么样的流程、拥抱哪种思维方式、教授哪些技能，以及采用哪种工具。专家所拥有的专业和业务知识使他们能够将"体验设计"从纯粹的专业领域中脱离出来，并将其转化为企业所有员工都可以理解并对所有员工都具有吸引力的东西。为了推动联合体验设计模式的应用，专家在其中所起的作用包括以下几点。

① 确保得到企业高管的支持。在很大程度上，体验设计代表的理念和行为（如允许失败，鼓励追求乐趣，以及其不强调以产出为导向的方法），正好处在企业高管认为对企业成功至关重要的东西的对立面。因此，企业的管理者经常要求为体验设计的价值提供切实的证明，而体验设计专家最有能力提供这样的证明。

② 开展具体项目的工作坊。当团队启动一个项目时，项目成员可能很难摆脱自己原来的孤岛和职能思维，从客户的角度来应对存在的挑战。着重于理解

客户的情感和旅程的体验设计，可以为这些团队提供相关的工具和技术，帮助他们摆脱这些孤岛，并通过客户的视角考虑项目工作。为此，设计专家可以为新项目的团队举办相应的工作坊，提供方法和技能上的支持。

③ 开展深入的客户研究。在进行体验设计时，必须对客户的需求和期望有深入的了解；但是，要求每位员工学会如何开展深入的定性客户研究（如情景调查、焦点小组、一对一访谈）是不可行的。因此，专家应在必要时通过开展深入的客户研究来支持那些不是专家的员工。

④ 参与团队的具体工作。尽管设计专家可以在一次性培训和工作坊中教授基本的体验设计方法和工具，但如果他们有精力参与团队的具体工作，就可以提供更具针对性的持续建议。

⑤ 开展全公司范围的专业培训。通常情况下，是由专家负责调整体验设计组件以适应企业具体的业务和品牌，因此他们处于创建培训计划的最佳位置。通过培训，可以教会非专家员工如何将公司的具体流程、工具和思维方式应用于他们的日常工作。

⑥ 提供持续的指导和支持。一场工作坊或一个培训课程还不足以使员工成为独立的体验设计者。为了帮助他们将新发现的技能运用到日常工作中，专家应为参加体验设计培训的员工提供持续的支持。这种支持可以多种不同形式开展，如创建员工可以保留的体验设计组件，建设和维护数字平台来提供建议和工具，提供非正式建议或建立一个支持社区等。

**角色 2：支持者——中度培训的体验设计高频用户**

体验设计的支持者是处于企业不同部门的相关员工，并且接受过体验设计思维和方法方面的中级培训，但这些不是他们日常工作的核心职责。

联合体验设计模式中的第二层由支持者组成。这些员工对于在整个企业中推广这种方法起着至关重要的作用，因为他们既了解体验设计的本质，又了解其自身业务团队的内部运作。对两个领域的了解，可以让他们用合适的方式向团队解释什么是体验设计，并灵活地采用设计方法以适应自己的项目。支持者通常没有设计背景，这意味着企业不仅需要为这些支持者提供体验设计方面的培训，还必须帮助他们加深认识、分享知识，通常采用的举措包括以下几点。

① 开展体验设计大使计划。体验设计大使计划可以在整个企业中将体验设计知识串联起来，这些计划不仅教会非专家员工如何自己运用这种方法，还让他们掌握与其他员工分享体验设计知识的技能和方法，同时可以使他们与志同道合的同事相互交流，分享最佳实践和建议。

② 培训师计划。鉴于时间和资源的限制，由专家开展培训不一定总是最经济的选择，这就是需要培养培训师的原因。专家可以培训支持者如何在体验设计流程、工具和技术方面训练其他非设计师。

③ 认证计划。认证计划是认可支持者所取得成绩的有效方法，同时可以鼓励他们进一步扩展和应用体验设计专业知识。可以使用一项认证计划来鼓励员工实践设计思维，训练他们掌握一定的设计框架、原则和流程，来快速、大规模地解决用户的问题。无论在公司中的职务是什么，任何员工都可以参加该计划。可以设置一定的级别，让参加者逐步晋升。

④ 沉浸计划。沉浸计划为支持者提供了独特的机会，可以将体验设计方法集中应用于特定的挑战或项目中。这些计划不仅为支持者提供了磨炼技能的机会，而且当他们获得了如何使用体验设计来开发更好的解决方案的第一手知识时，他们会更有能力向其他人传授方法。

### 角色 3：参与者——轻度培训的体验设计临时用户

参与者是企业不同部门的对体验设计感兴趣并接受过体验设计基础培训的员工，他们仅在临时或特殊的情况下才会参与。这些爱好者没有需要遵循的严格流程，更多的是采用适合自己需求的方法。

联合体验设计模式的第三层由参与者组成。所有员工，无论职务是什么，都会影响客户体验。因此，让尽可能多的员工具有体验设计的基础很重要。企业应该为参与者进行足够的培训，以识别采用这种方法的机会。与其他两个层次相比，这些员工使用得更多的是通用工具，遵循更少的结构化流程并拥有更少的技能。为了向参与者提供必要的培训和支持，企业可采取以下措施。

① 提供开放式培训课程。企业普及体验设计能力的最有效工具之一就是公开培训课程。在这些课程中，非专业员工可以快速掌握体验设计的基本知识，并清楚在工作中如何进行最简单的实践。

② 指导项目团队。尽管所有员工都应参加通用的体验设计培训，但有一点非常重要，就是要培训参与者如何将这种方法应用于正在进行的项目。在将设计方法具体应用到项目中时，设计专家可以通过参与关键节点（如需求评审、设计评审等）的方式，对项目的设计工作进行指导。或者根据实际的需要，开展主题性质的工作坊，指导团队进行设计。

③ 建立在线资源库。由于参与者仅仅是偶尔使用体验设计的流程、工具、技术和最佳实践，因此企业应创建一个供所有员工使用的中央知识库，其中应包含与体验设计相关的素材和资源，如设计思维工具包、培训材料、创新专家的文章及相关的近期活动列表等。

④ 创建奖励计划。企业应该认可参与者将体验设计应用于工作中所取得的成绩。对这样的努力进行认可，不仅可以向企业内的员工传达公司对于采用这种方法的认真态度，还可以为其他员工提供可以遵循的最佳实践范例。

⑤ 举办以体验设计为主题的活动。员工对企业领导者们介绍他们认为很重要的新计划已经习以为常，随着时间的流逝，这些自上而下缺乏参与的计划会以失败告终。通过举办大型体验设计为主题的活动，企业既可以传达自己的态度和目标，激励员工认真对待并将体验设计应用到企业运营中，又可以对员工普及这种方法的基础知识。

⑥ 融入新员工培训。为了使体验设计融入企业文化，企业不仅应该培训现有员工使用这种方法，而且应该使其成为新员工入职流程的一部分。

## 2. 思维：联合设计模式的思维方式

要成功地实践体验设计，达到体验设计所要求的特征和目标，企业里负责和参与体验设计的员工必须采用一定的思维方式，并通过训练掌握相关的专业技能，如表 10-1 所示。

表10-1 体验设计思维方式

| 思维方式 | 要点 |
| --- | --- |
| 以人为中心 | <ul><li>站在客户或利益相关者的视角看待问题</li><li>关注情感</li><li>寻找未满足的需求</li><li>认真聆听</li><li>忘记自己的假设和偏见</li></ul> |
| 开放式思维 | <ul><li>保持乐观</li><li>寻找一系列新的解决方案</li><li>不断思考"如果"，尽量多考虑不同情况</li><li>不轻易判断，放弃偏见</li><li>保持好奇心</li><li>对突发事件保持开放心态</li><li>表现出学习的意愿</li></ul> |
| 协同合作 | <ul><li>跨组织孤岛进行思考</li><li>与外部合作</li><li>对存在的挑战形成共识</li><li>相互学习和利用对方的想法</li><li>互相支持</li></ul> |
| 行动导向 | <ul><li>聚焦解决方案，而不只是停留在问题上</li><li>建立和测试可操作的解决方案</li><li>将复杂的信息分解为更小的组成部分</li><li>快速失败了可重新尝试</li></ul> |
| 实验性 | <ul><li>玩中学</li><li>拥抱失败</li><li>不要针对预设的结果直接进行设计</li><li>询问一切有疑问的地方</li><li>随时寻找新的机会</li><li>愿意冒险</li></ul> |
| 旅程思维 | <ul><li>这个/类客户是谁</li><li>他现在处在一个什么样的场景</li><li>他的真实目标是什么</li><li>他在这之前做过/经历过什么</li><li>他在这之后会做/经历什么</li><li>采取什么措施会让他满意和开心</li><li>哪些是关键的时刻</li></ul> |

体验设计思维既是一种态度、理念，也是一种工作准则，企业中那些参与体验设计的各个角色，包括研究者、设计者、测评者和开发者，都需要具备这些思维，才能保证设计出出色的产品、服务和解决方案，向客户提供卓越的体验。

## 3. 方法：联合设计模式的常用方法

为了构建成功的联合体验设计模式，企业有必要开发一套相应的工具来支持3个层面的员工。到底使用哪种工具取决于员工的背景、偏好、专业知识水平、资源及工作的最终目标，以下是一些常用的体验设计工具。

（1）旅程地图

客户旅程是客户在一段时间内为实现特定目标所经历的步骤和交互的集合，而客户旅程地图就是对这一过程的可视化呈现。因为客户旅程地图可以从更广泛的视角去看待客户体验，如图 10-2 所示，它们是识别客户未满足的需求、客户群之间差异，以及发现痛点和改进机会的有效工具。

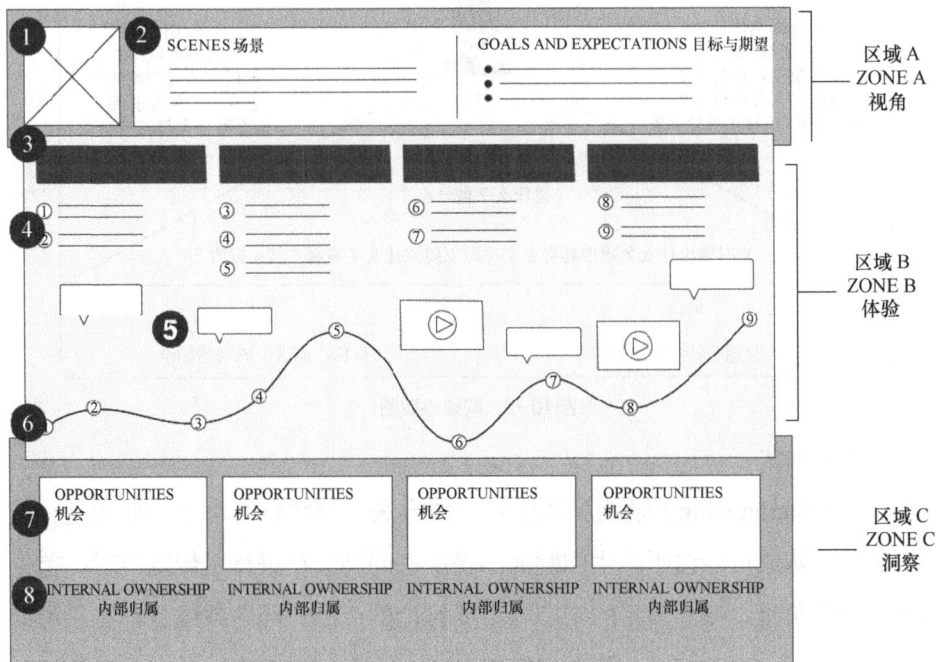

图10-2　客户旅程地图示例

（数据来源：尼尔森·诺曼集团）

（2）同理心地图

同理心地图通过对客户需求进行分类和分组来帮助员工更好地了解目标客户，如图 10-3 所示。尽管任何一个员工都可以使用"同理心地图"加深他们对特定客户的了解，但在协作环境中使用此工具的效果最好。在绘制同理心地图时，首先要组建一个团队，然后打印或绘制一张大型的同理心地图。参与者先在便笺上单独写下他们对地图中各部分的想法，然后将其贴在地图的相应部分，同时向小组其他成员解释他们的想法。这些想法可以基于定量研究、定性访谈或与客户的先前互动。团队成员应提出很多问题并相互挑战，以获取对有关目标客户群更深刻的见解。

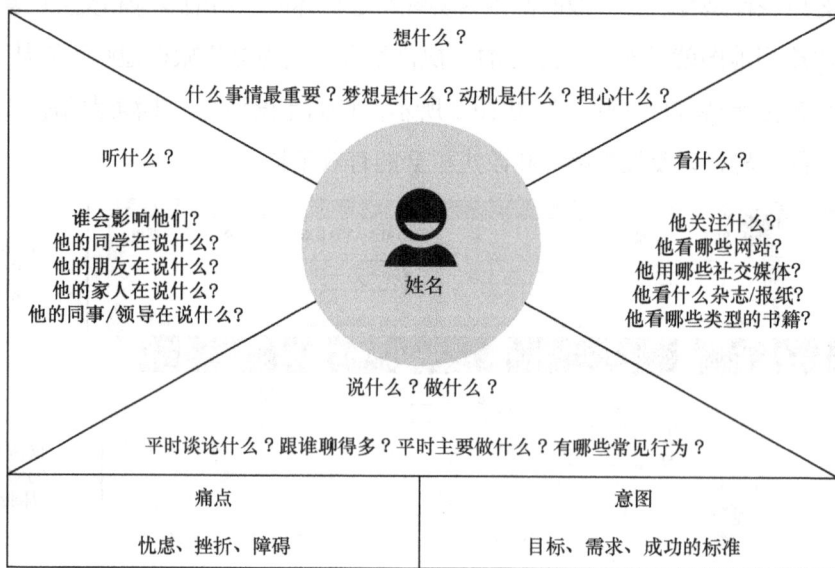

想什么？

什么事情最重要？梦想是什么？动机是什么？担心什么？

听什么？

谁会影响他们？
他的同学在说什么？
他的朋友在说什么？
他的家人在说什么？
他的同事/领导在说什么？

姓名

看什么？

他关注什么？
他看哪些网站？
他用哪些社交媒体？
他看什么杂志/报纸？
他看哪些类型的书籍？

说什么？做什么？

平时谈论什么？跟谁聊得多？平时主要做什么？有哪些常见行为？

| 痛点 | 意图 |
| --- | --- |
| 忧虑、挫折、障碍 | 目标、需求、成功的标准 |

图10-3　同理心地图

（3）星爆法

星爆（Starbursting）是头脑风暴的一种方法，与常规方法不一样的是，这种方法让团队成员专注于产生问题而不是回答问题。在进行星爆练习时，首先是画一个六角星。在六角星的中心写下要讨论的产品、问题或挑战，然后用谁（WHO）、什么（WHAT）、哪里（WHERE）、何时（WHEN）、为什么（WHY）及怎么（HOW）标记六角星的 6 个点，这就是星爆地图，如图 10-4 所示。在讨论时对这6个点中的每一个点，以该词开头生成3～5个问题。列出这些问题之后，就可以开始尝试回答这些问题了。这个工具也可以迭代地用于解决更复杂的问题——只需要进行第二次、第三次"星爆"会议即可，对最初提出的问题进行逐层探索，这种方法能够系统地分析新想法或新产品。

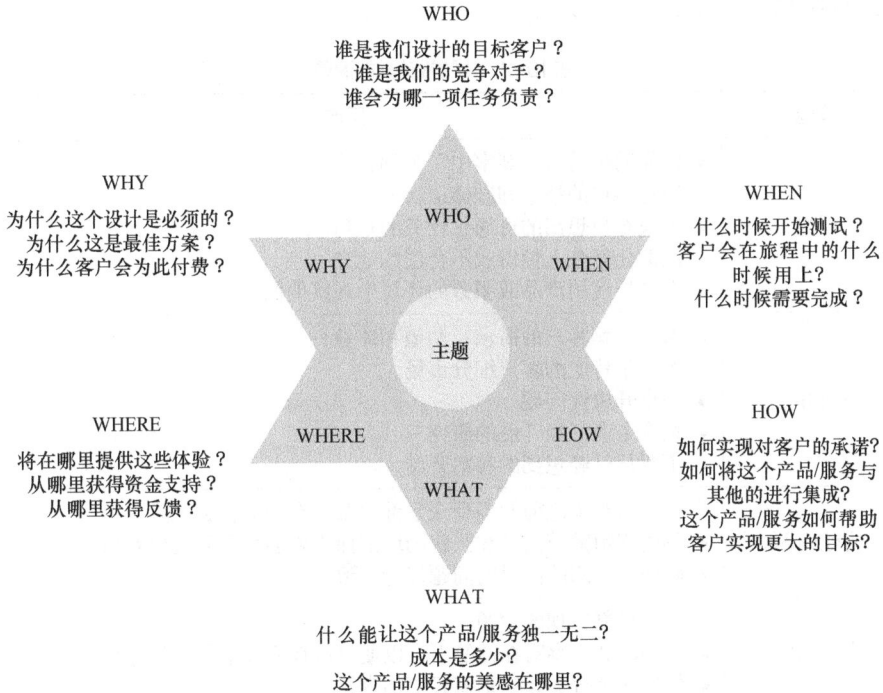

WHO
谁是我们设计的目标客户？
谁是我们的竞争对手？
谁会为哪一项任务负责？

WHY
为什么这个设计是必须的？
为什么这是最佳方案？
为什么客户会为此付费？

WHEN
什么时候开始测试？
客户会在旅程中的什么
时候用上？
什么时候需要完成？

WHERE
将在哪里提供这些体验？
从哪里获得资金支持？
从哪里获得反馈？

HOW
如何实现对客户的承诺？
如何将这个产品/服务与
其他的进行集成？
这个产品/服务如何帮助
客户实现更大的目标？

WHAT
什么能让这个产品/服务独一无二？
成本是多少？
这个产品/服务的美感在哪里？

图10-4　星爆地图

（4）故事板

故事板是一种向团队成员、利益相关者和客户传达想法和解决方案的简单且低成本的工具。通过一系列速写，简短地记录客户在具体场景下，如何使用所提出的产品、服务或解决方案。这种工具不仅可以用来与他人分享想法，还可以帮助不断提炼和完善这些想法，因为需要不断思考要为哪些客户进行设计，每次的体验在更广泛的旅程中处在什么样的位置，以及哪些时刻在这个故事中是最重要的。在绘制故事板时，需要专注于交流和拓展新的想法，而不是创建精美的图画。

## 4. 技能：联合设计模式的基本技能

设计技能是企业在开展具体的设计实践时，需要进行的工作，以及为了正确开展这些工作需要掌握的方法和技巧。为了输出好的设计，研究和测试往往是必不可少的环节，所以研究和测试相关的技能通常也会被纳入设计技能的范畴，如表10-2所示。

表10-2　体验设计技能清单

| 技能 | 要点 |
| --- | --- |
| 观察 | • 预先明确希望从观察中了解到什么<br>• 留意客户的情绪和肢体语言<br>• 寻找客户想出的可简化任务的技巧<br>• 注意任何令人惊讶或不合适的地方<br>• 在客户使用产品或服务的环境中观察他们 |
| 研究 | • 深入了解客户的需求、期望和体验<br>• 专注于特定的客户细分市场<br>• 提出开放性问题<br>• 整合企业已经开展的研究<br>• 不要从已经想到的答案开始 |
| 构建问题 | • 在尝试解决之前明确受众是谁以及正在面对什么挑战<br>• 不要害怕随着信息和洞察的增加而需要多次重新构建问题<br>• 确保整个团队面对的问题保持一致 |
| 模式识别 | • 寻找反复出现的主题<br>• 将想法和洞察写在便笺上，以便可以轻松移动并进行分组<br>• 使用颜色分类让识别模式更加容易 |
| 可视化 | • 使用图表、草图、故事板、视频、照片和线框等工具<br>• 不要将时间浪费在完美的视觉效果上——可以是粗糙的、简单的<br>• 尽早使用可视化工具沟通和发现潜在的设计问题<br>• 拥抱创造性<br>• 将问题和想法分解为不同的组成部分 |
| 讲故事 | • 包括重要事件、主题、角色、设定和情感<br>• 分享轶事、观察、故事、引言和图片，以使观众了解故事<br>• 将讲故事作为从团队成员、利益相关者和客户那里获得有意义的反馈的方法 |
| 测试 | • 对输出的原型或成品进行用户测试<br>• 邀请有真实需求的客户进行测试<br>• 尽量在真实的场景中进行测试 |

以上只是列出了与体验相关的基本理念和技能，在实际的设计工作中，需要根据实际的情景，对这些技能进行组合使用。当涉及的业务场景非常复杂时，还需要跟其他专业领域的技能进行结合和交叉使用。

### 5. 流程：联合设计模式的规范和标准

设计流程是企业在开展设计实践工作时的运作与协作模式，由于每个企业的组织架构与业务属性各不相同，因此并不存在一个普遍适用的设计流程。但是可以根据在各个行业得到验证的流程框架来构建适合自身特点的设计流程。通常情况下，完整的设计流程包括了 3 个大的阶段和 6 个具体步骤。图 10-5 为 Forrester 的设计流程。

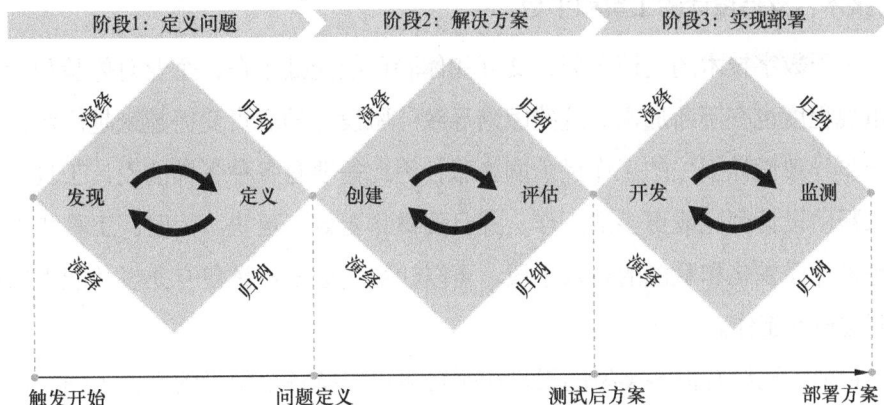

图10-5　Forrester的设计流程

（数据来源：Forrester《构建你的体验设计实践》）

在根据一般性框架建设自身的设计流程时，需要根据实际情况或实践经验，确定设计过程中的哪些方面是固定的，哪些方面是可以根据不同情况进行调整的。要在企业内大规模构建体验设计能力时，通常需要将设计流程变得更加灵活，以适应不同部门和岗位的员工，但必须避免以牺牲设计质量为前提。

目前，规范设计流程的一个常用做法就是建设自己的"设计体系"（Design System）。设计体系是指导企业设计工作的原则、标准、模板、组件和最佳实践，通常以平台的形式对这些内容和使用流程进行了一定程度的固化，它可以在以下几个方面提升企业的设计能力和体验水平：

- 保证客户在不同的渠道和触点获得更一致的体验；
- 提高设计师的工作效率，允许他们专注于解决问题，而不是重复工作；
- 通过可直接引用的资源将设计扩展到更初级的设计师甚至非设计师。

为了保证整个设计体系能够持续运作和迭代，可以设置设计运营岗位来专门负责日常的流程推进。虽然这个岗位往往不是设计团队从一开始就必备的角色，但设计工作开始在企业内部大规模开展后，一个集中的设计运营职能就变得至关重要了。

### 6. 技术：支持设计的工具和平台

由于数字技术的迅速发展，交互和体验已经无处不在，企业对体验和设计的重视程度也在不断加深。这些因素导致体验设计的职责变得越来越广泛，也进一步导致设计相关的工作量急剧膨胀，因此需要有各种各样的设计工具、平台来帮助设计师完成更多的工作，并且要做得更好、更快。同时，工具和平台也是设计民主化和赋能的有效手段，可以让更多原来不具备专业设计能力的员工开展设计工作。

目前，已经有很多类型的工具和平台可以支持各个阶段的设计工作，它们的分析和介绍可以参考用户体验工具网站相关内容。

## 10.4　客户体验设计的主要阶段

企业在具备了以上基本的体验设计思维和技能后，在开展实际的设计工作时，还必须遵循一个可重复的参考流程进行体验设计的实践。尽管每次体验设计的情况会各不相同，例如设计对象不同、设计目标不同，以及时间约束不同等，具体的体验设计过程会有所差异，但总体的体验设计流程一般会经历 3 个主要阶段和 6 个典型步骤，如图 10-6 所示。

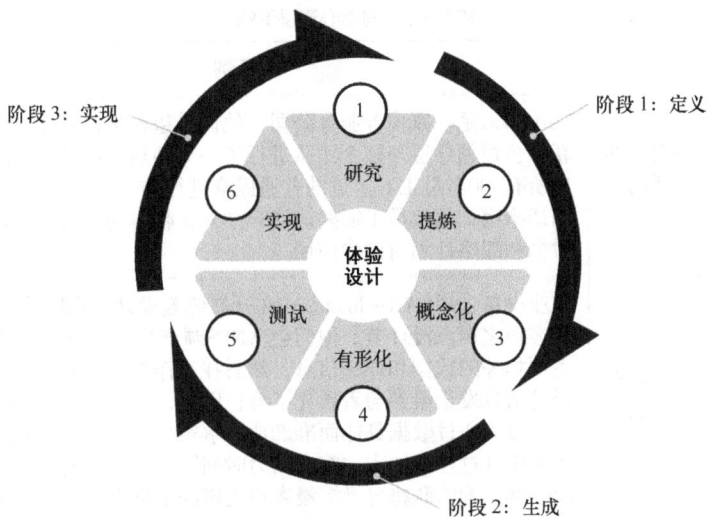

**图10-6　客户体验设计的主要阶段和典型步骤**

### 阶段 1：定义——明确设计的对象与目标

体验设计的第一阶段是定义，在此阶段需要参与设计的各方——研究人员、设计师、利益相关方——尽可能地了解设计面向的受众，搞清楚他们面临的挑战和遇到的问题，以及最后需要达成的目标，包括受众的目标和企业的目标。此阶段包含以下两个步骤。

（1）研究

体验设计的最终目标是为客户创造引人入胜的体验，因此必须以对设计所面向客户的深入理解为基础。在这一阶段，需要通过各种方法和途径了解客户的需求、期望、价值、态度、行为和目标，通过同理心建设，如表10-3所示，站在客户的角度来感受具体的场景，思考问题和预测行为。体验的设计必须重视人及其情感，企业在此阶段不应仅开展定量研究，还应该更多地实施定性研究，设计师可以自己进行研究（如访谈和观察），也可以利用企业中的其他角色（如研究人员、外部合作伙伴）前期已经开展过的研究成果（如旅程地图等）。

表10-3　同理心建设示例

| 方法 | 示例 |
|---|---|
| 深度访谈：亲自或通过电话收集广泛的客户反馈 | Turbo Tax是一家税务服务公司，他们希望在报税业务方面进行创新，公司领导层与整个团队进行了一天的封闭讨论；在此之前派出所有500名员工对附近的普通民众进行访谈，公司为员工提供了访谈指南，每位员工需要访谈3～5人，收集到的信息将在内部研讨会和战略计划讨论中使用 |
| 客户之声：用客户自己的语言来了解客户的感受 | 工业设备公司CA Technologies在开展体验设计工作坊时，通常会引入客户之声沉浸环节。他们会从NPS调查系统中找到与特定工作坊主题相关的数据和详细信息，然后在工作坊开展之前，将经过编译的信息发送给参与者预先了解；因此，当工作坊开展时，与会人员可以通过数据具体而准确地了解客户对该主题的看法；同时还在设计过程中加入"客户动力时间"环节，在这一环节中，非面向客户的团队将自己沉浸客户之声的数据中，使他们从客户和面向客户的员工那里获得移情感受 |
| 沉浸式会议：从客户的角度查看体验 | 保健品公司Humana在高管的设计思维培训中举行了一次沉浸会议，每个人都必须作为某个人物角色进行一次体验：在鞋中放一块卵石以模仿行动不便的消费者，或者由于视力不好而戴上粘着胶带的眼镜，由于糖尿病一天要刺几次手指……然后开始亲身经历在不同渠道的购物和保健体验，每位高管都有一位"客户经理"，帮助他们捕捉过程当中能提供出色体验的美好时刻（AHA时刻）；最终，他们得到了900多个AHA时刻 |
| 焦点小组：从愿意反复参加反馈会议的客户那里收集反馈 | 医疗保健公司BlueCross BlueShield设有一个消费者小组，每当员工希望客户提供意见时（例如在开展一项新的设计项目时），他们都可以直接联系小组成员，向这些客户提出问题并收集他们的想法 |
| 民族志研究：观察和采访人们的日常生活 | 在技术厂商Intuit的"为设计而设计"的思维课程中，参与者通过进行"痛苦风暴"来了解客户最大的痛点，在该风暴中，团队成员与身处办公室或家中的客户进行交谈并观察客户；通过这种方式，一个致力于销售项目的团队发现，客户的主要痛点是认为企业应该获得新客户，而不是从现有客户那里发展业务，因此他们将其产品概念从"拓展业务"转变为"获得客户" |

（2）提炼

在此阶段，需要界定并选择要解决的问题。为此，需要归纳和解释从客户那里收集的各种信息，并将这些信息与业务需求和目标相结合。一旦综合了所有信息，就可以清楚地描述和界定存在的各种问题，并提炼出要解决的问题。

对最终需要解决的问题进行明确和准确的描述至关重要，因为它不仅可以指导每个人的工作，还可以帮助员工确定项目范围并允许他们更有效地集思广益。

## 阶段 2：生成——探索潜在的解决方案

体验设计的第二阶段是生成，设计参与各方开始探索和剔除各种可能的解决方案，以解决在第一阶段中定义的具体问题和挑战，这一阶段包含以下两个步骤。

（1）概念化

在这个步骤中，体验设计者要从发现问题过渡到制定相应的解决方案。由于此时的目标是生成广泛的解决方案构想，而不是非常具体的实施方案，因此重点应放在开放式的思考和集体讨论中，以尽可能多地获得创新性和建设性的解决方案。各类型的参与者都必须减少过多的判断，避免过早地对各种备选解决方案的优劣下结论，并且不要以过于主观和武断的方式来驳斥其他人的任何想法。客户也可以在此阶段加入设计者行列，与企业一起集思广益。

（2）有形化

进入这一步骤后，设计者可以选择一些在概念化阶段产生的比较有前景的想法，并有针对性地开发低成本的低保真原型，以这种方式将解决方案在一定程度上付诸实践。有了更具体化的原型，设计者们就可以更好地测试和交流，尽快发现设计中的主要缺陷，并探索解决方案的实用性和可行性。此外，由于原型的风险较小，所需的时间和精力也相对较少，因此可以研究许多不同的方案和途径，从中选出最佳的解决方案。原型可以采用许多不同的形式，包括角色扮演练习、快速草图、纸质原型及故事板等。

## 阶段 3：实现——共享和交付解决方案

体验设计的第三阶段是实现，可以开始向实际的客户和利益相关者介绍开发的解决方案，或者交付高保真的设计方案原型，此阶段包含以下两个步骤。

（1）测试

通过这个步骤，设计者把在有形化阶段创建的原型呈现给真实客户，进一步收集他们的反馈，并观察或测试客户如何与原型交互。这一步骤的目标是测试和验证开发的解决方案是否符合第一阶段中确定的目标。从多个低保真原型开始，通过不断的测试和验证，逐步改进那些相对成功的设计，并不断淘汰不太成功的设计，直到选择出最可行的解决方案。此阶段的重点是测试真实客户对原型的态度，因此可以为体验设计流程中的其他步骤提供更多的信息，帮助设计参与者们建立对客户的同理心。

（2）实现

最终，企业需要部署和交付设计、开发的解决方案，但是部署新解决方案实际上并不是体验设计过程的结束，只有当目标客户获得设计者为体验定义的目标，且企业也从中受益时，设计过程才算真正完成。这意味着即使在推出新体验后，企业也必须根据客户的交互行为和反馈来不断完善所设计的解决方案。

## 10.5  将情感融入体验设计

数字化让体验无所不在，但也导致很多体验过于注重效率而缺乏情感，难以形成品牌化的体验，不能让客户对体验留下更加难忘的记忆，企业也无法获得更高的客户忠诚度。因此，如何在体验设计中融入更多的情感因素，是体验设计必须解决的关键问题。

### 1. 将情感融入体验设计的 3 个关键问题

情感在人们做出决策的过程中起着至关重要的作用，因此客户体验中的感受对客户的忠诚度具有非常重要的影响。尽管情感看起来是短暂的和主观的，但通过一些具体的方法，仍然可以对客户的情感体验进行设计，有意识地构建能够引起特定客户情感的交互。要掌握这些方法，必须在整个设计过程中聚焦以下 3 个关键问题。

（1）目标对象到底是谁？

如果没有紧紧抓住谁是目标客户这一问题（他们想要什么，他们需要什么，他们认可什么），就无法设计出融合了情感的体验。虽然定量研究可以对细分客户的特征进行统计层面的分析，帮助了解细分客户的一些概括性的特征，但要真正了解客户的内心世界，必须更加具体和明确，需要对客户的态度、行为、动机和信念有细微的了解，而这种洞察更多地需要从定性研究中获得。

（2）企业的个性是什么？

研究表明，消费者与企业的关系就像是人与人的关系一样，人们更倾向于把企业当作人，而不是无生命的物体来对待。这意味着为了在情感层面吸引客户，企业需要有意识地展现出拟人性的特征，这种特征通常也被称之为品牌个性或企业个性，尽管每个企业品牌个性的构成会有所不同，但这种个性必须与目标客户的个性或情感偏好兼容，并在整个企业与客户的交互过程中保持独特、真实、一致。当企业在创造吸引客户情感的体验时，在制定设计决策和设计过程中，应始终将企业个性放在首位，创造品牌化的体验。

（3）希望客户有什么样的感受？

客户与企业的每一次互动都会使他们有某种感受，无论这种感受是企业有意给予客户的还是无意间让客户感受到的，它都会产生，但是在程度和维度上会有着千差万别。为了有效地激发情感，必须明确客户在当前交互过程中正在经历哪些情感，以及希望他们在交互过程中经历哪些情感，然后在体验设计过程中专注于解决这些情感差距。

## 2. 情感融合体验设计的 4 个要素

人类的情感非常复杂和多面，而且不止涉及一个人直接的心理状态。因此，为了以一种可行、有效的方式思考情感这个问题，可以将情感的要素分为两个大的方面：刺激和认同。刺激是指某个体验独立于其他人而影响某个客户的内心状态，因此它主要是个人性质的，不受他人影响。认同则是指个人的社交倾向以及如何向外展示自己，因此它主要是外部的和基于联想的。

结合上述 3 个关键问题和情感的两个方面，在设计情感时要重点考虑 4 个要素，如图 10-7 所示。

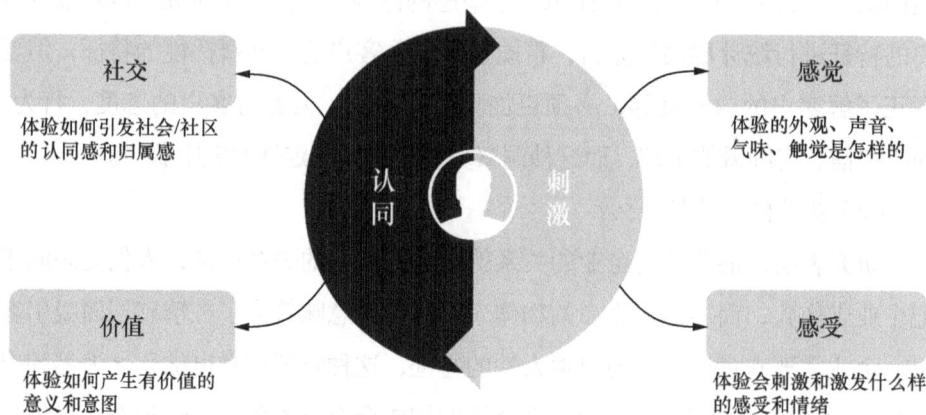

社交
体验如何引发社会/社区的认同感和归属感

感觉
体验的外观、声音、气味、触觉是怎样的

认同

刺激

价值
体验如何产生有价值的意义和意图

感受
体验会刺激和激发什么样的感受和情绪

图10-7　设计情感时的4个要素

（1）感觉（刺激）——体验是什么样子的

人的感觉对他们的情绪有强大而直接的影响，因为感觉的输入与大脑的边缘部分相关联，这部分是负责感觉和记忆的区域。尽管客户的每个感觉都很重要，但是企业只有通过建立基于多种感觉之间的相互作用形成的一致感觉，才能建立一致的品牌个性。为了通过感觉与客户建立情感关联，企业需要关注以下几个方面。

① 美观

在情感上与客户建立联系时，视觉非常重要。首先，视觉上的吸引力可以建立信任，这是任何情感关系的基础。研究表明，超过 45% 的消费者基于网站的设计来评估网站的信誉，他们在 3.4 秒内就会做出基于外观的判断。其次，有吸引力的事物更容易被人们接受，这有助于我们找到问题的解决方案。例如，客户正在尝试在线提交表单，但是提交不了，如果网站的提示在视觉上不那么美观和吸引人，则客户可能会感到紧张和焦虑。他可能会尝试一遍又一遍地执行相同的操作，而且越来越激动和生气。但是有吸引力的东西会让他们的心情变得轻松，在遇到问题时他们可以更有效地找到替代解决方案（如重新加载页面或联系帮助），解决一些并不复杂的问题。

②光线

视觉是人类感官中最主要和最诱人的部分，而视觉与光线息息相关。光线的刺激会自然而然地影响客户的行为和情感。光线可以引导客户的注意力，因此，企业可以创建虚拟空间并突出产品的品质，吸引客户在某些陈列上花费更多的时间。明亮的光线可以吸引客户触摸产品，而较低的照明则可以减轻眼睛的压力。Apple 和 LV 都非常擅长使用光线来营造可以正确传达其品牌个性的氛围。Apple 的品牌个性是注重创新、科技感和简洁，他们大量使用冷光平面产生高度均匀的扩散光，营造出现代的氛围。而 LV 整体上采用暖色调的灯光设计，然后将产品放在更明亮、带有光晕的展柜中，营造出一种奢华感，使客户感到安全和舒适。

③颜色

颜色也是一种吸引客户关注的有力工具，因为不同的颜色会让人产生不同的感觉。暖色（红色、橙色和黄色）更能激发人的活力，激活诸如饥饿、兴奋、乐观和愤怒等生理或心理反应，快餐公司（包括麦当劳、汉堡王、肯德基等品牌）都倾向于选择红色和黄色作为品牌主色调，因为黄色散发着友善感，而红色则刺激了食欲。冷色（蓝色、绿色和紫色）让人的精神更舒缓，会带来放松、信任的感觉。因此，许多社交媒体公司，如微信、支付宝、Facebook 等均使用这类颜色，鼓励人们交流和互动，并且让他们感到易于融入。黑色和白色相较于其他颜色对大脑的处理要求更低，往往代表简洁、优雅和精致。

④字体

有吸引力的、易于阅读的字体使人们心情愉快，让他们对体验的参与度更高。字体还传达了一定的品牌个性，例如消费者会觉得使用宋体的企业更加正式和传统，而使用艺术字体的企业更加现代化和富有活力。例如，凯迪拉克使用手写字体来体现其优雅和精致的品牌个性，而迪士尼使用的粗体字则散发出乐趣。

⑤气味

与其他感官不同，当人们闻到某种气味时，大脑会绕开所有有意识的思想，直接进入负责控制情绪和记忆的部分，因此某种产品或环境的气味在触发记忆和与刺激相关信息方面非常有效。即使是长时间没有闻到过，当再次闻到某种气味时也会迅速激发记忆。例如，劳斯莱斯通过在所有正在生产的汽车中复制其标志性的 1965 银云车型的气味，诱发怀旧感。每辆劳斯莱斯汽车的座椅下方均配备了香气扩散器，因此车主都可以体验到同样的使"劳斯莱斯"成为当今豪华汽车标志的"新车"香气。雪佛兰 2018 年也在其 SUV 车型的户外广告牌中放入了户外香气扩散器，其在有人走近时会散发出香气，让消费者产生户外运动与品牌的关联。

⑥ 声音

企业可以使用独特的音频标志、产品的功能性声音，或者品牌主题曲来代表其身份和价值。英特尔的五音符旋律就是公司标志性的品牌标签，并且其中的每个音符都体现了公司的品牌个性。声音还能够在客户中引起不同的情绪、行为和偏好，配合着动效的声音能够让客户犹如身临其境，这是很多数字化设计中常采用的方法。

⑦ 触感

当客户触摸产品时，不仅可以建立积极的情感联系，还可以产生依赖感，改善他们对产品的态度，让他们对产品更有信心，从而提高了购买意愿。苹果商店成功的部分原因在于它鼓励顾客接触产品并与之进行互动，从而在购买前与产品产生情感联系。85% 的顾客说他们想在购买产品之前先触摸产品，尤其是带温度的触摸更容易激发人们的情感。当人们触摸一杯咖啡、一条毯子或达成一次握手时，会产生安全感、信任感。

（2）感受（刺激）——体验如何激发情感

情感是多样的，不能仅从"积极"和"消极"的角度来区分情感，就像不能仅用"好人"或"坏人"来评价一个人一样，这样会忽视非常多的体验中令人难忘的细微差别。虽然企业应该努力使正面情绪最大化，而将负面情绪最小化，但仅仅关注一种正面的感觉（如喜悦）可能会忽视一个问题，即在某些时刻，其他的积极感觉（如自信、放松或鼓舞）更加合适。以下是一些唤起积极感觉的方法，可以在体验设计中加以应用。

①调整语气

很多时候重要的不是说什么，而是怎么说。完全相同的信息，企业采用不同的语气来跟客户交流时，会引起极为不同的感受。语气（包括字眼的选择、顺序、韵律和语速）都是企业价值观和态度的表达，可以是严肃的、传统的，也可以是优雅的、充满活力的。不论采取什么口吻，最好都是真实的、一致的、讨人喜欢的和低调的。

②预测需求

通过预测客户的需求，企业既可以抢先消除客户的顾虑，又可以避免客户的负面情绪，并找到增加体验中"AHA"时刻的方法。企业可以预测需求的一种方法是使用预测分析来开发模型，以预测客户的偏好、行为和潜在问题。除了利用大数据的方法，企业还可以培训员工如何通过观察和倾听，利用一些简单的技巧来预测客户的需求。

③正向框架式沟通

企业不可能让每个客户每时每刻都满意，迟早会出现让客户不甚满意的时候。并且，受认知偏差导致的框架效应的影响，如何准确地传达不好的信息将极大地影响客户的情感状态。企业可以通过精心设计坏消息的表达方式来减轻客户的负面情绪并提高满意度，尽量减少坏处，突出好处，并强调如何解决问题。

④讲故事

故事可以激活镜像神经元，这有助于人们更容易记住故事中的内容和要素。由于引人入胜的故事会引起人们的强烈共鸣，因此企业可以用叙事的形式展示其品牌故事，从而加强企业与客户之间的沟通，增强客户对企业的依赖，并引起更加强烈的积极的情绪。

（3）社交（认同）——体验如何引发归属感

品牌在每个人的社会身份形成中扮演着非常重要的角色，它既是个人身份的象征，又是他人对其感知的信息来源。因此，如果客户对品牌更加依恋，就能够在社交网络中传播和增强自己的身份，并与其他志趣相投的人建立联系。

为了激发客户的归属感，企业必须在社交维度考虑以下方面。

① 自我形象

客户喜欢与个性同自己一致、并且其产品可以用来对外展示自我的企业进行互动。例如，一个中年男士会穿着"始祖鸟"来表示自己是一个专业的户外爱好者，而一个新妈妈可能会购买"喜宝"有机婴儿食品来表示她是一个好家长。由于人们经常将品牌用作自我形象的体现，因此企业可以有意识地培养和强化特定的客户身份。企业还可以通过允许客户定制他们的体验来帮助他们表达自己的身份。例如，匡威允许客户在其最受欢迎的一款鞋 Chuck Taylor 上进行个性化定制。

② 连接

人们与企业之间的关系就像他们与其他人之间的关系一样，消费者通常会在更大程度上将企业看成是一个人而不是实体，这意味着他们希望以与他人相处一样的方式与企业产生关联，并与之互动。没有人会在情感上依附于一个冷漠的、毫无个性的并且总是像对待陌生人一样对待他们的企业，企业应该通过个性化沟通、使用吉祥物之类的行为来拉近与客户的关系。

③ 接纳

人类从本性上需要自己能被某个群体接纳，成为其中的一员，并从中找到自信和力量。企业通过使客户感到自己是品牌社群中受欢迎且有价值的成员来满足这种需求，让客户感到自己被接纳的策略有许多种，例如鼓励客户公开分享他们的体验，以及与客户进行共创等。

④ 社群

企业不仅要着眼于拉近客户与品牌之间的距离，还应使客户间的联系更紧密，通过创建和管理以品牌为中心的社群，促进具有相似兴趣和经历的用户之间的关系，从而与客户建立更深层次的情感联系。耐克的 Nike+ 社群是一个非常典型的例子，这个社群可以为会员提供众多应用和资源，使他们致力于健康和恰当的生活方式。这个社群不仅连接了志趣相投的客户，而且营造了健康的竞赛氛围，会员可以跟踪自己的进步并相互激励。

（4）价值（认同）——体验如何产生意义

人们总是会积极响应那些原则、理想和态度与自己的价值观相符的企业，而远离那些政策和做法与个人价值观相冲突的企业。人们还希望与企业互动，这使他们觉得自己在为有价值的事业做贡献，尽管有时这种贡献是间接的。为了帮助客户从与企业的合作中获得这种成就感和意义，企业可以采取以下措施。

① 表明意图

企业除了在使命、愿景、目的和价值宣言中包含对产品和服务的质量、价格的保证，还应以此为契机，建立既能引起目标客户共鸣，又能与竞争对手实现差异化的情感价值观。研究表明，当一家企业积极支持社会或环境问题时，93% 的客户对该企业的形象感受会更积极，88% 的客户会更忠诚。除了与目标客户产生共鸣之外，企业所表达的情感价值还应该反映为社会做贡献的独特方式，这些独特的贡献也应反映在企业的外延服务中。

② 保持真实

数字化时代的消费者善于发现品牌不诚实的行为，如果倡导的价值观并未真正渗透到整个企业组织中，那么客户除了会发现这些不一致外，还会感到被操纵和愤怒。因此企业必须适中遵守和践行其拥护的价值观，例如美国体验得分最高的西南航空公司，认为其存在的价值是实现航空旅行的平民化，它给自己制定的愿景是："通过友好、可靠和低成本的航空旅行，使人们与生活中重要的事物联系起来。"因此，当有咨询公司的顾问建议西南航空公司可以像其他航空公司那样通过收取行李费来快速获利时，该航空公司立即拒绝了，因为这将违反其使每个人都能搭乘飞机的核心价值。

③ 让员工参与

企业的价值观是企业文化的核心，其不仅定义了企业的业务是什么，而且还将指导员工做出决策。因此，企业应首先保证聘用的员工是能体现企业核心价值观的人员，然后指导他们如何将这些核心价值观转化为行动。

# 第 11 章

# 客户体验测量：

## 没有科学的测量就没有
## 有效的管理

---

**本章概要**

　　关于体验测量最常见的两个误区，一是将体验测评等同体验测量，二是只聚焦于某一个测量指标（如 NPS）。本章首先明确了客户体验测量的正确定义，以及体验测量对企业的主要作用。其次重点围绕着体验测量体系中的几个关键问题进行详细阐述：需要对哪些体验进行测量？有哪些类型的测量指标？如何选择和设计体验测量指标体系？最后简要介绍了构建客户体验测量体系的主要步骤。

## 11.1 客户体验测量的作用与特征

如果你不能测量它，那你就无法管理它。

**——彼得·德鲁克（Peter F.Drucker），现代管理学之父**

客户体验测量（CX Measurement）是企业体验管理能力的重要组成部分，也是很多企业开展体验管理的最初切入点。有效的体验测量对于其他体验管理能力至关重要：它有助于指导客户研究，确定客户体验计划的优先级，跟踪新的体验设计是否有效，以及支持企业以客户为中心的文化变革等。

客户体验测量是指通过多种形式采集数据，对组织提供的体验进行量化监测、分析和优化，并建立体验与组织总体指标之间的关联。

有效的客户体验测量，可以在以下几个方面为企业内部客户体验专业人员、各相关部门和团队提供支持。

### 1. 通过量化体验确定体验质量的目标值

通过测量客户对体验的看法，专业人员可以为体验设置一个或一系列指标，并跟踪该指标随着时间的推移而产生的变化，不断了解企业提供的体验与客户期望之间的差距，评估是否达到了目标。

### 2. 为企业的客户体验改进工作提供指引

利用指标作为引导，客户体验团队可以发现客户面临的最大的、最具破坏性的问题，而且不只是停留在发现问题上，还可以找到关键的、最合适的触点和机会，制定并实施客户体验改进策略。

### 3. 将体验与商业关联起来为转型提供依据

可依据客户体验与业务成果的影响进行建模，以证明高质量客户体验的好处和必要性。同时，可作为说服企业高管重视客户体验的有效依据，从而在企业内不断推进体验管理工作的普及和深入。

为了达到以上目的，企业需要建立一个完整的测量体系，而不只是定义几个客户体验指标，简单地采集客户反馈数据计算指标的得分、然后每月分发详细的仪表盘。一个强大的客户体验测量体系需要具备以下 4 个特征。

① 一致性

整个组织围绕一组核心客户体验指标进行协同工作，使用一组一致的指标可以帮助企业在内部建立通用的语言，从而更有效地就客户体验行动进行沟通。

② 有效果

员工在日常工作和战略决策中都需要考虑客户体验指标，企业要确定足够有意义的客户体验指标作为指引来推动决策，然后基于这些指标采取行动。

③ 集成的

各个领域和层级的员工要定期检视这些客户体验指标，并考虑业务变化将如何影响这些指标，企业要将这些客户体验指标集成到其所有决策过程中。

④ 连续性

企业需要制定、审查客户体验指标，并根据该指标不断进行流程变革和制度的规范，让客户体验指标成为推动企业持续运行（而不只是测量）的有效工具。

## 11.2　应该测量哪些体验

客户体验发生在 3 个层面上：关系层面、旅程层面、触点层面。客户体验专业人员应该测量这 3 个层面的指标，但每个层面的测量出于不同的原因和目的，如图 11-1 所示。

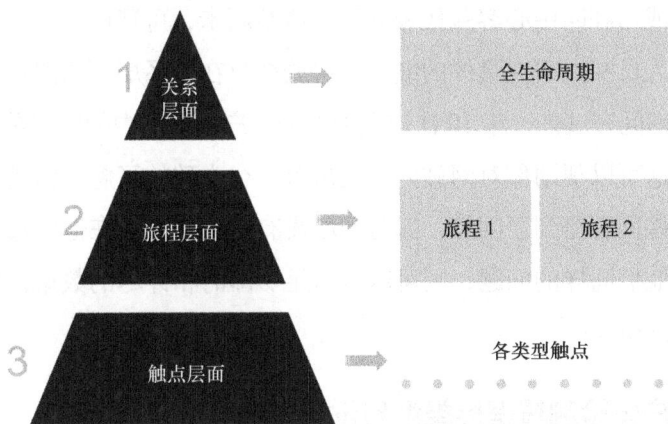

图11-1 体验的3个层面

## 1. 测量关系层面的整体体验可以预测行为

此级别的指标很重要，因为它们可以告诉企业客户当下对品牌、产品或服务的总体看法，这有助于预测他们接下来会做什么。因为客户在选择与哪家企业、品牌开展业务时，考虑的是他们在过去一段时间内与这家企业的整体体验。他们对这一层级体验的理解，是基于过去多次交互的累计记忆，但并不是所有交互都具有同等重要的意义，其各自影响的权重会存在差异。

## 2. 测量旅程层面可以揭示如何对触点进行整合

每个旅程都是由追求某一目标的一系列步骤组成的。这些步骤中的一些（但不是全部）是与某一个具体企业或组织的接触点，例如，通过上网查找信用卡介绍后，客户可能会在在线论坛中检查其他客户是否认为该卡的特权有用。在旅程层面上测量体验可洞悉客户如何整体看待旅程，它通常能够发现接触点之间切换的体验质量的差距、各个阶段和步骤的差距，以及最终的整体客户旅程的差距。

## 3. 测量触点层面可以揭示具体的机会

评估在触点层面的具体体验，例如，在网站上申请信用卡，通过邮件接收新信用卡，或与呼叫中心客服代表联系以激活新卡，可帮助研究、设计、运营和其他相关人员深入研究具体的细节，这些细节在关系层面的测量中可能被忽视。例如，询问在过去一年10次访问网站的客户，网站中的内容是否回答了他们的问题，这可以帮助你对网站内容质量有一个大致的了解，但是客户不太可能会记住哪些问题得到了回答，哪些问题没有得到回答。在他们每次完成网站访问时，问他们同样的问题，则可以得出足够即时和详尽的数据，来推动有效的体验改进行动。

## 11.3　客户体验测量指标类型与设计方法

客户体验是客户与企业交互过程中形成的感知，所以最基本的体验测量需要客户感知指标。但是，仅仅测量感知并不能告诉我们如何改善体验，以及是否能获得期望中的结果。为此，我们需要一个测量框架，其不仅要包括感知指标，还要包括描述交互过程中发生情况的交互指标，以及跟踪该体验最终效益的结果指标。

### 1. 交互指标

（1）测量内容：交互期间发生了什么。

（2）所起作用：将感知场景化和运营化。

（3）指标示例：

- 等待时间；
- 平均处理时间；
- 每次访问的平均页数；
- 在网站上花费的时间；
- 出错次数。

### 2. 感知指标

（1）测量内容：客户如何看待发生的事情，以及这会如何影响他们的整体客户体验。

（2）所起作用：评估企业在满足客户对体验质量预期上的表现如何。

（3）指标示例：

- 客户满意度；
- 客户费力程度。

### 3. 结果指标

（1）测量内容：基于感知到的体验客户最后做了什么。

（2）所起作用：将客户体验质量感知与效果关联起来（如财务）。

（3）指标示例：

- 推荐可能性；
- 购买可能性；
- 实际购买；
- 导致客服电话的网络访问次数。

在数字化时代，客户与企业的触点急剧增多，交互的次数、频次和形式数不胜数，旅程中的每一个触点的每一次交互，都会对整体的客户体验产生影响。在这种情况下，选择客户体验测量指标需要两个基本的认识：

第一，不可能只用一个指标就能全面测量客户体验水平，因为影响客户体验的触点和交互是如此之多；

第二，不存在一套普遍适用的体验测量通用指标体系，因为每一个旅程的场景、触点和交互都是不一样的。

因此，客户体验专业人员必须根据实际情况，选择最适合其公司和客户的结果、感知和交互类体验测量指标。在选择和设计以上 3 类指标时，可以参照以下方法。

（1）定义与关键业务驱动因素相匹配的结果指标（客观）

要定义最佳的结果指标，首先要明确的是：企业想要重点推动哪些业务？如果目标是增加收入，那么就需要测量客户是否购买了更多产品，或者有没有推荐公司的品牌和产品。有时，可能会出现客观条件的限制，而无法对想重点了解的行为进行跟踪和监测。在这种情况下，可以使用意图指标——客户关于其打算做什么的意愿陈述，如再次购买的可能性，这种意愿可以作为实际行为的一种替代。虽然很多时候客户并不总是按照他们说的去做，但是有了合理的假设，尽管不一定能得到完全准确的绝对数值，但仍然可以得到在方向上正确的指标。

（2）定义可跟踪客户体验质量的感知指标（主观）

如果不能一下子确定要测量哪些感知，可以使用客户体验基本内涵的 3 个"E"——Effectiveness（效用）、Ease（简便）、Emotion（情感）作为起点。这是客户体验的 3 个最重要的通用维度，可以分别从这 3 个维度设置关键的客户体验质量属性，如图 11-2 所示。

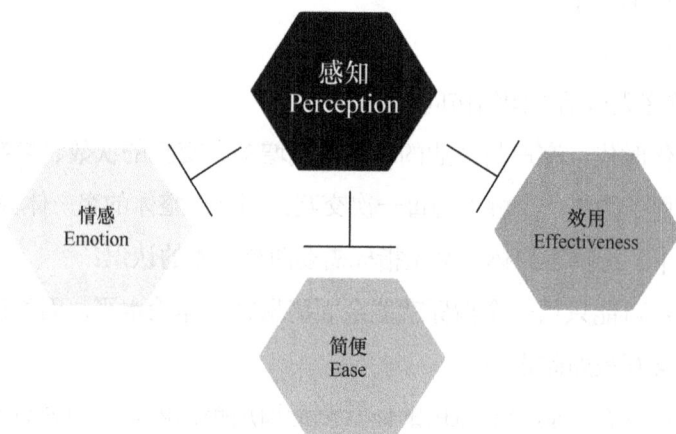

**图11-2　客户体验的3个关键质量属性**

接下来，可以考虑绘制客户旅程地图以了解客户端到端体验，以及对客户体验质量的最重要期望。这将有助于揭示在每一个触点上，以及完整的客户旅程中，客户体验 3 个"E"背后的驱动因素。如果无法完成整个客户旅程地图的绘制工作，则仍然可以使用客户调查和定性研究中已经发现的洞察，来识别出一组备选驱动因素。但要注意的是，没有旅程地图，可能会错过关键时刻，尤其是在旅程开始和结束的时候，以及在渠道之间切换时。

（3）确定影响客户感知的交互指标

一旦确定了要监测哪些感知，就需要找到可以作为客户感知先导指数的交互指标。可以从感知指标开始，识别和确定能影响这些感知的交互指标。例如，等待时间可以作为一个交互指标，与客户对是否快速接通呼叫中心客服代表电话的感知相关；然后可以通过分析一段时间内的数据，确定客户对其通话体验的感知开始恶化的阈值；确定这一点后，可以使用超出该临界点的呼叫数量作为不满意客户的先导指数。

（4）选择一个测量体验的"北极星"指标

这是一个高层级的客户体验指标，与企业的一个或多个关键 KPI 相关。可以将最高级的客户体验指标用作总体客户体验 KPI 的代理指标，并在企业内进行广泛的发布和宣传，以支撑组织的统筹协调。

需要注意的是，没有一个"完美"的北极星指标，每个指标都有其局限性，因为体验本身就是多维的。

确定北极星指标需要考虑很多因素，但可以通过回答以下 3 个基本的问题来最终选择一个好的北极星指标：

- 支持该指标的调查问题对客户有意义吗；
- 该指标是否能激励员工去改善客户体验；
- 对于管理层而言，该指标是不是企业获得成功的先导指标。

一些行业通用和权威的客户体验测量指标，如净推荐值（NPS）、客户满意度（CSAT）或客户费力程度（CES），可以很好地达到此目的，但也可以设计自己的北极星指标。

① 净推荐值（NPS）

NPS 是一个 -100 到 100 之间的值，代表客户向他人推荐品牌产品或服务方面的意愿。NPS 将客户分为 3 类：推荐者、被动者和贬损者。通常通过问卷调查收集 NPS 数据，并以推荐者的百分比减去贬损者的百分比来计算得分。

② 客户满意度（CSAT）

客户满意度也称为客户满意指数，是一个相对的概念，表示客户期望值与客户体验的匹配程度，也就是客户对一种产品或服务的实际感知与其期望值相比较后得出的指数，通常通过问卷调查的方式直接获取。

③ 客户费力程度（CES）

客户费力程度显示了客户为执行特定任务必须付出的努力程度。其程度范围从"强烈不同意"到"强烈同意"，也通常以问卷调查的方式收集。

④ 平均处理时间（ART）/第一响应时间（FRT）

快速的响应和处理时间通常与较高的客户满意度相关联。据 Forrester 调查，如果客户的问题或疑虑没有得到迅速解决，那么有 45% 的客户将放弃在线交易。麦肯锡的调查也显示，75% 的在线客户希望在 5 分钟内获得帮助。

（5）使用回归分析来验证初始假设

我们经常想在设置指标时，提前预判哪种感知指标与所关心的结果最相关。但实际情况是，往往在收集一些数据之后，才能明确地知道这一点。而且，初始的判断很多是不正确的或者不完整的，这也是为什么需要尽快实施初始框架的原因。

建立了初始框架并获得一定的真实数据后，就可以使用回归分析之类的分析方法，来确定哪些感知指标对整体体验的影响最大，哪些交互指标对感知的影响最大，以及这两个类别中的哪些指标与结果最相关，如图 11-3 所示。如果实际的数据显示最初设定的指标中有些与最终关注的结果没有显著的相关性，则需要剔除或者合并，弄清楚哪些指标没有意义与弄清楚哪些指标有意义同样重要。

（6）在应用中不断优化测量指标体系

客户体验测量指标必须随着客户期望、企业优先事项，以及企业客户体验管理成熟度的变化而发展。持续监测各种客户反馈和其他各种研究数据来源，了解客户在抱怨或赞美哪些新的内容；然后，重复验证过程以确认这些新的问题与迄今为止所跟踪的问题相比，是更有意义还是没那么重要。

随着企业工作重点的转移，需要重新审视结果指标，确认测量框架中的指标仍能够反映那些能驱动公司目标的客户行为。随着企业体验管理的不断成熟，可以将客户体验指标主要用在具体客户旅程或关键体验驱动要素的监测上，而不是所有的方面。

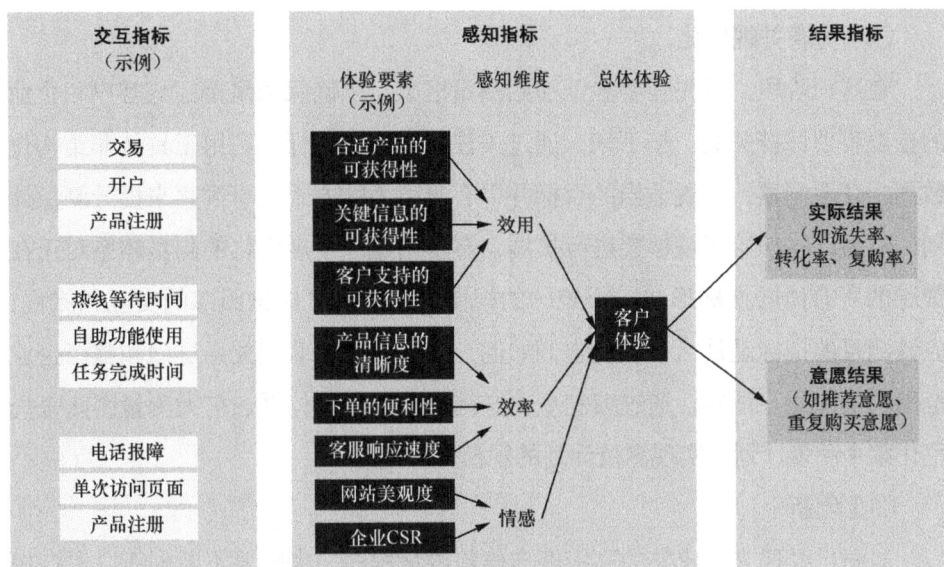

图11-3　三类客户体验指标的关联（示例）

## 11.4　构建体验测量体系的阶段与步骤

体验测量体系的构建与应用，涉及大量的流程、技术工作，以及企业文化与模式的改变，不可能一蹴而就，需要遵循一定的科学方法，进行建设、应用、推广和创新。企业在体验测量体系构建和应用的过程中，总体上需要经历3个大的阶段，而在最开始的构建阶段，一般需要开展7个步骤的工作。

### 1. 体验测量体系的3个阶段

体验测量体系是整个体验能力体系中的核心能力之一，想要建立和完善体验测量能力，企业一般会经历3个成熟度阶段。

（1）初始构建

首先，企业要避免掉入直接创建非常复杂的测量计划的陷阱。相反，从创建一个"最小可行计划"开始更为合适，该计划可以在 6 ～ 9 个月（或者更短的时间）内显示出实际的价值，并为将来进一步推进和创新体验测量计划奠定基础。

（2）完善并规模化

在这一阶段，首先需要验证初始测量框架，以确保测量指标与客户和企业的重要事项保持关联。接下来，通过关注跨职能的指标，利用工具从非结构化数据中获取洞察，设置适当的目标并以有吸引力的方式共享洞察来提升测量计划。然后，将初始测量框架进行扩展，逐步创建一个规模化的测量体系对正在跟踪的所有体验指标形成一个统一的视图，它包含了应该跟踪的交互和旅程，应该测量的指标是什么，以及它们如何一层一层地关联到关系层面和整个企业范围内的测量。最后，通过编制规范文档、明确责任体系、扩大测量团队来规范化整个测量计划，实现测量计划的规模化扩展。

（3）创新

即使已经建立了成熟的高级客户体验测量程序，也需要不断创新以保持相关性和有效性。在内部环境（如业务发展的重点领域调整）、外部环境（如客户对调查的响应率持续下降）不断变化的情况下，企业的体验测量体系也必须不断进行创新来应对这些变化。通过使用更现代化的技术手段、更高效的流程、更有效的分析模型，来提升体验测量体系的效果和效率。

## 2. 创建客户体验测量体系的 7 个步骤

在客户体验测量体系第一个阶段的创建中，很多企业处于从 0 到 1 的阶段，这时可以参照以下 7 个常见的步骤来建立自己的第一个客户体验测量体系，如图 11-4 所示。当然，这些步骤并不是强制性和普遍适用的，它是一个基本选项，企业可以在探索中根据情况进行调整。

（1）选择一个重要的细分客户群

企业通常有非常多不同类型的客户，如果试图从一开始就对每个客户的体验进行测量，那么还没有走多远就会被压垮。所以，首先要对企业最重要的客户细分市场进行测量，或者从最容易切入并获得显性价值的地方开始。

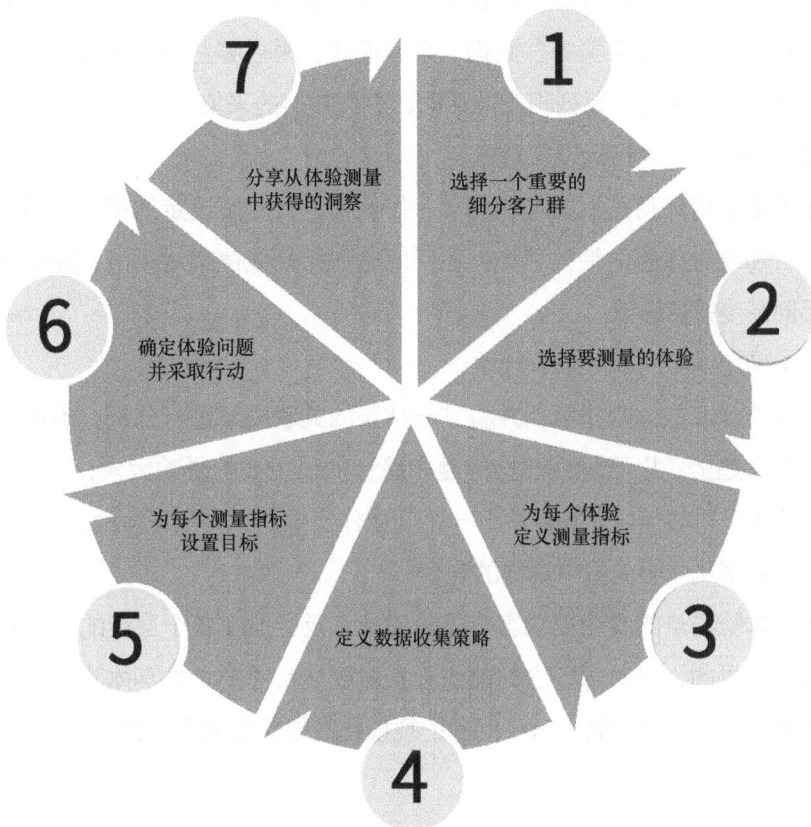

**图11-4　创建客户体验测量体系的7个常见步骤**

（2）选择要测量的体验

客户体验发生在3个层面：关系层面、旅程层面和触点层面，客户体验专业人员需要针对已经明确的细分市场和目标客户，定义在每个层面哪些体验是最重要的。

（3）为每个体验定义测量指标

客户体验专业人员需要针对每一项需要测量的体验，选择用于测量的具体指标：客户对他们体验的感知，在每一次体验中发生了什么，以及由此产生的业务结果。

（4）定义数据收集策略

为了获得计算各项客户体验指标所需要的数据，必须明确各项具体的数据采集策略，包括需要采集哪些数据、采集形式、采用哪些技术形式、通过哪些渠道采集等，并执行一系列相应的活动，进行数据的采集。

（5）为每个测量指标设置目标

为了激励内部利益相关者和外部合作伙伴，针对所设定的指标体系，需要制定交付和改进体验的绩效目标，包括明确初始基线值或对标值，并根据情况设定不同高度的目标值。

（6）确定体验问题并采取行动

通过监测客户体验指标，并将其与结果的关联关系进行分析，确定体验存在的问题和趋势，以及导致这些问题和趋势的最主要的影响因素；然后，客户体验专业人员对如何应对和解决每一个问题作出规划，并闭环落地。

（7）分享从体验测量中获得的洞察

客户体验测量的成功要求客户体验的状态及企业在各个层级的改进对每一个人都是可见的，这对部门之间的协同和激励非常关键。共享体验问题产生的原因和针对性的有效措施，对于问题的规模化高效解决大有裨益。

# 第三部分

# 客户体验的
# 文化赋能

本部分主要介绍"以客户为中心"的内涵演变，数字化时代"以客户为中心"的运营模式所需的转变，以及如何建设"以客户为中心"的企业文化，如何通过同理心建设来促进"以客户为中心"。

# 第 12 章

# 以客户为中心：

## 技术赋能让客户时代真正来临

---

**本章概要**

　　"以客户为中心"是一个历史悠久的口头禅，但它一直以来并没有改变客户的弱势地位，直到数字技术的出现让客户与企业的地位发生了根本性的反转。企业再也不能只将"以客户为中心"作为一个宣传标语，而必须让这一理念真正成为根深蒂固的企业文化，这样才能赢得客户体验这场战争。本章阐述"以客户为中心"的由来和发展过程，分析客户时代的内涵，并重点阐述客户时代企业运营模式需要发生的根本性转变。

## 12.1 "客户时代"的真正到来

"以客户为中心"并不是一个全新的概念，类似的说法很多年前就已经出现了，例如"客户就是上帝""客户永远都是对的"，这些说法在 20 世纪初就已经出现了。哈里·戈登·塞尔弗里奇（Harry Gordon Selfridge）、约翰·瓦纳梅克（John Wanamaker）和马歇尔·菲尔德（Marshall Field）被认为是这一口号最早的提出者和倡导者。马歇尔·菲尔德在美国的商店从那时候起就使用该短语作为他们的口号，让这家位于芝加哥的商店成了这座城市的标志性建筑之一，如图 12-1 所示。

图12-1　以"客户永远都是对的"为口号的马歇尔·菲尔德百货公司

（图片来源：芝加哥明信片博物馆）

这一理念在欧洲的流行则是从伦敦的塞尔弗里奇（Selfridge）商店开始的，它的创始人哈里·戈登·塞尔弗里奇从创立这家企业的那一天就开始鼓励这种理念。而此前，哈里·戈登曾于 1879—1901 年在马歇尔的美国商店当过雇员。也就是从那个时代起，零售行业鼓励员工将客户的需求作为工作的核心目标。

100 多年前，人类社会正处在工业时代，服务经济才开始萌芽，那个时代的"以客户为中心"也仅仅停留在企业运营中的少数环节，在企业和客户的关系中，企业仍然掌握着主导权。但现今则不同，最近 10 年来迅猛发展的数字技术，让赋能的客户开始真正掌握了主动权：移动互联网让每一个人都成为一个媒体，让客户超越企业和传统媒体机构，成为占主导地位的信息源。同时，数字技术让客户可以随时随地接触到不计其数的品牌和企业。这一次，在客户与企业的谈判中，客户实现了主动权上的翻转，如图 12-2 所示。客户的新力量意味着，现在企业关注客户比其他任何战略都重要。以下总结了各个经济时代的特征演变。

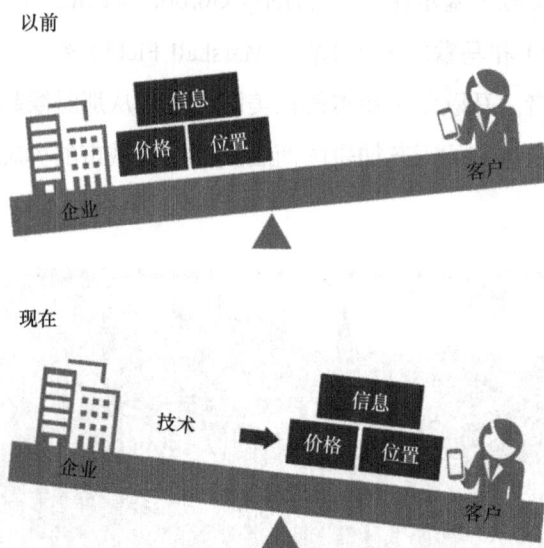

图12-2　企业与客户的主动权的变化

## 1. 制造时代（1900—1960 年）

在这个时代，只要拥有工厂，就拥有市场。工厂的建造成本很高，但是一旦建立起来，就能以其他手工作坊式企业所无法提供的价格生产和销售产品。在制造时代，以福特汽车等为代表的企业以快速生产、价格合理的大批量生产的产品引领时代。

## 2. 分销时代（1960—1990 年）

从 20 世纪 60 年代开始，商业开始全球化，自由贸易意味着企业可以在全球范围内整合资源，在成本更低的地区进行生产。这时竞争的主要障碍是分销网络——它将商品从最便宜的地方分销到各地的零售商店，客户在广告的刺激下购买这些品牌商品。这个时代的头部企业包括丰田、宝洁和沃尔玛。

### 3. 信息时代（1990—2010 年）

计算机和互联网的出现，帮助企业实时掌握各地的销售和信息流，并据此调整策略。企业可以更加紧密地拥抱全球制造业供应链，并最终以数据驱动的电子商务模式开展经营。以信息为产品和服务的企业蓬勃发展，那些掌握信息流的企业比竞争对手更胜一筹。康卡斯特、谷哥等公司崛起于这个时代。

### 4. 客户时代（2010 年至今）

当以上所有投资都已商品化后，现在的每个公司都可以利用全球的生产能力和供应链，加上在技术上的投资，获得所需的所有资源。制造、分销和科技对所有的企业都已不再是无法企及的资源，而新兴的移动互联网，让企业对客户的触达深入到一对一的层面。竞争优势的唯一来源是可利用各种技术与客户建立连接，洞察、取悦并为客户提供服务。在这个时代，像百思买、亚马逊这样效益持续增长的公司总是将预算倾向于能理解客户并建立客户关系的领域。

## 12.2 客户时代的竞争优势

在客户时代，企业面临的竞争有所不同。通过迈克尔·波特五力竞争分析模型，可以发现企业所面临的竞争已经发生了改变，客户洞察、客户关系是企业获得可持续发展竞争优势的唯一来源。

### 1. 潜在进入者

技术赋能的客户可以轻松地从全球范围内的各种供应商那里找到最便宜的价格，这大大降低了传统行业的进入门槛：全球范围内的外包侵蚀了规模经济，在线渠道使传统的分销系统无能为力，客户口口相传抵消了巨大的品牌投资。

虽然初创公司成功的机会很少，但成千上万不断涌现的初创公司却威胁着几乎每个行业的竞争者。

## 2. 替代者

数字化时代，每个企业的替代者比比皆是：Google 新闻削弱了报纸的实力，Expedia 淘汰了旅行社，iPad 削弱了笔记本电脑业务，eBay 吞噬了整个零售行业的利润。数字替代者正在瓦解传统的行业价值链，并侵蚀多个行业的利润，客户是导致这种变化的根源，因为不论哪个领域的创新者都知道，只要你给予客户他认为有价值的东西，他会很乐意用你的产品代替现在购买的产品。

## 3. 购买者

通过在线社区、社交媒体等各种数字化信息渠道，客户可以比企业更了解产品、服务、竞争对手和价格，并将这些信息和自身的体验通过数字化渠道进一步传播。企业在这种新媒体时代，已经无法像以前一样处在主导地位。用迈克尔·波特的话说："当买方拥有相关需求、实际市场价格，甚至供应商成本的完整信息时，通常可以使买方获得更大的议价能力。"

## 4. 供应商

在知识经济中，任何产品、服务的关键要素都是人。个人——无论是出色的营销人员，还是高级开发工程师，都给企业带来了保持竞争力所需的知识、理念和关系。而且，如果没有得到自己想要的东西或者愿景，他们就会跳槽去为另外的企业工作，企业的客户将跟随能创造高质量内容和关系的人才而流失。

## 5. 竞争对手

客户在线分享他们的搜索经历可以显示对关键字的兴趣，而你的竞争对手想知道的关于你的信息很多都在你的网站和与企业有关的网站上。简而言之，客户实际上可以为你提供关于竞争对手的非常详细的信息。正是由于竞争对手可以立即对你作出的任何举动跟进，或作出反应，因此会加剧相互之间的竞争。

## 12.3 真正的以客户为中心需要运营模式的重构

那么，在追求以客户为中心的过程中，取得成功最需要的是什么？首先，需要企业改变自身的战略，但更重要的是从根本上重构企业日常的运营模式：一个以客户为中心的企业需要通过战略、运营和投入，提升对客户的洞察以及与客户的互动，其中包括一些最基本的要素，如图 12-3 所示。

图12-3　以客户为中心的运营模式

### 1. 在管理层达成一致

真正的以客户为中心是广泛和深刻的，有时甚至是有争议的，所以以管理层达成统一的信念是先决条件。只有高层达成共识，才能在企业的各个层级和环节中推行这种理念，并将其融入所有的决策和运营。

### 2. 简化和聚焦商业模式

尽管很多拥有复杂业务模式的企业也取得了成功，但如果能聚焦在重点业务单元或者细分客户群，则以客户为中心的举措更容易被接受并推进，取得效果的速度和程度也会更明显。对于大型企业来说，也需要对自身传统的模式进行以客户为中心的变革和转型，否则迟早会丧失竞争力。

### 3. 建立相互关联的运营能力

成功的以客户为中心取决于一长串因素，涵盖人力资源、工作流程和技术等方方面面，但只有将这些因素结合起来才会取得最佳的效果。以客户为中心所需变革的规模和范围广泛，需要企业解决各方面的问题，从组织变革到营销自动化、CRM 和 ERP（企业资源计划）重构，再到定义正确的测量指标。要成为以客户为中心的企业，必须在整个组织中拥有合适的团队、系统、流程和理念。

## 12.4　以客户为中心的运营模式转变

在客户时代，成功的驱动力发生了变化，需要从根本上重新设定企业运营的原则。当生产是最大的竞争优势来源时，企业重视的是效率，以及在已有的约束条件内最大化产出。但在客户时代，成功的企业需要重视的是基于客户需求的创造力和快速原型迭代，企业需要在运营模式上实现 4 个方面的转变，如图 12-4 所示。

图12-4　以客户为中心运营模式的转变

## 1. 从客户意识到客户引领

Forrester 在 2019 年的一项调查数据显示，大多数企业会收集有关其客户的信息和数据，但只有 11% 的企业会整合结构化和非结构化数据以做出正确的决策。以客户为中心的企业都拥有对客户的统一视图，它们拥抱更为先进的客户洞察技术和方法。这些方法能够超越对客户行为在"WHAT"和"HOW"层面的理解，通过客户内在的需求和动机来揭示"WHY"。这些洞察可以明确企业的细分目标客户（人物角色）及其关键时刻、关键旅程，同时系统地在整个组织中分享这种客户洞察力，并主动与客户进行互动，共同创建真正满足客户需求的解决方案。

## 2. 从数据驱动到洞察驱动

目前，大多数企业都在采集和管理大量的各种类型的数据，但根据 Forrester 的估算，企业对这些数据的利用只占大约 1/3。更糟糕的是，只有 29% 的企业表示它们善于将数据和分析的结果转化为可测量的业务成果。在追求洞察力驱动时，以客户为中心的企业必须熟练利用数据并赋能各项运营工作，尤其是要建立相应的流程和系统，保证数据可用、干净和安全。为了做到这一点，企业需要将信息架构师、数据科学家的技术知识与客户洞察专业人员的客户知识相结合，以探索为客户开发新产品和服务的机会。

## 3. 从追求完美到快速行动

尽管很多信息都在提醒人们对新产品和新服务要持谨慎态度，但在数字化时代，还是有越来越多的人正在以前所未有的速度尝试新产品和新体验。企业的行动越迅速，就越能更快地赢得客户。然而，很多企业的领导者和管理者迷失在企业的官僚主义环境中，或者由于害怕失败而倾向于开发防御性解决方案。

## 4. 从职能孤岛到集群模式

企业传统的命令、控制、孤岛式的职能模式可以带来明确的问责制和可预测性，但它们也会导致形成较长的决策周期，降低对客户的响应速度，并且往往会产生不一致甚至相互冲突的客户体验。在那些以客户为中心的企业中，许多孤岛式的职能部门正在让位于敏捷和集群模式，在这种模式中，销售、营销、服务、开发、生产和技术人员组成的小型多角色团队专注于单一的客户群、旅程或期望。这些团队可以突破企业内部的壁垒，建立一个合作伙伴生态系统，帮助满足客户的需求。

# 第 13 章

# 文化赋能:

## 构建以客户为中心的
## 企业文化

---

**本章概要**

　　体验与产品、服务的最大差别在于,产品和服务仍然属于企业,而体验则真正属于客户。如果一家企业要致力于提供出色的体验,就必须首先树立以客户为中心的文化,这是具备体验意识的基础和开始。本部分将重点阐述什么是以客户为中心的文化,以客户为中心的企业文化的内涵,以客户为中心的企业特征,以及如何通过管理实践建立以客户为中心的企业文化。

## 13.1 客户体验的成功需要强大的文化

再卓越的战略，都会被拙劣的企业文化所吞噬。但现实中，我们通常不愿意在企业文化上谈及太多，不是因为它不重要，而是我们往往对企业文化的塑造缺乏方法而感到无能为力，或者仅仅是没有耐心去投入和坚持。

文化会将战略当早餐吃掉！

——彼得·德鲁克，现代管理学之父

### 1. 好的文化能规模化推动以客户为中心

企业都想取悦客户，一旦当企业规模变得更大时，要跟上客户的需求和期望就更加困难。增加新的分公司、实体店、呼叫中心，不仅会让业务单元和职能部门之间保持一致的文化更具挑战性，而且需要制定更多的规则和流程来使所有人保持一致。但不幸的是，随着业务变得越来越复杂，约束规则也越来越多，改变方向变得更加困难，创新也更加困难。与客户期望随着时间的推移不断变化时，企业发现很难适应，但又不可避免。

面对这一困局，许多企业已经认识到，面对增长、复杂性和惰性带来的挑战，一种强大的、以客户为中心的文化是最有效的方法之一。以客户为中心的文化可以创造一个环境，让一线员工更好地理解企业的价值观，知道往哪里投入精力，从而更充分地参与为客户提供出色的体验。不仅如此，它还可以鼓励和赋能员工识别不断变化的客户期望，并想出创新的方法来满足这些期望，这有助于提升企业的相应能力。

然而，要在一线员工中创造以客户为中心的敬业行为，需要的不仅仅是文化，还需要协同一致的管理实践，这样才能使以客户为中心的文化成为现实。那么建立以客户为中心的文化的最佳方式是什么？这需要从文化的基本定义是什么，以及它如何影响员工的行为开始讨论。

## 2. 什么是企业文化

虽然企业文化非常重要，但真正要让它发挥作用时，所有的人都会产生一种深深的无力感——它太难以理解和把握，要构建和应用它就更加困难，也很难用一句话对什么是企业文化给出明确的定义，下面引用3种不同角度和层面的定义来阐述什么是企业文化。

定义一：

> 企业文化是没有人监督时，员工的所作所为。

**——赫伯·凯勒赫（Herb Kelleher），美国西南航空公司的创始人**

在每年发布的美国各行业的客户体验指数排行榜上，美国西南航空公司一直位列前三，并且连续45年实现盈利，其在全球航空业属于毋庸置疑的体验领导者。在其传奇创始人赫伯·凯勒赫的带领下，在全美劳资关系倒数第一的行业（航空服务业）里，西南航空成功培养了忠诚且敬业的员工队伍。他对企业文化的定义里，有两个关键点：一是文化的自觉性，文化不是强制规范，而是在无人监督的情况下发挥作用；二是需要落实到行为，而不仅仅是理念和口号。

定义二：

> 超出预期的能力不是来自于让别人去做不认同的事情，而是来自发自内心的文化，其能鼓励和激发个体去做能给所有人带来好处的事情。

**——亚瑟·卡马齐（Arthur Carmazzi），全球领导力和文化建设专家**

亚瑟·卡马齐是全球公认的领导力和文化建设专家，他对企业文化的描述中强调的依然是文化不是强制性的，而是发自内心的认同。同时，更重要的是能够激励个体将共同利益作为目标，形成超出预期的能力。

定义三：

企业文化就是员工的思维、信念和行为方式。

**——特姆金·布鲁斯（Temkin Bruce），Qualtrics 体验管理研究院院长**

特姆金·布鲁斯是最早从事客户体验领域研究的开拓者之一。他对企业文化的总结更加简洁和明确：发自内心的思想和信念，最终落实到具体的行为。组织不会尝试规定员工的行为并建立控制它们的机制，而是创建一种鼓励员工与组织的目标一致行动的文化，这更有可能取得成功。

从上面的定义中可以了解到企业文化是什么，但要从更多的角度理解企业文化。

- 企业文化不仅仅是一句宣传口号。将企业文化诉求提炼成一句口号，在企业内进行传播和沟通，是非常有必要的，但前提是这种口号得到了企业内部各层级的普遍认同。这些口号的目标是进一步统一和强化，并最终转化为实际的行为。

- 企业文化面向的不仅仅是企业，也面向员工。员工也需要将自己的需求、兴趣和劳动带到所有的工作场合中。归根结底，成功在于使每个人与组织的目标保持一致。

- 企业文化不仅是情感的呼吁，也需要理性的行为和结果。促使员工改变观念和行为的任何努力都不能只是打动员工的内心、呼吁共同的价值观，而是要同时向他们展示具体的行为、结果和商业效果。

### 3. 企业文化的 3 个层面

企业文化的建设不是一蹴而就的，它包含了多种层面的内涵，每一个层面都必须协同一致地开展，才能将文化转化为切实的行动。总体上企业文化可以分成以下 3 个层面。

第 1 层：无意识的假设

在最深层次上，文化由无意识的假设组成，这些假设指导人们在工作中的行为。例如，在一些公司，每个人都知道取得进步需要比你的同龄人更聪明，而在其他公司，合作和建立共识是最重要的。虽然没有人会去谈论这些信仰，但它们肯定在指导人们关注什么和如何行动。

第 2 层：可描述的规范和价值观

在第二个层次，文化包括明确的规范和价值观。在诺思通（一家客户体验领先的美国百货公司）和 USAA（一家客户体验领先的美国保险公司），提供卓越的服务是一个明确的规范和核心价值，指导所有的员工做什么。企业在沟通和培训中明确了这一点，并潜移默化地影响员工行为。

第 3 层：具体的行为模式

在第三个层次，也是最容易观察到的，文化是一个公司的员工随着时间的推移而不断强化的日常行为模式，这就是员工的实际行为。一家公司可以在其年度报告中声称客户是其第一要务，但如果员工不提供客户期望的服务，那么文化就不是真正以客户为中心的。

简而言之，文化是由无意识的假设、明确的规范和价值观，以及行为模式构成的，它们共同创造了一个控制系统，通过企业具体的文化管理实践，影响着员工的敬业度，以及他们在日常工作中的表现，并最终决定着客户体验的水平，如图 13-1 所示。

以客户为中心的文化

文化管理实践

员工敬业度

员工满意度

客户满意度与忠诚度

图13-1　从文化到客户体验的路径

## 13.2 知易行难的以客户为中心

虽然很多企业和组织认识到文化的重要性，并知道推动企业文化向以客户为中心的方向发展的必要性，但很多企业在变革方面仍然做不到这一点，通常存在的陷阱包括以下几种。

（1）过于重视战术而不是行为

很多企业常常一上来就急于开展文化的宣传和推广计划，而没有首先确定能够使所需的文化变为现实的关键行为。企业的文化变革需要一个令人信服的宣言，用来明确定义企业的未来状态是什么样的，描述在新的环境下，真正以客户为中心的行为是什么样的，并解释这些新行为与当前行为有什么不同。

（2）忽略现有文化的基础

不论好坏，企业都已经形成了一定的企业文化，除非该组织是全新组织。而以客户为中心需要持续而全面的文化变革，企业中的大多数人自然会抵制这种改变。但太多企业低估了这种惯性，并且没有花足够的精力来解决这个问题。

客户体验云平台提供商 Medallia 的一项调查显示：87% 接受调查的营销人员认为，基于客户生命周期的方法比单纯销售和营销漏斗更能代表以客户为中心的理念，但由于内部阻力，只有 7% 的人真正采用了这种方法。

以客户为中心，需要在企业内部传统的文化中进行持续的艰苦斗争。改变文化的第一步是了解现有的文化，这种洞察使企业可以明确了解将来的状态与今天的状态有哪些不同，哪些会是文化变革中的障碍。

（3）行动目标太过宽泛

分散在整个组织中的为数众多的小规模行动，无法提供文化变革所需的动力。相反，要使企业文化朝着理想的方向发展，企业最需要致力于那些可以用不同的方式采取行动，然后又可以带来明显可见的变化的领域。这些重点突出的举措是改变员工信念的有力标志，因为员工可以真实地看到以新的方式做事情带来的改变。

（4）对变革的过程缺乏耐心

文化的发展非常缓慢，而急于求成的各级领导者可能试图通过引入更多的变革来加快步伐，或者可能对当前的计划和转型方向失去信心。这样会导致员工的困惑，并且不再确定他们为什么要改变、成功是什么样子、应该如何行动。即使企业需要修正进程，领导者也应向组织的其他成员进行详细解释和说明。

（5）忽视了对文化的持续强化

对于处在文化变革中的企业来说，与其不断将重点转移到下一个战略挑战上，不如持续支持员工坚持新的变革行为，这一点非常重要，可以确保员工看到自己的行动所取得的成功。企业应将持续的反馈闭环和对成功的激励结合在一起，以持续强化在个人、团队和企业层面上与文化变革一致的行为。

## 13.3 以客户为中心的文化：6 个核心特征

德勤 2015 年的人力资本趋势报告指出，来自全球的企业高管将"文化和敬业"列为其组织面临的最重要的人才挑战。2016 年，德勤分别向企业高管们调查了企业文化和敬业度，指出这两个概念之间的不同和关键关联："当一家企业的文化与其价值观相一致时，它会吸引那些在这种文化中感到舒适的人，从而有助于企业激励人们，从而提高员工敬业度。"通过使用结构方程模型分析技术，体验管理平台提供商 Medallia 研究了高度敬业的一线员工如何描述他们的企业，那些高度敬业的员工经常提到 6 个文化特征，如图 13-2 所示。

（1）高度信任

当员工得到高度信任时，他们认为自己可以依靠其他人（包括他们的经理及团队的同事）来支持他们，即使他们不在场。信任可以让员工全身心地把他们的全部精力投入为客户的服务中。当有信任的文化时，员工可以自由地利用他们的创造力和判断力来为客户解决问题，而不必担心受到指责，这也使得信任成为以客户为中心的文化中最重要的组成部分之一。

丽思卡尔顿酒店通常被认为是客户服务的黄金标准，其信任并授权员工可以为每位客人花费高达 2000 美元来解决任何客户问题，并确保客人有很好的体验。此外，它允许员工在没有征求经理意见或许可的情况下采取行动。员工根据具体的情况设想方案，而不是按照固定标准做事。在每种情况下，员工都被信任做出好的决定，并将客户的最大利益放在心上。

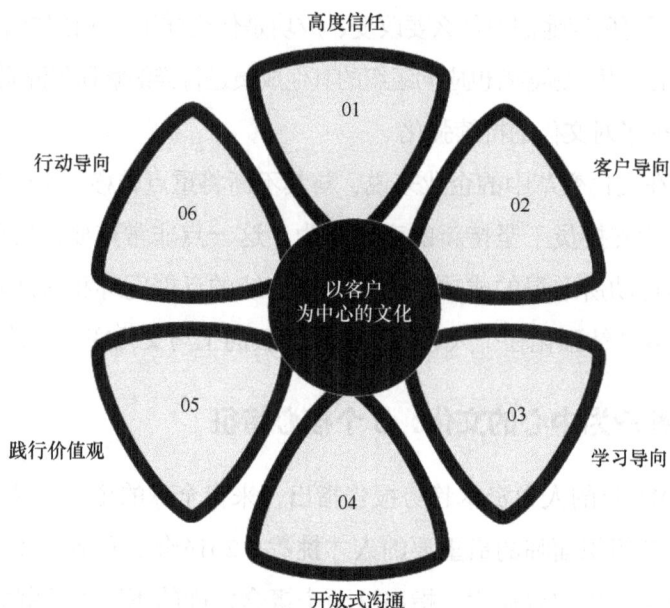

图13-2　以客户为中心的6个文化特征

（2）客户导向

当企业真正以客户为导向，而不是以产品或技术为导向时，就会鼓励员工将客户的利益置于所有其他利益之上。当必须进行权衡时，客户就是第一评价标准。以客户为导向的企业围绕客户设计他们的产品、系统和流程，最大限度地提高客户价值，增强客户体验。企业在招聘员工时，也是基于他们为他人服务时的态度和展示出来的经验。

作为全球航空客户满意度调查的领先者，新加坡航空公司在招聘服务人员时有一系列严格的过程，包括多次面试、出席与管理层的茶话会。在茶话会期间，管理人员会评估申请人沉着、自信的沟通能力，以及对工作和服务的积极态度，这将确保有积极服务心态的人能被挑选出来，而且有力地彰显公司致力于提供卓越客户体验的努力。

（3）学习导向

具有学习型文化的企业会鼓励员工思考新的、更好的做事方式，重视创新，并广泛认可员工提出新的想法，以提高客户体验。美国维珍航空公司的员工不仅可以用任何可能的方式满足客户的需求，而且这样做还受到公司创始人理查德·布兰森（Richard Branson）的公开奖励，因为他们为改善体验提出了创造性解决方案。

（4）开放式沟通

开放式沟通可以确保管理层与一线员工之间的对话透明和清晰，这对于员工的敬业度和培养领导者与员工之间的信任至关重要。《哈佛商业评论》2013年的一项员工参与调查发现，70%的高管认为，当高层领导不断就企业战略进行更新和沟通时，员工的敬业度最高。一线员工与领导层的沟通同样重要，如果公司能更好地监测员工反馈，那么很多客户体验上的不足是可以预测的，而且很可能是可以防止的。

（5）践行价值观

价值观能定义对于企业来说什么是最重要的，当企业的所有员工——从CEO到一线员工——以能反映公司认为最重要的东西的方式行事时，就会实现其价值观，如创造卓越的客户体验等。当企业不去实践所宣扬的东西时，它们不仅有疏远员工和客户的风险，而且最终会损害企业的利益。

（6）行动导向

以行动为导向的企业不仅会定期听取客户和员工的意见，而且会根据这些反馈采取行动。倾听和解释并不能带来投资回报，只有实际的客户体验改善行为才可以获得商业收益。当然，基于数据采取行动是客户之声计划最难的部分，涉及说服其他团队和部门的协同，这需要艺术和科学的混合。随着数字化进程的加快，技术正在帮助推动更快、更面向行动的客户体验改善。目前，一流的公司在整个公司广泛、实时分发客户反馈，这样可以对反馈迅速采取行动，从而将产品的任何变化快速推动到后续各个环节的优化。

不管公司的业务或行业如何，以上6个维度均构成了以客户为中心的文化的一般性基础。如果一家企业想要真正以客户为中心，那么这 6 个文化维度属于必要的条件，这些条件必须到位，一线员工才会有动力去提供卓越的客户体验。

## 13.4 通过员工参与式变革实现以客户为中心的文化转型

### 1. 文化对一线员工的影响

长期以来，研究人员和从业人员都一致认为员工的敬业会提升客户忠诚度，进而提升盈利能力。员工敬业度的增加、客户服务的提升和收入的增长之间有着明显的统计相关性。《哈佛商业评论》2013 年的一项研究表明，77% 的企业高度重视员工敬业度，认为这对客户满意度有相当大的直接影响。以客户为中心的敬业度包括两个维度：以客户为中心的行为（员工的行为）和与这些行为相关的态度（员工的感受）。

（1）敬业行为

以客户为中心的行为是对客户体验产生积极影响的员工行为和行动。当员工表现出更多以客户为中心的敬业度时，他们的行为方式更有可能满足和取悦客户。这些敬业行为主要具备 5 个方面的特征，如图 13-3 所示。

图13-3　以客户为中心的员工敬业行为特征

- 采取主动措施保证客户开心；
- 始终认为对客户问题及其解决方案负有责任；
- 积极主动地预测客户的需求，力求超越他们的期望；
- 始终表现出为了让客户满意可以做任何事情；
- 适应不断变化的客户期望和要求。

当一线员工在与客户互动中有这些类型的行为时，很容易看出为什么客户更有可能对他们的体验感到满意。

（2）敬业态度

有一些态度会激励员工更多地参与服务和满足客户，使他们对自己的工作感到满意，并在企业里待得更长。这对客户是有好处的，因为更有经验的员工会更好地理解客户想要的东西。随着时间的推移，他们在满足客户需求和与客户建立更强的关系方面也变得更加熟练。当员工有以下感受时，他们倾向于从事更多以客户为中心的行为：

- 得到他们的领导和队友的重视；
- 从他们取悦客户的努力中得到认可；
- 被激励在工作中尽自己最大的努力；
- 受到企业愿景的激发；
- 与企业所说的重要价值观相一致。

那些会用以上这些语言描述自己行为和态度的一线员工，通常也会以类似的方式描述他们所在的企业。那些自称高度参与提供优质客户体验的员工，也倾向于认为他们的公司具有相似的文化特征。

## 2. 员工参与式的文化变革

一线员工的参与对文化的变革至关重要，体验研究机构特姆金集团（Temkin Group，现 Qualtrics 体验管理研究院）引入了一种称为员工敬业转型（EET）的方法，他们将这种文化变革定义为：使员工的态度和行为与组织的变革意愿保持一致的方法。要成功实施 EET，企业必须掌握并实施以下 5 种实践。

（1）愿景连接

将员工与企业愿景联系起来。组织不仅要清楚地定义和传达未来的目标，而且要向员工阐明为什么放弃当前状态对于组织、员工和客户来说是势在必行的。

（2）持续的领导力

要持续消除转型中的关键障碍，领导者必须意识到变革是一个长期的过程，并致力于推动合作，直到组织将转型完全嵌入其系统和流程。

（3）激活中层管理者

在中层管理者中招募关键影响者，并让他们投入转型中，发挥其在支持员工变革过程中的独特作用。

（4）动员基层

授权员工进行变革，使得一线员工在一个既可以帮助塑造变革，又被赋能去交付这种变革的环境中工作。

（5）有吸引力的沟通

分享有影响力又有意义的信息。组织通过各种方式共享有关变革的信息，这些方式可以平衡每个目标受众的实践和激励元素。

## 13.5　通过强化管理实践实现以客户为中心的文化落地

关于企业文化，硅谷顶级投资人、创业畅销书《创业维艰》的作者本·霍洛维茨（Ben Horowitz）曾说过这样一句话：

世界上充满了具有世界级文化的破产公司。

这句话并不是说霍洛维茨认为文化不重要，恰恰相反，他认为文化在实现差异化方面起着重要作用，要确保像"取悦客户"这样的价值观一直持续存在，并吸引符合企业使命的员工。但更重要的是，要成为一家伟大的企业，不能仅仅停留在文化上。

虽然以客户为中心的企业文化在各个方面影响着一线员工的敬业度，但文化只是故事的一部分。文化对敬业度的影响在很大程度上取决于企业实施可见的管理实践。更具体地说，正是这些有形的行动与以客户为中心的文化的6个核心维度相一致的程度，决定了文化对员工敬业度的实际影响程度，包括最终塑造客户体验的行动，如图13-4所示。

**图13-4　管理实践与文化和员工敬业度**

与以客户为中心的文化的6个核心特征相类似，当高度敬业的员工描述他们的企业时，这些管理实践比其他做法更频繁地被提及。而当一家企业缺乏这些以客户为中心的管理实践时，员工对服务客户的参与程度就会出现不足，即使文化中的6个核心维度的属性已经具备。简而言之，以客户为中心的实践是将企业以客户为中心的价值观转化为以客户为中心的员工行动的关键。

（1）领导与支持

在以客户为中心的工作环境中，最重要的方面是员工认为自己与他们的领导之间存在相互信任和尊重的程度，高度敬业的员工更有可能表示他们可以依靠他们的经理来消除取悦客户的障碍，他们向直线经理表达意见时感到有安全感。

当吉姆·唐纳德（Jim Donald）在2012年成为ESH酒店的首席执行官时，这家连锁酒店刚刚从破产边缘恢复过来，其员工一直担心裁员。唐纳德发起了一场改革运动，将ESH转变为一个高度信任和能提供强有力领导支持的企业。作为首席执行官，他把65%的时间花在了这项工作上，使他的员工能够接触到自己。为了增强企业内部的信任，他给了一线员工"免费越狱"卡，这让他们可以冒险去取悦客户，而不用担心任何问题或惩罚。在唐纳德上任一年内，**ESH**被评为美国最优秀的酒店品牌。正如唐纳德所说，他为实现这一目标所做的一切都是"铺平一个新的前进道路"，他将是"在背后一直支持的声音"。

（2）资源与培训

以客户为中心的企业的另一个关键管理实践是为员工提供他们需要的资源与培训，以提供良好的客户体验。在新加坡航空公司，机组人员需要参加一项为期4个月的严格训练计划，将进修学校的学习和军事新兵训练营的训练结合起来。新加坡航空公司通过这一初步培训计划，并定期安排再培训计划，加强其服务文化。

在亚马逊，不只是一线员工要接受理解和服务客户的培训，每个新员工，无论职位的高低，第一年都必须在运营中心度过，每两年需要去呼叫中心或其他服务部门承担客户服务工作。这有助于让所有员工专注于客户，创始人杰夫·贝佐斯认为，这对于持续改进整个企业是必不可少的。

（3）明确目标

当员工清楚地了解他们要去实现的目标时，他们更容易成功，明确的目标可以帮助员工了解他们的努力如何有助于实现企业的战略目标。为了做出好的决定，并在为客户服务时采取适当的行动，员工需要清楚了解他们所承担的具体角色对更大的业务计划的贡献是什么样的。在 Netflix 那份著名的《奈飞文化手册》（*Culture Deck*）中提到："高绩效的员工如果理解上下文场景，就会做得更好。"

捷蓝航空（JetBlue）是航空服务领域中与西南航空并肩的客户体验代表，其创始人大卫·尼勒曼（David Neleman）将公司的成功归功于员工对公司关键战略目标的真正理解。捷蓝航空通过多项举措强化公司的透明文化，这些举措帮助员工了解公司对他们的期望，以及他们的努力如何影响客户体验。每位员工都加入捷蓝大学（JetBlue University），了解公司的核心价值观、商业模式以及他们的角色如何融入公司整体战略。公司每月召开"口袋会议"（Pocket Sessions），高级经理会一起讨论公司紧迫的问题，并从整个组织收集问题和建议，通过沟通和分享推动公司协同是捷蓝航空获得成功的坚实基础。

（4）流程与协作

如果一线团队不能很好地合作，那么不仅业绩会受到负面影响，客户也会受到负面影响。协同性的团队环境是团队成功和公司整体业绩的关键保障。美国连锁超市领导者 Trader Joe 致力培养团队合作对提供优质客户服务至关重要的文化。"Trader Joe 的员工不是在从事独立的零售工作——他们正在从事一个连锁项目，而这个项目是为了让客户开心。"商店经理与一线人员共同承担取悦客户的责任，经常看到他们一起打扫卫生、铺货和帮助客户。即使是创新，也是一项团队运动，鼓励各级员工共同构思，想出新的方法来改善门店运营和客户体验。这种合作文化帮助 Trader Joe 维持了 4% 的低员工流失率，并多年来一直在美国客户满意度指数上领先。

（5）授权与问责

鼓励授权员工利用他们的创造力和酌情处理的权利提供卓越的客户服务，赋予员工权利有许多好处：首先，它允许员工在与客户直接互动时使用他们的判断。在当今快节奏、信息丰富的环境中，快速解决客户问题是对保持客户满意度和忠诚度至关重要的。赋予员工权力也增加了他们的灵活性，这些灵活性对于确保客户需要时，从员工的及时响应中得到他们想要的东西有很大的帮助。

在线鞋类零售网站 Zappos 是公认的客户体验代表，公司的员工被完全授权为客户做额外的事情。他们从不强求客户服务代表死记硬背脚本，并鼓励做任何事情的目的是使购物者高兴。这包括送花给忠诚的顾客，给了为了及时参加婚礼的伴郎提供一晚免费的鞋子等。但是授权所涉及的不仅仅是给前线员工行动的许可，公司还必须提供明确的指导，以及员工做出好决定和采取正确行动所需的资源支持，只有这样，员工才能真正获得提供卓越体验的权力。

（6）反馈与闭环

当企业频繁地收集客户反馈并鼓励员工定期检视时，员工不仅能够快速行动、学习和使用这些信息来改进他们的工作，而且还能带来更高的客户满意度和忠诚度。定期听取客户和员工意见的公司，可以充分利用其组织的集体智慧来解决问题和创造机会。

## 13.6　文化和实践协调一致就会提升员工的敬业度

建立支持、鼓励、认可型的管理实践，可以增加员工提供卓越客户体验的可能性。但由于大型企业通常有很多相互竞争的需求和优先事项需要去平衡，因此保持文化和实践的一致性远非易事，但这种协同对以客户为中心的一线员工敬业度有着很大的影响。

在一项关于员工敬业度的研究中，Medallia构建了两个指标，如图13-5所示。一个是衡量员工将所在企业的文化描述为以客户为中心的程度（即在6个客户中心特征上的得分）；另一个是衡量企业的管理实践以客户为中心的程度。当一线员工在以客户为中心的文化和以客户为中心的实践中得分均为最高的公司工作时（右上角象限），他们致力于提供更好的客户体验的可能性是处于最低象限公司员工的2.3倍。也就是说，当企业的文化和管理实践相一致时，一线员工最有可能为创造真正令客户满意的体验而工作。

Nrodstorm、USAA、Zappos和丽思卡尔顿这些客户体验标杆企业都认为，以客户为中心的文化是他们成功的重要因素。这些公司已经将以客户为中心转变为竞争优势的关键来源。但他们也认识到，以客户为中心的文化只有在能提升一线员工的敬业度时，才能形成卓越的客户体验。

很多研究已经证实了一家企业的文化对敬业度的影响。然而，这种影响的大小在很大程度上取决于一家企业的管理实践在多大程度上与以客户为中心的价值主张中最重要的核心文化特征保持一致。最后，总结一下以客户为中心的文化对于企业来说的关键意义。

### 1. 专注于加强以客户为中心的文化的核心特征

致力于提升一线员工以客户为中心的敬业度和参与度，企业应该评估面向客户的员工是否认为他们所在的企业高度重视以客户为中心的文化的6个特征，他们是否认为自己的工作场所是一个信任、开放沟通和学习的环境。在这种环境中，客户显然是最优先的，员工被赋予权力、被认可，并为提供卓越的客户体验承担明确的责任。

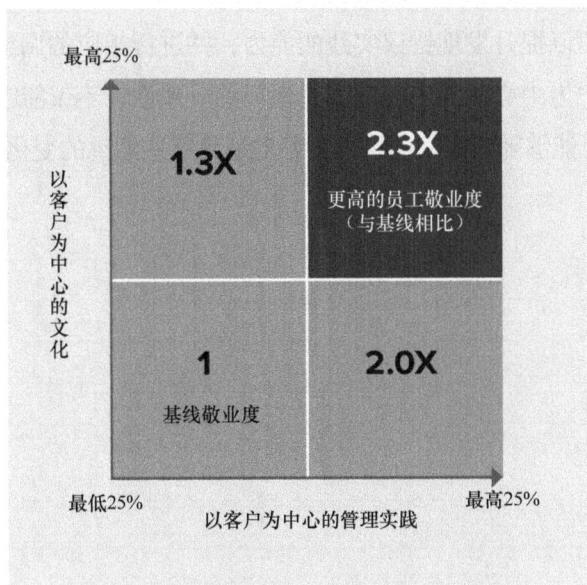

图13-5　管理实践与文化对员工敬业度的影响

（数据来源：Medallia Institute《2015年一线员工调查》）

## 2. 强化管理实践以促进以客户为中心的价值观

如果有迹象表明缺乏以客户为中心的文化中的一个或多个核心属性，那么需要找出无法强化这一属性的具体原因。例如，如果一线员工表示信任度低，而且他们对期望不清楚，那么就必须检查领导者是否提供了合理的方向和支持，一线主管是否为他们制定了明确的目标，并帮助员工克服工作中的困难。

## 3. 创建强有力的反馈闭环以持续评估和识别潜在失衡点

因为组织在不断变化，所以保持协调一致不是一件容易的事情。此外，不同的部门所拥有的权限和职责都不同，例如，运营单位可以决定一线团队和流程，而人力资源可以控制员工培训和激励体系。目前，还没有缓解跨职能孤岛或降低不确定性的明确解决方案，因此需要更有效的管理实践来解决这些问题。

最有效的策略之一是建立反馈闭环，以确定何时、何地、使用何种方法可能出现与企业期望的文化不一致的情况。通过建立收集、分发客户和员工反馈的系统，企业可以提升发现错误实践的能力，并进行相应的调整。积极监测管理实践与以客户为中心的价值观和优先事项的一致性，不仅能够更好地满足客户的期望，而且能够随着时间的推移更好地适应这些期望的变化。

# 第 14 章

# 文化赋能：

## 建立员工和企业的
## 同理心

---

**本章概要**

同理心（Empathy）是一个历史悠久的心理学概念，但其在商业和管理领域的价值直到近 10 年才得到重视。本章首先介绍同理心的基本概念、要素和类型，并对同理心在以客户为中心的文化建设、提升客户体验等方面的作用进行概述，其次阐述同理心测量的内容和方法，最后对提升客户同理心和员工同理心的主要策略进行介绍和举例。

建立以客户为中心的企业文化是一项庞大和长期的工程，往往需要企业自上到下的整体认知，并采取全面的措施，不断深入地实现文化的建设或转型。在认知、资源和条件还不是特别充分的情况下，想开展整体的企业文化转型是一件非常困难的事情。在这种情况下，从建立同理心这个具体的点入手，可能会是一种更加可行和有效的方式。

## 14.1 同理心的定义和类型

### 1. 同理心的定义

我们通常用"站在别人的角度"或"通过别人的眼睛看"这样的比喻来定义同理心，它是指在他人的参照框架内理解他人所经历的事情和感受的能力，这意味着一个人可以把自己放在另一个人的位置上，与他人产生联系和交往的能力——这就是最纯粹的同理心形式，也是帮助企业取得成功的核心力量。

心理学家丹尼尔·戈尔曼（Daniel Goleman）和保罗·埃克曼（Paul Ekman）将同理心分为 3 个方面，如图 14-1 所示。

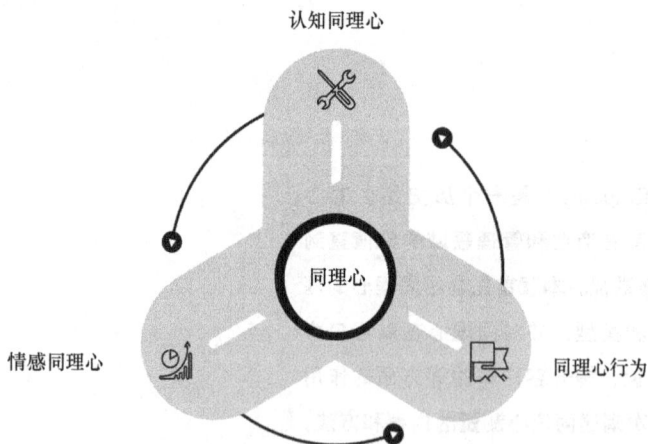

图14-1　同理心的3个方面

（1）认知同理心

认知同理心是指理解他人如何思考和感受的能力，认知同理心能帮助我们更好地与他人沟通。

（2）情感同理心

情感同理心是指理解他人感受的能力，情感同理心能帮助我们与他人建立更深厚的关系。

（3）同理心行为

同理心行为也称为同理心关怀，是指采取对他人的关怀行动并让对方能够识别和感知的能力。

同理心经常与同情心相混淆，但同情心只涉及同理心的认知方面，而没有进一步深入感受和行动的层面。同理心能促进情感联系，而同情心往往会导致关系断裂。产生同情心很容易，但产生同理心却困难和脆弱得多，因为为了与另一个人建立情感联系，我们需要将内在的自我与他人类似情况和感受关联起来，并让这种经历改变我们，这就要求我们将自己的"东西"放在一边，不加评判地感受对方的情况，这是一件非常费神、费力的事情。

根据脑科学研究专家卡特里·萨里基维（Katri Saarikivi）的研究成果，同理心与智商并不矛盾。相反，同理心可以用于预测投诉客户的想法，或者理解大量解雇员工时的后果，这些是优秀管理人员和一线人员都需要掌握的技能。丹尼尔·戈尔曼也提出了一项非常有价值的主张——情商对生活和工作中的成功非常关键，而同理心可能是情商的基石。他们的研究还表明，同理心不仅是与生俱来的，而且是可以被培养和教育的，可以通过锻炼提升这项重要的技能，使其随着时间的推移而不断发展。

## 2. 同理心的类型

同理心是双向的，至少涉及两个相关方：一个是拥有同理心的主体，另一个是同理心产生的客体，也就是同理心的投射对象。根据主体和客体的不同，可以将同理心划分不同的类型。

（1）按主体划分的同理心类型

根据不同的主体可以将其划分为个人同理心和组织同理心。个人同理心是作为个体的人对其他人的同理心，组织同理心是由多个个体组成的团队、机构和企业所表现出来的整体的同理心。个人同理心是组织同理心的基本单元，组织同理心则更为复杂。

（2）按客体划分的同理心类型

根据不同的对象可以将其划分为客户同理心和员工同理心。客户同理心是对客户产生的同理心，包括作为个人的员工对客户的同理心，以及企业作为一个组织对客户具备的同理心。员工同理心是企业、管理人员对企业员工所具备的同理心。

根据不同的维度可以划分出不同的同理心类型，但是不同类型之间的同理心也是互相关联和影响的，例如组织的同理心以个人同理心为基础，员工同理心会最终影响客户同理心。

## 14.2 同理心的作用与价值

成功源于同理心。

**——萨提亚·纳德拉（Satya Nadella），微软 CEO、董事长**

同理心这个概念在 100 多年前的心理学领域就已经产生，但直到 2010 年以后，其在商业领域的价值才开始受到重视。《哈佛商业评论》自 2012 年开始，陆续刊登了一系列关于同理心的文章，深入介绍了同理心在商业领域的价值；并从 2015 年开始，与同理心研究和咨询机构"同理心商业（The Empathy Business）"发布"全球同理心指数（Global Empathy Index）"，受到了广泛关注，如图 14-2 所示。

根据"同理心商业"的研究和咨询经验，同理心与企业增长、生产力和收益呈正相关。同理心指数也证明同理心提高了企业运营的底线绩效。研究机构

Businessolver 的《2018 年工作场所现状报告》指出，80% 的员工、人力资源专业管理人员和 CEO 一致认为，有同理心的工作场所对商业绩效、员工激励和提高生产力都有积极影响。

| 排名 | 公司 | 领域 | 得分 |
|------|------|------|------|
| 1 | 微软 | 科技 | 100.00 |
| 2 | 脸书 | 科技 | 93.21 |
| 3 | 特斯拉汽车 | 汽车 | 87.68 |
| 4 | 谷歌 | 科技 | 87.32 |
| 5 | 宝洁 | 消费品 | 78.14 |
| 6 | 苹果 | 科技 | 77.88 |
| 7 | 强生 | 医药 | 77.84 |
| 8 | 迪士尼 | 媒体 | 76.90 |
| 9 | 保德信金融 | 金融 | 76.70 |
| 10 | 奥迪 | 汽车 | 76.60 |

图14-2　2015年全球最具同理心的企业

（数据来源：Lady Geek）

### 1. 更好的员工体验

据《福布斯》的研究，具有同理心的企业领导者能更有效地促进建设包容性的工作场所。世界经济论坛关于未来工作的报告指出，同理心是成就个人职业发展的有效工具。在当今多样化的工作场景中，同理心有助于建立凝聚力，当人们想要并有能力与不同的人沟通时，包容就会到来，员工的体验和敬业度就会提升。调查平台 SurveyMonkey 的一项调查表明，在高同理心的企业，表示未来两年会留在企业的员工的比例为 82%；而在低同理心的企业，有 66% 的员工表示会在未来两年内离开。

### 2. 提高客户体验

我们正处于一个客户掌握主动的时代，数字技术的爆炸式增长让客户的需求更多，想得更多，了解得更多。不论是在面对面沟通，还是在设计数字化的人机交互时，同理心都能帮助企业和员工更好地看待和理解客户的复杂世界，选择正确的情绪和行为反应，让客户满意。因此，如果企业和员工具备了对客户的同理心，让客户感到他们的想法被听到和理解，那么他们更有可能提供一个好的满意度评分和反馈调查，因此客户满意度很可能是第一个需要提高的指标。

### 3. 增加企业收入

同理心会提升客户体验满意度，这会直接带来客户忠诚度的提升和客户推荐行为的增加，从而增加企业的业务收入。同时，同理心还会提升员工的生产力和创新能力。《应用心理学杂志》的一项研究发现，同理心干预可以显著提高员工的生产力，同理心也能促进多样性和包容性，它们都是创新的源泉，这些都是企业进一步提升业务收入的直接推动力。

### 4. 更好的互动和协作

良好的沟通和协作是打破企业内部各种数据、组织孤岛的必要条件，也是提供客户体验和员工体验的关键所在。有效的协作是由同理心推动的，真正创新的解决方案需要新的想法，新的想法就需要多元化的观点，并创造一个更包容和受欢迎的空间来分享新的想法。另外，最大限度地发挥多部门和团队协作优势的关键是确保每个人都能在工作中充分发挥自己的能力，因此需要建立信任和归属感，而同理心能帮助理解他人的思想和感受，是建立团队和员工之间信任关系的关键技能。

## 14.3  同理心的测量与评估

### 1. 同理心测量的基本框架

为了不断提升个人和组织的同理心，必须要对其进行有效测量和评估。但同理心是一种多方面的情感和心理能力，受到大量生理、心理和环境因素的影响。为了保证测量和评估能够覆盖主要同理心的主要内涵，同时让测量具备实际的可操作性，通常从准确性、情感性和行动力 3 个关键方面开展测量和评估。

（1）同理心的准确性

这个维度主要针对同理心中的认知同理心，测量是否能够准确地从他人的内在体验中感受到他人正在经历什么。

（2）同理心的情感性

这个维度主要针对同理心中的情感同理心，测量是否能够通过共情和宽容对他人体验的情感保持开放和理解。

（3）同理心的行动力

这个维度主要针对同理心中的同理心行动，测量是否能够通过同理心的交互过程，让对方感受到同理心行为。

以上 3 个方面并不是孤立的，而是相互关联和逐步推进的，根据三者之间的递进程度，可以将同理心分为 3 种程度。

（1）无同理心

在这种情况下，主体和客体明显分开，包括认知、情感和行为方面，都是完全分离的，主体对客体内部状态的任何看法纯粹是普遍认知层面的，客体也感知不到主体与自身的连接和关注。如图 14-3 所示，代表主体和客体的两个圆圈是完全分开的。

图14-3　同理心程度——无同理心

（2）局部同理心

当主体基于认知，开始从情感层面理解和感受客体时，主体和客体就开始了情感融合过程，同理心也就开始产生了。这种情感的融合反过来又影响同理心行为，因为主体仍然能够保持足够的距离来操作他们对客体情况的反应，所以这时的同理心是局部的、可高可低的，如图14-4所示。

图14-4　同理心程度——局部同理心

（3）过度同理心

如果主体对客户在情感和行为上的同理心不断强化，则会使主体和客体合二为一，如图14-5所示，主体已经走上了失去自我的极端状态，感觉他们已经成为客体，因此不太能够意识到客体的响应。这种结果也被称为"个人困扰"，并且可能对同理心产生矛盾的影响，引起客体对主体情感上的厌恶感，从而达到减轻自身不适感的目标。这种情况就属于过度同理心，它可能会起到相反的作用，使带有帮助性质的同理心不再被认为是利他主义的，因为随着同理心的增加，主体的自我在他人中的存在也会增加，从而导致客体的不适反应。

可见，同理心也不是越高越好，保持适度的同理心才能达到良好的效果。因此，对同理心的测量也非常关键，以下分别从个人同理心和组织同理心两个类型，介绍同理心测量的基本方法。

图14-5 同理心程度——过度同理心

### 2. 个体同理心的测量方法

个体同理心是作为个体的人对客体所具备的同理心，例如员工对客户的同理心、对其他员工的同理心等。在测量个体同理心时，主要有以下几种方法。

（1）自评估法

自评估法主要是个体自己通过回答标准化的专业量表和问卷，对同理心进行评估。这些量表和问卷上的问题往往是通过专业研究和测试后形成的，并有固定的算法，根据个体的打分和回答进行同理心的测量和评估。

由于主体性质和应用场景的不同，业内开发了多种不同的同理心测量表，包括平衡性情感同理心量表、多维情感同理心量表、同理心商测量量表、感觉和思维量表、基本同理心量表、格里菲斯同理心量表、多伦多同理心问卷、认知和情感同理心问卷调查等，可根据情况选择使用。

需要注意的是，上述测量表中，有些是对 3 个测量方面中的部分维度进行专题测量的，而不是测量全部维度，因此在选择时，要根据具体的测量和应用目标进行选择。

（2）问卷调查法

除了让主体用自我报告的方式进行同理心的测量，直接询问客体也是一种对主体同理心进行评估的方式。例如，如果想测量和评估员工对客户的同理心，可以通过问卷对客户进行调查，让客户对员工同理心的主要维度进行打分和评价。

利用这种方法时，需要考虑的因素是很多客户可能并不了解同理心这个非常专业性的概念，所以在设计相关的调查问题时，应尽量使用普通客户能听懂和准确理解的问题，以下是一些客户同理心调查的问题示例。

- 在您最近与我们的服务热线沟通中，客户服务人员是否善解人意？
- 您觉得他们与您的互动人性化吗？
- 您觉得他们了解您的需求吗？
- 您觉得他们重视您的时间吗？
- 您感觉得到了足够的重视吗？

（3）行为观察法

除了对作为当事人的主体和客体进行同理心测量，另外一种方式就是通过第三方进行评估。例如，由专家对客户和员工之间的互动进行观察，然后对员工的客户同理心进行打分。也可以利用自然语言处理（NLP）等数据分析方法，对员工与客户的通话进行分析，分析员工的同理心水平以及发现提升机会，这时机器就充当了第三方的角色。这里列出了部分观察法示例：图片观看范例、漫画条带任务、图片故事等。

（4）实验室测量法

这是一种心理学领域的专业方法，可以使用神经测量学或生物测量学扫描个体（如员工）的大脑或皮肤反应来测量同理心。神经科学家已经确定了大脑中负责同理心的部分，其称为镜像神经元系统（MNS），有同理心的人比没有同理心的人更多地使用他们的 MNS。实验室测量方法有磁共振成像、功能磁共振成像、面部肌电图、脑电图、事件相关潜力法等，但这类方法对于主体来说非常具有入侵性，所以并不是一种常规方法。

需要指出的是，上述工具都不是完美的，因为企业虽然可以要求客户给员工的同理心打分，但是并不知道员工实际说了些什么，或他们做了些什么；企业可以观察客户和员工的互动，但是仍然无法完全掌握客户如何理解和感受员工的同理心表达。更好一些的方法是根据实际情况和目标，结合使用自我报告和观察法等来全面评估个体的同理心。

### 3. 组织同理心的测量方法

组织是由个体组成的团队、企业和机构，个人同理心是组织同理心的基础，但组织同理心也不是个人同理心的简单相加。目前，对组织同理心的测量并没有太多学术层面的研究和验证，因此还没有非常具体和严格的测量和评估方法。一般是通过建立一个简要的评估框架，由第三方根据观察进行打分评估，或者对组织中的主要影响者进行调查和评估，以下是两个具体的示例。

（1）EMBRACE 评估框架

EMBRACE 是由同理心研究和咨询机构同理心商业（The Empathy Business）构建的一个组织同理心评估框架，如图 14-6 所示。EMBRACE 中的 7 个字母代表了评估框架的 7 个维度。

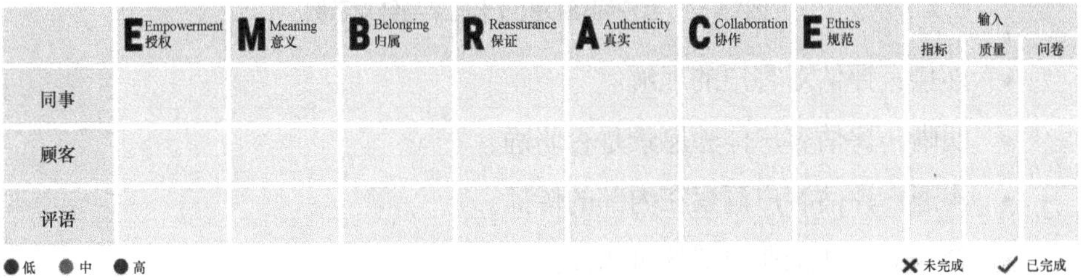

**图14-6　同理心商业的EMBRACE同理心评估框架**

- 授权（Empowerment）：评估对客体的倾听。
- 意义（Meaning）：评估与客体价值的一致性。
- 归属（Belonging）：评估对客户的包容性。
- 保证（Reassurance）：评估对客体承诺的兑现。
- 真实（Authenticity）：评估对客体真实自我的支持。
- 协作（Collaboration）：评估与客体的协作。
- 规范（Ethics）：评估对客体的责任感。

EMBRACE 框架利用定性和定量方法，对组织的成员、客户进行调查，评估企业或机构的同理心的整体水平，以及存在的短板。进一步详细的信息可通过同理心商业的官方网站进行了解。

（2）客户同理心积分卡

客户同理心积分卡（Customer Empathy Scorecard）是客户体验与商业增长咨询机构 Alexallwood 开发的一项组织同理心评估方法。这一方法以客户为中心的 5 项能力为基准，如图 14-7 所示。

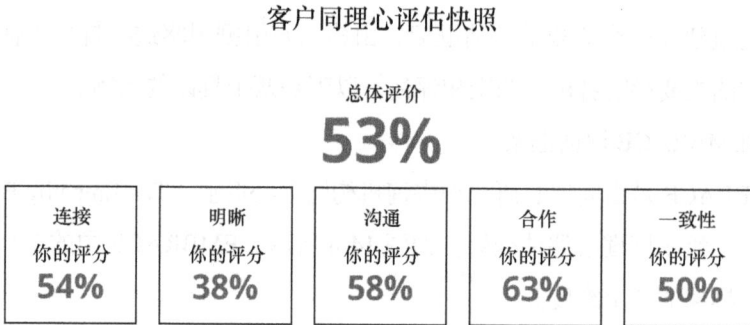

**客户同理心评估快照**

总体评价

**53%**

| 连接<br>你的评分<br>**54%** | 明晰<br>你的评分<br>**38%** | 沟通<br>你的评分<br>**58%** | 合作<br>你的评分<br>**63%** | 一致性<br>你的评分<br>**50%** |
|---|---|---|---|---|

**图14-7　客户同理心积分卡框架与结果示例**

- 连接：评估对客户的理解。
- 明晰：评估客户体验愿景是否明确。
- 沟通：评估客户洞察在内部的传播。
- 合作：评估企业内部的协调性。
- 一致性：评估对客户体验的治理。

针对这 5 项核心能力，**Alexallwood** 设计了相应的 40 道问题，通过让组织中的相关人员进行回答来分析以客户为中心的企业文化的成熟度、存在的优势和劣势。

## 14.4　建立客户同理心的基本策略

对客户的同理心是作为主体的企业将同理心的 3 个维度——认知、情感和行动——应用于客户这一客体的能力。作为一家企业，同理心是了解客户在使用公司产品或服务时的体验的能力。无论客户的体验是好是坏，还是介于两者之间，同理心都有助于在客户与企业之间建立信任和情感联系。例如，它可以帮助呼叫中心的工作人员更好地安抚愤怒的客户。

客户同理心不仅对于面向客户的一线员工非常重要，在所有的工作岗位及业务运营中，也都需要客户同理心。从现实情况来看，那些非一线面向客户的员工的客户同理心普遍存在巨大的差距。甚至可以说，企业中非直接面向客户的员工通常是实现真正以客户为中心的主要障碍。真正以客户为中心意味着要鼓励公司中的每个人，从产品团队到营销人员，从客户的角度考虑他们所做的一切。在整个企业中融入客户同理心可以带来更好的产品、更好的客户体验，以及更高的客户满意度。客户同理心可以帮助定义整个业务方法：它提供的产品或服务，或者公司的营销、培训及行业领导方法。

根据客户体验研究机构 Forrester 的调查，2016 年只有 44% 的客户体验专业人士认为所在公司目前的文化在一定程度或非常具有同理心。应该说这是一个比较严重的问题，在这种文化环境下启动客户体验工作会面临由于部门和员工自私带来的风险，以及与客户需求、期望脱节的风险。为了获得更高层次的客户同理心，企业必须通过一些具体和严格的策略来培养客户同理心，包括员工层面的个体同理心，以及整体的组织同理心。

### 1. 分享客户的见解和调查发现

如果员工（不单是研究人员）不知道客户的想法、行为和感受，那么他们就无法对客户产生同理心。同时，客户的需求和期望还在不断变化，所以理解它们不是一次性的工作，而是一个持续的过程，企业可以在整个过程中采取以下措施在企业内部广泛分享对客户的洞察和发现。

（1）分享实地研究的细节和洞察。例如，在完成研究项目中每个客户的访问后，研究机构 Effective 会为来自研究委托方的利益相关者准备一张"现场明信片"。这张明信片包含了这场采访的关键细节和洞察，并通过电子邮件的方式发给每个人。这些明信片能帮助利益相关方在整个研究过程中与客户建立联系，并随着时间的推移和积累，进行客户需求、行为和心理的识别和洞察，帮助他们分析和绘制客户旅程。

（2）以更加生动的形式消除对客户的误解。为了促使施耐德电力公司的高管们能够多接触公司的代表性客户，增加与重要客户的互动，公司的客户体验研究人员从 15 家委托研究机构的观察性研究中剪辑了一系列短视频，以帮助高管们重新认识对客户的假设，提升企业创新、创意能力。

（3）向员工传递实时的客户反馈。一家大型零售商在整个总部部署了来自其客户实验室的评论拼图，分享客户对他们自己体验的实时感受。大屏幕可以实时显示客户评论的每一个字，从而提高员工对客户情绪的认识。每一个词都根据客户的情绪进行颜色编码——红色为坏，绿色为好，这种可视化的方式让员工可以很容易地感受到发展趋势。这种方法不必局限于客户反馈数据，也可以包括社交媒体评论、客户访谈中的客户原话、定性研究的视频和图片，以及客户之声（VoC）中的各种相关内容。

（4）讲述客户故事。丽思卡尔顿酒店的员工每天都会召开一个 15 分钟的会议，由每个人讲述自己在前一天为客户提供的体验。像这样的讲故事例会——无论是每天、每周还是每月，会持续提醒员工关注客户需求和他们在提供优秀客户体验方面起到的作用。

（5）建立一个客户实验室。通过实验室，可以向员工展示客户是谁，以及他们在使用产品和服务时实际的行为是什么样的。一家医疗公司在内部建立了沉浸式的客户体验实验室，并将客户旅程地图纳入沉浸式体验室，让数千名员工接触到客户的真实旅程——在那里，员工可以接听客户服务代表的热线电话，并从客户的角度体验客户的体验，如图 14-8 所示。此外，这家公司还将客户体验的现状与公司计划建立的未来体验进行对比，呈现给参观实验室的员工。

图14-8　通过客户实验室感受客户

（图片来源：Five Prime Therapeutics）

（6）让员工参与客户研究分析。很多情

况下，是由研究人员直接将研究结果告诉给员工，这样会损耗很多对客户经历的亲身感受。因此，负责客户研究的团队和机构可以在条件允许的情况下，邀请更多的员工参与分析过程，以提高他们的客户同理心和理解力。为了有效地做到这一点，研究团队可以将原始数据初步整理到员工能够消化和理解的框架和水平，然后与他们一起进一步分析它，并共同创建客户旅程地图、分析图表等可交付成果。这样员工可以获得更深的同理心和客户洞察，并且对研究结果的归属感和认同感会更强。

## 2. 让员工融入客户的世界

研究报告、数据仪表盘等二手客户洞察材料对提升员工同理心的程度是有限的，为了将同理心建设推进到更高层次，可以组织开展让员工与客户面对面的活动，这样他们就可以直接了解客户的情况、需求和期望。

（1）收听客户服务电话。亚马逊、富达投资、通用汽车等很多公司都发现，收听客户服务电话有助于建立客户的同情心。美国电信运营商 T-mobile 的首席执行官约翰·莱格尔（John Legere）在成为首席执行官后不久就说，"每天晚上我都会拨打一个观察号码，我可以听到双方的通话。我会倒上一杯酒，然后坐着听上几小时。我会听到所发生的一切，了解到需要知道的一切。我现在还在这样做，效果非常好。"对他来说，倾听也不仅仅是关于同理心，这对于发现员工告诉他的话和客户所说的话之间的差异也至关重要，这些差距可能预示着一个更深层次的同理心问题。

（2）组织客户倾听访谈和焦点小组。为了让管理层了解最重要的客户体验问题，并推动他们采取行动，能源公司 E.ON 的客户体验负责人组织了一系列的客户聆听会议，客户谈论他们与 E.ON 的各种互动，其中一位老人讲述了一个关于账单问题的故事——E.ON 自动从她的银行账户中扣除了一大笔钱，让她没办法支付房租、购买食物和给孙子的圣诞礼物。在参加完这些客户访谈会议后，管理层在讨论客户体验问题及其解决方案时，有了一种新的感受。

（3）加入一线为客户提供服务。在假日旅游旺季，捷蓝航空公司会派出办公室的员工到机场为旅客提供服务，这种做法有两个目的：一是可以缓解客户的排队和等待时间，处理可能发生的短期客流涌入；二是可以帮助平时不直接与客户互动的办公室工作人员，对客户为了到达预期目的地所经历的事情产生更大的同理心。亚马逊也采取了类似的方法，要求高管花时间通过呼叫中心倾听和回答客户的问题。

### 3. 将同理心建设融入业务流程

接触和沉浸式的努力对提高员工的客户同理心大有帮助，但更关键的是在做具体业务决策和体验设计时要充分激活和融入这种客户同理心，否则这些努力将是徒劳的。为了做好同理心的临门一脚工作，可以采取以下措施。

（1）组织建立同理心的热身练习。在进行客户分析或体验设计活动之前，可以让参与者分享个人经历过的客户服务故事，不论是好的还是坏的，并且可以大声朗读客户投诉时的原话。软件公司 Sage 会首先向参与者发送"培育邮件（Nurture email）"，其中就包括旨在建立客户同理心的内容：客户研究结果和统计数据、营销漏斗指标、预先录制的客户服务电话录音文件链接，以及来自客户的电子邮件等。如果时间允许，甚至会进行小规模客户调查，并在会议开始时与参与者分享调查结果，作为建立同理心的另一种手段。

（2）在关于客户和体验的讨论时会指派一位客户担任"同理心代表"。亚马逊对客户服务的痴迷不是偶然发生的，其 CEO 杰夫·贝佐斯从一开始就努力给员工灌输亚马逊的以客户为中心的文化。他使用的一种方法是带着一把空椅子去参加会议，并告诉高管们想象一下，空椅子上坐的是"房间里最重要的人"——一位客户。在会议期间，这把充当客户的空椅子会在视觉上提醒与会人员，将客户纳入决策，并始终确保客户的需求得到考虑。

（3）将员工转变为客户的替身。为了改善健康索赔处理工具的设计，一家健康保险公司让高管和利益相关者在设计工作坊中假扮成客户，给每个人分配了一个角色，包括首席执行官，并让他们穿上适合每个角色的外套。在他们穿外套的时候，他们必须用所扮演角色的口吻说话，从角色的视角观察问题。虽然穿外套的行为看起来无关紧要，但它是触发从员工到客户心理转变的关键。

（4）创建一个同理心地图。在开展客户旅程地图绘制活动之前，体验设计机构 Mad*Pow 会让参与者创建一张客户同理心地图。在墙上挂着大幅绘图纸，每张纸的中间都写着一位客户的名字。然后，参与者需要写下他们认为这位客户身处特定场景时所思考的内容、听到的内容、感觉的内容、询问的内容等。通过做这个练习，参与者建立了一个客户同理心基础，并在绘制客户旅程地图时，脑海中始终能保持目标客户的形象和思维。

## 14.5　建立对员工的同理心

出色的客户体验来自于出色的员工体验，企业要像管理客户体验一样有意识地管理员工体验。如果一个人觉得没有被别人关心，那么就不能指望他们会去关心别人。同样，如果想让员工提升对客户的同理心，则企业也必须注重提升对员工的同理心。

首先，要对同事和所有利益相关者都具备同理心。企业里的大多数员工都想要为客户做正确和有意义的事情，但他们通常是在缺乏理解、错误的政策，以及错位的激励环境中工作，这些最终都会阻碍他们去站在客户的角度思考和开展工作。作为客户体验的专业人员或者企业的管理者，不能从最坏的情况开始建立员工的客户同理心。相反，应该从员工本身是希望为客户尽最大努力的角度开始，并在此基础上为他们提供进一步的指导和洞察支持，不能假设员工从一开始就天然地理解客户同理心的重要性。客户体验专业人员和管理者需要找到一种恰当的方法，来介绍客户同理心这个概念的内涵、为什么它很重要，以及如何提升自身的客户同理心。

其次，建立客户同理心要从自己开始。作为一名客户体验专业人员，或者企业管理者，在推动每一个员工建立客户同理心时，也必须以身作则，从自己开始建立同理心。如果有一个即将开展或正在进行中的客户体验项目，则可以尝试将建立同理心的策略、方法和联系应用到实际工作中，开始分享已有的客户洞察和发现——不仅仅是与参与项目的成员分享，而是与所有的利益相关方分享。此外，应寻找机会让员工沉浸客户的世界，在安排这些沉浸式工作机会时，不仅应包括核心团队，还应包括更广泛的参与产品设计和开发的利益相关者、团队领导者和员工。

# 第四部分

# 客户体验的
# 技术赋能

本部分主要介绍数字技术如何改变客户体验，如何根据运营模式构建客户体验技术架构，包括基本方法、步骤、原则及关键挑战，并提出了评估各种客户体验技术的基本模型和最佳切入点。

# 第 15 章

# 技术赋能：

## 正在改变客户体验及其
## 交付模式的数字技术

---

**本章概要**

　　数字技术正在深刻改变着客户体验，以及企业提供客户体验的方式。企业要想交付真正出色的客户体验，必须拥抱和采纳各种快速发展的新兴数字技术。本章首先阐述技术对客户体验的影响，以及目前企业在数字技术方面的应用情况；然后重点对客户体验技术（CX Technology）和客户体验工程（CX Engineering）进行定义，划分客户体验技术的类型，这些是后续章节进行详细阐述的基础。

## 15.1 技术正在重新定义体验

由于体验本质上具有实时、个性化的特性，因此其要在商业上实现体验的大规模供应，必须借助技术，尤其是数字技术，它是体验的基石。数字技术至少在两个重要的方面，对体验起着必不可少、至关重要的作用。

### 1. 技术对客户的交互方式的影响

客户体验来自与客户的交互，而技术正在改变着客户与企业、产品、渠道及客户之间的交互方式，越来越多的客户也更偏好数字化的交互方式，如图15-1所示，尤其是年轻群体的偏好更加明显，而移动互联网时代出生的人更是具备与生俱来的数字化基因。

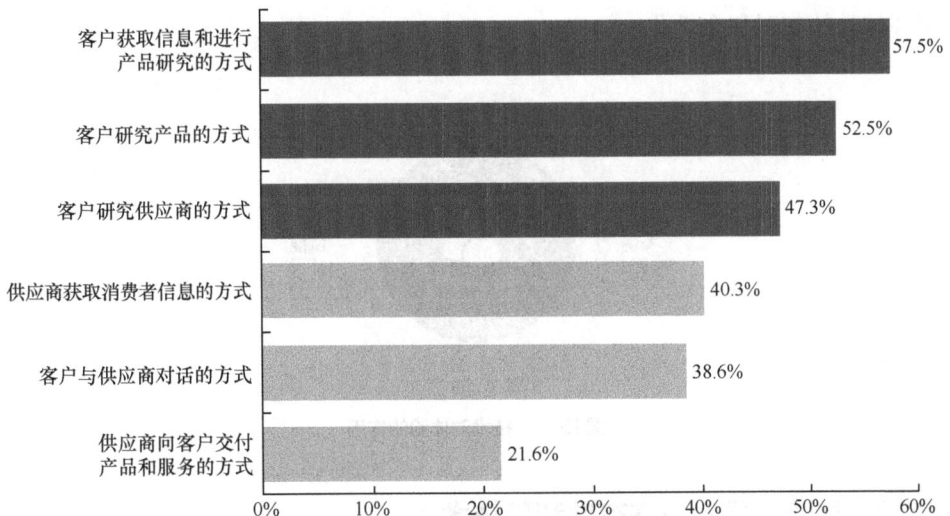

**图15-1　技术对客户的交互方式的影响**

（数据来源：《IDC：客户体验技术与产业展望》）

对数字技术交互方式的偏好，也不断提高了客户的预期，并拉平了各个行业的差距，促进着跨行业的比较和竞争，从而进一步激发企业和组织对新技术、新交互方式的探索和应用。

### 2. 技术对企业的体验运营模式的影响

与标准化的产品和服务不同，体验是一种实时、个性化的感知，所以企业在研究、设计、开发和提供体验的方法和模式上也必须相应做出改变。为了提高实时性、个性化，企业必须借助于数字技术来提升企业的效率，利用技术提升自动化、一体化和智能水平，从而改变原来在产品时代的分阶段、分职能的运营模式。

数字化体验技术的作用主要体现在两个方面。一是实现，二是赋能，如图15-2所示。实现是利用数字技术，开发和交付具体的数字化交互，例如，目前最常见的图文交互、AR/VR 交互、语音交互等，这些数字化交互都需要相应的数字技术来实现。赋能则是企业利用数字技术，构建自己在体验管理方面的能力，利用数字化工具和平台，将企业的资产、流程、方法数字化，进行企业的数字化运营，提高企业的运营效率，降低成本，同时利用大数据和人工智能，实现体验的实时和个性化。

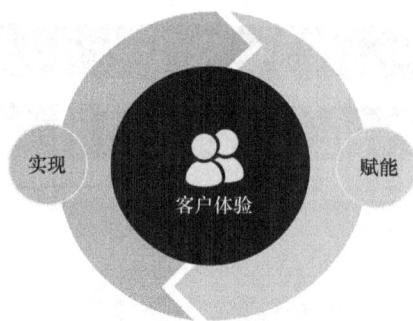

图15-2　技术对体验的作用

## 15.2　体验领导者正在有效利用技术

客户体验虽然非常重要，但是即使在全球范围内，绝大多数企业和组织仍然在为将这一概念上的方法转变为现实中的成功模式而努力。而那些已经从体验中获得收益的体验领导者，都在积极地利用技术来改变自身的运营模式，建立相应的体验能力，并从中受益。

Adobe 和研究机构 Econsultancy 每年对全球企业的数字化状况进行调查和研究，并发布《数字化趋势报告》。在 2019 年的报告中，对全球超过 12 500 名营销、创意、技术人员的调查显示：那些成功的企业，在整合营销和客户体验相关技术的基础上，提供了一流的客户体验，并从中获得了远超一般水平的收益。

（1）在客户体验领导者中，达成年度商业目标的企业的比例是其他企业的 3 倍，如图 15-3 所示。

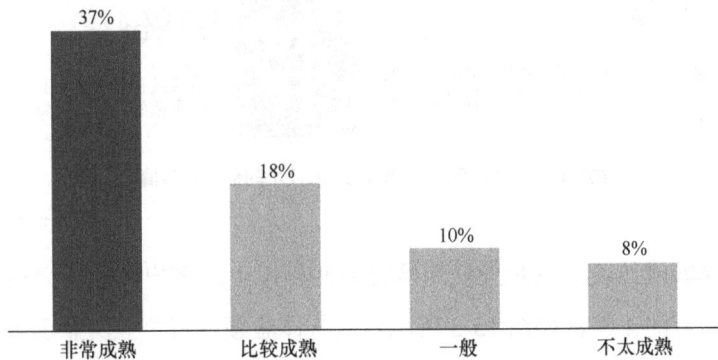

**图15-3　达成2018年度商业目标的比例（按客户体验成熟度分类）**

（数据来源：Adobe）

（2）在客户体验领导者中，拥有集成式云端技术的企业的比例是其他企业的 4.5 倍。

（3）以数字优先的企业超越其年度商业目标的比例比其他企业高出 64%。

（4）在被访问的企业技术人员中，2019 年的首选优先事项是"通过新技术为客户提供更好的体验"。

另外，2019 年 Oracle 与研究机构 ESG 合作开展了一项关于企业使用新兴技术的专题研究，对 477 位来自客户体验高级职位的人员进行了调查，研究分析企业在人工智能、虚拟和增强现实、智能语音助理和物联网等新兴技术领域的应用情况。企业使用客户体验新兴技术的数量分布情况如图 15-4 所示。

在被调查的企业中，目前有 2/3 的企业在生产中使用至少一种新兴技术用于客户体验，超过 2/5 的企业使用多种技术。

| | |
|---|---|
| **66%**<br>企业表示为了提升 CX 至少使用了一项新兴技术 | **82%**<br>企业表示如果不在产品中增加语音交互技术将导致市场份额流失 |
| **86%**<br>客户体验领导者表示未来 5 年将利用 AI、机器学习来提供定制化的产品和服务 | **9/10**<br>企业表示，在未来 5 年，将更多地从连接型终端获取客户偏好数据 |
| **84%**<br>客户体验专家表示，在未来5年，基于虚拟现实的体验将变得比实体体验更加重要 | **51%**<br>企业会使用物联网数据来获得更好的客户需求偏好和行为洞察 |

**图15-4 企业使用客户体验新兴技术的数量分布情况**

（数据来源：Oracle）

客户体验成熟度高的企业使用两种或两种以上的客户体验新兴技术的可能性是新兴领域的 4 倍，如图 15-5 所示。这些体验领导者企业愿意更多地使用客户体验技术的原因有 3 个。

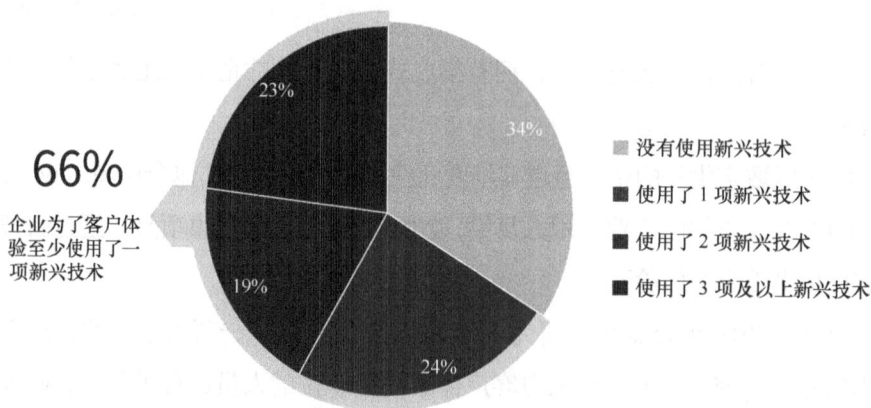

**66%**

企业为了客户体验至少使用了一项新兴技术

- 没有使用新兴技术
- 使用了 1 项新兴技术
- 使用了 2 项新兴技术
- 使用了 3 项及以上新兴技术

23% 34% 19% 24%

**图15-5 使用客户体验新兴技术的企业数量（按客户体验成熟度分类）**

（数据来源：Oracle）

（1）新兴技术可以帮助企业交付他们预期客户在未来可能需要的功能和体验。

（2）这些技术可以帮助企业实现他们认为客户希望的创新、差异化和独特性。

（3）数据显示新兴技术的使用正在帮助有远见的企业在客户体验和商业绩效指标上胜过同类企业。

部署新兴技术来改善客户体验时需要面临很多挑战，但是，这些挑战被显著的客户体验改善所获得的收益抵消，其中包括以下几方面的成效：

（1）提供更好、更差异化的客户体验；

（2）减少客户完成任务的时间；

（3）能提供对客户需求、偏好和行为的更好洞察；

（4）开发和提供新的、独特的产品和服务。

这些对客户的积极影响通常会提高客户忠诚度和再次购买的可能性。Oracle的研究也表明，随着用于客户体验新兴技术数量的增加，实现改进的客户体验指标的可能性也在增加，在使用了两项及以上新兴技术用于客户体验改善的企业中：73% 达到或超过了客户满意度目标；90% 达到或超过了客户留存目标；95% 维持和增加了市场份额。

## 15.3 什么是客户体验技术

技术对于体验至关重要，而且已经被少数体验领导者证明可以有效改善客户体验，并获得实际的商业回报。但今天的技术正在以爆发式的速度增长，其中到底哪些属于客户体验技术，具体以哪些形式存在？回答这些问题需要首先对客户体验技术进行明确的定义，对其内涵和范围进行界定。

> 客户体验技术（Customer Experience Technology）：是企业和组织在一定场景中，用来协助和实现与客户的交互，并同时为体验运营模式与能力提供支持的各种技术的集合。通常也被称为体验技术、体验科技，或客户体验技术栈。

——客户体验 101

但技术只是一种原始的知识和方法，要将它应用到具体的企业运营中，还需要在此基础上，结合企业的模式和业务特点，进行转化、集成、部署和应用，这个过程就是客户体验技术工程化的过程。在这个过程中，会涉及大量的技术集成，为了保证整个过程的高效，还需要进行持续的治理工作。

客户体验工程（Customer Experience Engineering）：根据企业和组织的运营模式和业务特点，将具体的客户体验技术进行转化、部署和应用的过程。

——客户体验 101

## 15.4　客户体验技术的类型

客户体验技术的发展日新月异，数量和种类在不断快速增加，为了方便从不同的维度进行分析、选择和应用，下面分别从不同的维度对客户体验技术进行分类。

### 1. 从作用维度分类

从这一维度可以将客户体验技术分为客户体验实现类技术和客户体验赋能类技术。

（1）客户体验实现类技术

这类技术主要用于支持和实现与客户的具体交互，尤其是数字类交互，具体的技术类别包括（但不限于）：前端技术、沉浸技术、生物识别技术、语音交互技术、眼动追踪技术、人机接口技术、人工智能技术等。

（2）客户体验赋能类技术

这类技术主要用于支撑企业体验模式和能力的构建，支持员工实际的具体工作，按照体验的运营模式和能力框架，客户体验赋能技术的类别包括：研究与洞察类、设计与创新类、客户旅程管理类、体验交付类（营销类、服务类、电商类）、测量与分析类等。

## 2. 从技术提供方的维度分类

从这一维度可以将客户体验技术分为第一方技术、第二方技术和第三方技术。

（1）第一方技术

这类技术指属于企业自有开发，拥有所有权和使用权的技术。企业对这类技术拥有完全的控制权，可以根据自身的情况进行灵活调整，但是需要投入时间和资源进行开发和部署，相应的成本会提升。

（2）第二方技术

这类技术指企业基于外部来源的技术，根据自身的业务和技术情况，进一步调整和开发形成的技术。与第一方技术相比，企业并不完全拥有这类技术的所有权和控制权，但是它能给企业提供一个快速成型的基础，是在灵活性和控制权之间的一种平衡。

（3）第三方技术

这类技术指企业从其他技术厂商购买和租用的技术，相比第一方技术、第二方技术，其部署和应用的周期更短，短期投入少。缺点是企业对这类技术并不拥有所有权和控制权，不能根据自身情况对其进行灵活调整和二次开发，只能依赖于原始技术提供方。

企业采用第一方技术、第二方技术还是第三方技术并不存在绝对的准则，需要根据实际的业务发展阶段、自身的技术能力、预算来综合选择。

## 3. 从工程化程度维度分类

从这一维度可以将客户体验技术分为能力级技术、工具类技术、平台类技术，这3类技术的工程化程度依次增加，一体化程度也依次提升。

（1）能力级技术

这类技术的工程化程度最低，是技术的最底层工程化，最常见的存在形式是API（应用程序接口），这类技术不能被员工直接使用，而是在系统底层之间进行对接和调用。

（2）工具类技术

这类技术利用技术组合对某一种体验专业方法进行工程化，对输入输出物和操作流程进行固化，常见的表现形式是某种软件或者 SaaS 平台，员工可以进行操作使用。

（3）平台类技术

这类技术进一步结合运营模式，利用技术对专业方法、业务流程进行工程化和固化，往往会集成多种技术和工具，员工可以直接使用，并且会涉及多种使用角色。

第 16 章

# 客户体验技术栈：

## 如何构建数字化客户体验
## 技术架构

---

**本章概要**

　　当下的数字技术已经非常复杂，而且还在快
速发展中，如何建立与体验运营模式相匹配的客
户体验技术架构，是企业快速交付出色体验的关
键。本章分析目前在建立客户体验技术架构中面
临的问题和挑战，重点介绍构建客户体验技术架
构的基本原则、主要步骤，以及对技术架构进行
评估的维度和框架。

## 16.1 构建数字化客户体验技术架构

在数字化赋能的客户时代，要建立高效的体验运营模式，必须依赖于数字化客户体验技术的支持。构建与运营模式相匹配的技术架构，是企业在体验经济时代获得持续竞争优势的关键。

客户体验技术架构（Customer Experience Technology Framework）是一个描述企业所采用的客户体验技术、各自的职能，以及各种技术之间相互关系的蓝图。它是数字化体验运营模式的技术底座，并且是一个通用的、可复用的软硬件技术环境，提供了企业在构建和部署客户体验应用方面的标准方法。

客户体验技术架构的组成要素一般包括总体愿景、建设目标、建设计划、工具集 / 链、技术接口，以及基础代码库等，可以将所有不同的组件集合在一起以进行客户体验计划或系统的开发，从而一方面支持客户体验的实现，另一方面赋能企业构建各项客户体验能力的构建，支持客户体验运营模式的运作，如图 16-1 所示。

由于每个企业组织、业务和战略的不同，因此并不存在一个普遍适用的客户体验技术框架。每个企业需要结合自身的情况，以及数字化体验运营总体模式，对客户体验技术架构的各项要素进行界定，制定出符合自身特点的客户体验技术框架，并根据情况不断进行优化和调整。

## 16.2 构建客户体验技术架构的挑战

"我们已经被数字技术淹没了！"

这是一个企业在开始考虑构建自身的客户体验技术架构时，都会产生的一种强烈感受——如此之多的技术需要去了解、分析、评价和选择。塑造一个能支持客户体验的技术架构，这从客户体验技术出现以来就一直是挑战。在构建自身的客户体验技术架构时，必须要面对的现实是：客户体验技术越来越复杂，而且这种趋势还在加速；技术能降低运营成本，在带来效率和收益的同时，也会带来投资和成本，以及复杂性。

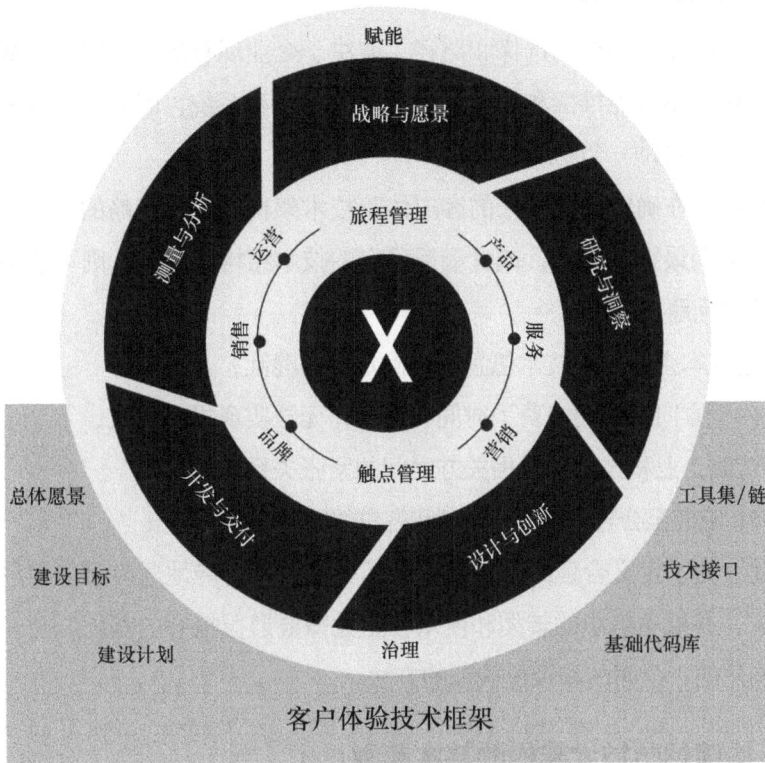

图16-1　客户体验技术架构的一般模式

### 1. 太多的选择和评估维度

整个客户体验技术生态在不断迅速发展，现在比以往任何时候都有更多的技术维度需要考虑，并且对于每一个维度，都有许多可供评估和选择的备选项，每一个备选项还在不断变化和演进。

### 2. 缺乏可参照和借鉴的对象

由于客户体验及其技术架构被认为是一个重要的竞争优势，因此很难了解到其他企业在该领域是怎么做的，从而导致通常没有可以借鉴或映射的对象，在这种情况下作出决定往往会给后续留下更多的不确定性。

### 3. 很难回避的技术路径依赖

客户体验技术架构的选择和路径，取决于企业现有的技术架构和继承的遗留系统，企业不可能推翻和摒弃原来所有的技术和系统，因此确定未来架构转型路径很容易成为一个复杂的难题。

一个企业在确定面向未来的客户体验技术架构和过渡策略的过程中，如果不能始终面向最终的目的，或者最后确定的技术结构不合理，则可能会迅速导致以下这些问题：

- 造成本企业未来技术愿景的不确定性和混乱；
- 由于方向错误而浪费了时间和资金，无法实现投资回报；
- 造成企业和技术利益相关方之间的紧张关系。

最终，它甚至会导致客户不满意和客户体验的倒退。

因此，为了定义合理的客户体验技术架构，尽可能地适应最佳客户体验的商业需求，并推动组织的转型和变革，企业需要遵循核心的基础原则，并运用一种结构化的、全面的和经过验证的方法。

## 16.3 构建体验技术架构的基本原则

*专注于客户与愿景，而不是技术！*

为了突破所面临的各项挑战，在制定客户体验技术架构时，建议企业在每个阶段的研究和决策过程中，始终遵循以下几项基本原则。

### 1. 始终贯穿以客户为中心

以客户作为问题思考的起点和终点，而不是技术或者其他的什么原因。为什么要采用客户体验技术？采用哪些客户体验技术？如何实现？最终要达到什么目的？这些问题都以客户为出发点，以实现客户体验的提升为目的。在制定客户体验技术架构的过程中，也需要将客户纳入评估和决策因素。

### 2. 任何时候都不单独考虑技术

不要单独考虑技术，一定要结合客户、业务、人员、流程、模式来综合考虑。一项技术、一个技术架构必须有配套的流程，有掌握了相应方法和技能的人员，甚至是需要整体运营模式的改变，才能真正运转起来，并最终实现客户和商业目标。

### 3. 不存在普遍适用的解决方案和供应商

客户体验技术行业涉及的技术和业务领域非常广泛和复杂，包括云、大数据、分析、前端开发、移动应用、团队协作、流程、人力资源等各个方面。没有一个平台或者厂商能够完成所有的事情，也不存在一个能解决所有问题的解决方案。即使有，为了保证未来的可扩展性，也不适合只采用一家或者某一类技术服务机构。

### 4. 敏捷和持续迭代

敏捷和迭代的工作方式，目前以及未来都将贯穿于体验运营模式的每一个层面和环节，包括研究和洞察、设计、开发和交付。所以，整体的客户体验技术架构及所选择的技术，都必须能够以敏捷的方式部署和应用，并能支持每个环节的敏捷工作模式。

## 16.4 构建体验技术架构的基本步骤

在具体制定客户体验技术架构时，需要一种简洁有力、结构化的、高效的方法，以促进形成其最优的技术架构，并明确实现该技术架构的详细路径。构建客户体验技术架构通常包括以下步骤，如图16-2所示。

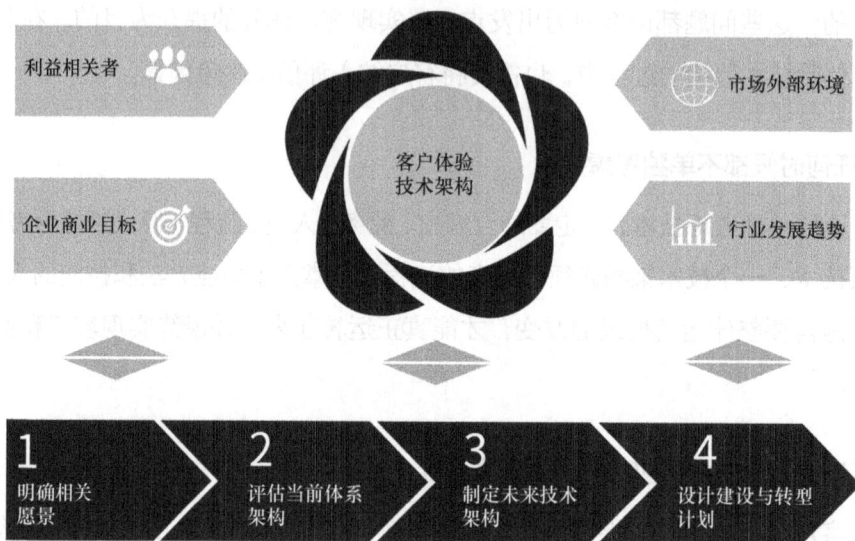

图16-2　客户体验技术架构的构建步骤

### 1. 明确相关愿景

在这一阶段，首先需要定义所在企业客户体验技术的具体范围。客户体验技术非常广泛，而且与其他领域存在交叉，需要明确划分客户体验技术在所在企业和组织的范围，并确定关键的业务和技术利益相关者，收集关于当前技术架构的初步信息。通过与利益相关方进行专门访谈，达成在客户体验技术架构上的共同愿景，主要是确定业务和技术挑战、目标和成功因素。

### 2. 评估当前体系结构

在明确现状和总体的愿景之后，检视现有与客户体验技术相关的业务流程、应用程序和环境。收集各方的需求和约束条件，并根据客户体验技术架构维度进行全面评估，同时利用相关的探索和评估工具，参考同行业类的基准线。最后将评估的总体结果形成评估报告，并与主要利益相关方进行沟通和确认。

### 3. 制定未来技术架构

在全面评估之后，根据客户体验技术体系结构框架维度，定义符合未来期望状态的技术架构和能力，并明确与当前基线能力相比存在的差距。针对未来的业务、体验目标和技术要求，设计和评估目标技术架构的各个选项，并选择最合适的选项。最后形成总体的技术架构蓝图，并与关键的利益相关者进行评审和确认。

### 4. 设计建设与转型计划

在最后阶段，根据未来状态的技术架构蓝图，利用自身的经验和行业基准数据，在较高层面对技术成本和投入进行评估，并导出从当前状态向未来技术架构转型的路线图。

## 16.5 客户体验技术的评估框架

不论是在初期制定总体客户体验技术架构的阶段，还是在具体的构建阶段，都需要对具体的客户体验技术进行评估，这些专业性的评估都需要基于相关的维度和目标。

当具体到某一项业务和技术时，它们往往都存在不同程度的差异性，所以其评估维度和目标也不尽相同。但是对总体客户体验技术架构和具体的技术，仍然存在着一些基础性的评估维度和目标，可以应用到总体架构合理性评估以及技术栈的初步筛选中，总体基础性评估维度包括以下 3 项，如图 16-3 所示。

### 1. 成熟度

成熟度表示该项客户体验技术当前在市场上的渗透情况和增长潜力，可以用来评估一种具体的客户体验技术或者某一类技术，也可以评估更加综合的某种技术架构，在这个维度上可以根据以下指标来判断其程度：

- 每年市场上出现的该类技术供应商的数量；
- 新供应商占总体供应商数量的比例；
- 供应商合并情况；
- 功能的稳定性和一致性；

- 新功能的创新情况;

- 企业采用的比例。

成熟度越高,企业和组织采用该技术所面临的不确定性就越低,相应的风险也越低;成熟度越低则风险越高,失败的可能性也会增加。

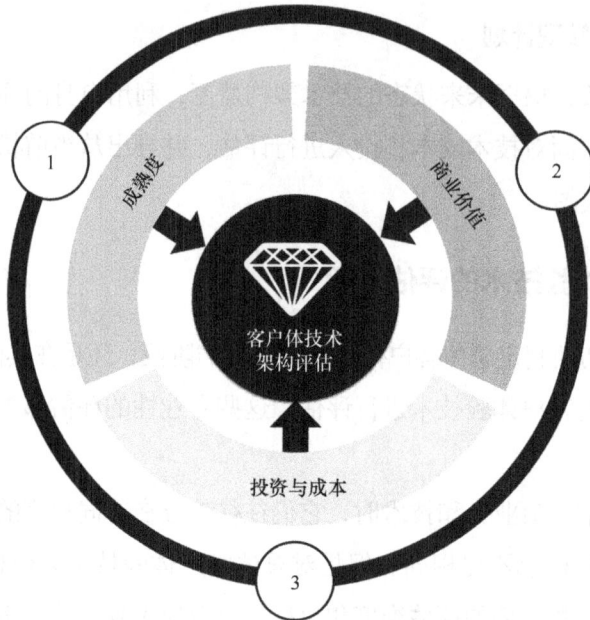

**图16-3 客户体验技术架构评估维度**

## 2. 商业价值

商业价值表示该项客户体验技术对企业的业务流程、投资回报(ROI),以及客户体验的改进,可以根据以下标准评估每种技术的商业价值:

- 流程改进,如更快的交付速度或更顺畅的协作;

- 体验改进,对提供正确和高质量的客户体验所起到的积极影响;

- 驱动增长,包括促进获取和保持客户,以及提升业务收入。

商业价值越高,企业从这项技术中获得的直接和间接收益就越高,表明该技术越值得投资。

### 3. 投资与成本

这里指采用该技术的全生命周期成本，包括企业和组织需要进行的初期投资，运营阶段的租用、维护费用，以及配套的人员等资源投入。投资和成本越高，企业付出的就越多，对 ROI 的影响就越大。

综合 3 项指标，最理想的情况是该项客户体验技术的商业价值高、投资和成本低、成熟度高；最差的情况是商业价值低、投资成本高、成熟度低。

# 第 17 章

# 数字化工具与平台：

## 快速构建体验能力和赋能体系

---

**本章概要**

　　在构建了总体的客户体验技术架构之后，从哪里开始具体的建设？用什么样的方式开始建设？这是首先要回答的问题。本章分析利用数字化工具和平台建设客户体验技术架构的好处，并对目前市面上存在的客户体验工具和平台进行了分类。

## 17.1　客户体验技术：从哪里开始

制定了明确的客户体验技术架构，企业就有了一份技术蓝图。但是在将这份蓝图变成现实的时候，从哪里开始是最合适的？如果企业还没有太大的愿景，只是碰到了一个很棘手的体验问题想利用技术去解决，那么最快的解决方式是什么？也就是说，不管有没有远大的计划，关于客户体验技术，通常最快的见效方式是什么？

答案就是——从采用第三方的客户体验工具和平台开始。

成熟度、商业价值、投资和成本是在选择客户体验技术时最基础的3个维度。相比其他类型的客户体验技术（如自行开发、API技术等），第三方数字化体验工具和平台在这个基础维度上，通常更具备以下优势。

（1）在成熟度上，第三方数字化工具和平台的工程化程度更高，往往是厂商基于以往的专业理念、经验和数据，对方法和流程进行固化而形成的，相比自身开发或者原始的技术，成熟度更高。

（2）在商业价值上，经过检验的工具和平台对方法和流程上的改善会更明显。如果是一个业务流程并不规范的企业，工具和平台是快速改造运营模式和流程、显著实现商业价值提升的途径。

（3）在投资和成本上，第三方的工具和平台不需要企业再次投入巨额的研发成本进行研发，往往采用租用或者私有化部署的方式，初步的投资非常少，主要成本是后期的租用和维护费用，因此总体的投资和成本会减少，而且是分散的。

总的来说，如果企业不具备较强的技术开发能力，没有充足的资源和时间进行研发，又想在比较短的时间内部署、应用和验证客户体验技术，那么第三方工具和平台通常是最好的尝试方式，尤其是数字化工具和平台，其部署和调整更加灵活。

当然，以上所说的优势也并非绝对，在采用第三方数字化体验工具和平台时，也要注意防范以下风险和陷阱。

（1）当自身的业务流程非常独特，并不适合常用的业务流程时，不适合强行套用现有的工具和平台。

（2）当供应商的经验和实力较弱时，所提供平台的成熟度并不一定能得到很好的保障，而且会出现中途倒闭的情况。

（3）从长远来看，可能会出现工具和平台跟不上企业发展而不再适用的情况，而平台厂商又不愿意为了小部分客户再次投入。

虽然有以上的问题存在，但是对于很多技术实力不强、资金和时间不足的企业来说，采用第三方体验工具和平台，是快速搭建客户体验技术架构、提升效率、优化体验，甚至是进行数字化转型的重点考虑方向。

## 17.2 数字化体验工具与平台的类型

目前在欧美国家，由于对数字技术和运营模式的重要性认识较早，数字化基础设施较完善，因此市场上充满着各种类型的数字化体验工具和平台，且新的工具和平台还在不断涌现。中国目前第三方的工具和平台还不是很多，但随着海外供应商的进入，以及国内对 ToB 领域的重视和投入，估计各类工具和平台将会出现快速增长。

根据这些工具和平台在体验运营模式中所支持的模块，可以将其分为以下主要类型：

- 研究与洞察类；
- 设计与创新类；
- 开发与交付类；
- 测量与分析类；
- 客户旅程管理类。

有些工具和平台同时具备了支持多个模块的能力，这些工具和平台属于集成程度更高的综合性平台，可以进一步将其分为以下两个领域。

- 客户体验云平台；
- 数字化体验平台。

对于客户体验云平台（CX Cloud）与数字化体验平台（DXP）的差异，可以从平台覆盖企业运营层面来区分。

如果把一个企业的运营体系划分为前端、中台和后端，那么客户体验云平台主要是支撑企业在前端和中台层面的运营，而且覆盖多个运营模块。

而数字化体验平台则侧重于中台和后端，很多也会提供前端功能，但相对来说不占主流。总体来说，数字化体验平台更为庞大和广泛，几乎可以支持企业所有层面和所有领域的工作。

# 第五部分

# 客户体验的组织赋能

本部分主要介绍企业如何在组织层面进行建设，以支撑体验的运营模式，包括客户体验团队和客户体验卓越中心的构建，客户体验相关核心岗位的设置及其职责、工作内容和技能要求。

# 第 18 章

# 组织赋能：

## 建立专业的赋能型
## 客户体验团队

---

**本章概要**

　　企业要想提供最出色的客户体验，需要两个
最核心的基础投入：人和钱，即需要建立专业的
客户体验团队并投入相应的资源。本章首先简要
介绍设立客户体验团队的作用；其次重点阐述客
户体验团队的主要职责、常见岗位、所需的专业
技能，以及客户体验团队的汇报模式；最后分析
客户体验团队的现状和趋势，以及客户体验团队
需要面临的常见挑战。

## 18.1 为什么需要设立客户体验团队

在建立客户体验专业团队时，经常需要回答的两个问题是，已经有了用户体验团队，为什么还需要另外再成立客户体验团队？如果客户体验是所有人的事情，那么为什么还需要一个专门的客户体验团队？以下是对这两个问题的回答，也是建立客户体验团队的原因。

### 1. 构建新的专业能力

企业要想提供出色的客户体验，就必须转变运营模式，并需要构建新的专业能力，包括制定体验愿景和战略的能力、客户旅程管理能力、研究与洞察能力、体验设计能力、体验交付能力、体验测量能力等。企业往往在一定程度上具备了其中的一些能力，如研究能力、体验设计能力（已经拥有用户体验团队）等，但还有很多新的能力需要去构建，现有的很多能力也需要进一步提升，如果这些需要继续提升和重新构建的专业能力很多，那么为此组建专业的客户体验团队就是必要的了。

### 2. 协同不同职能部门

阻碍企业提供出色客户体验的最大障碍，就是各种组织孤岛、数据孤岛和流程孤岛，要实现客户体验的提升和转型，必须将这些孤岛连接起来，实现组织、流程和数据上的协同。但目前已有的职能部门往往由于自身所处的位置和关键绩效指标而不愿意承担这些协同的工作，因此，一个相对中立的客户体验团队是承担这些协同和连通工作的合适选择。

### 3. 提供体验专业赋能

要为技术赋能的消费者提供出色的客户体验，企业必须为员工提供技术、文化和技能等方面的赋能，才能更加高效、敏捷地为客户提供实时、个性化的体验。这些赋能性质的工作，也是专业客户体验团队发挥乘法作用的领域：通过与技术部门的合作引入数字技术、工具和平台，实现对员工的技术赋能；通过建立以客户为中心的文化，统一各领域的客户视角；通过组织专业系统的培训，让员工掌握必需的体验专业知识和方法。

### 4. 推动整体体验转型计划

当企业将客户体验真正纳入战略范畴，不再满足于对客户体验进行基于现状的缝缝补补，并下定决心设计和启动客户体验转型时，这将是一项涉及全公司各个部门、各个领域的工程，对于这个级别的变革项目，往往需要一个专职的团队支持管理层管理和推进工程，专业的客户体验团队是第一选择。

虽然列出了各种理由，但是到底需不需要组建专业的客户体验团队，每个企业需要结合自身的规模、资源、工作模式来决定。如果是一家中小企业，并且已经具备非常灵活敏捷的工作模式，则一个虚拟的项目组也是可行的。

## 18.2 客户体验团队的职责与岗位

建立客户体验团队首先需要明确团队的职责是什么，主要的工作内容是什么，并根据职责设置相应的岗位。这些看起来很简单，但是对于大多数企业来说，要建立这样一个新的专业团队是有挑战性的，因为公司通常缺乏资金或不想增加员工人数。所以，往往要结合企业的实际情况来确定客户体验团队最主要的工作职责和内容，一般情况下客户体验团队的主要职责和岗位主要包括以下方面。

### 1. 客户体验团队的主要职责

客户体验团队负责体验领域的关键基础工作，以确保企业所提供的体验能够解决客户的问题并满足客户的需求。总体来说，客户体验团队负责的关键工作职责包括三大类型：第一类是体验专业性的工作职责，第二类是赋能型工作职责，第三类是治理型工作职责。

（1）专业性工作职责

这类工作是客户体验团队需要利用自身领域的专业方法、工具去完成的工作，并向其他团队或部门交付输出物。这类工作职责主要包括：

- 制定体验愿景和战略以实现预期的客户体验；

- 开发、实施管理工具和流程以洞察客户；

- 绘制客户旅程地图以支持客户洞察和体验设计；

- 收集、整理和分析客户反馈和体验数据；

- 设计体验测量指标并确保这些指标与业务成果相关联；

- 与客户共同创造和设计新的体验。

（2）赋能型工作职责

这类工作主要是向企业其他团队和部门的工作提供支持，在技术、文化、知识和技能上提供公共性支持。这类工作职责主要包括：

- 在整个企业中分享和传播对客户的分析和洞察；

- 提供方法、工具和指南，以支持体验改进计划并帮助推动变革；

- 负责建立企业的客户之声（VoC）计划并推动其在企业内部的应用；

- 牵头组织内部和外部沟通以推动端到端的客户体验优化；

- 对企业其他团队和部门进行客户体验相关理念、知识和方法的培训；

- 推动企业内部以客户为中心的文化建设和传播。

以上是整个客户体验团队的工作职责范围。客户体验团队的领导者或者负责体验的管理层成员还需要承担以下工作职责：

- 对企业其他团队和部门进行有关客户和体验的培训；

- 将企业的高管和其他部门团结起来，共同围绕在客户周围；

- 确保将客户及对客户的影响嵌入企业所有重要决策和设计中；

- 与人力资源部门合作以确保员工拥有良好的体验，从而为客户带来良好的体验；

- 与首席信息官（CIO）合作确保在企业建立合理可靠的客户体验技术框架、工具和平台。

总之，客户体验团队要保证企业所做的一切都与客户有关，让企业融入并促进以客户为中心的文化。

（3）治理型工作职责

客户体验治理是在客户体验的各项工作实施过程中，对各种客户体验项目、计划、活动进行决策、监督、问责，保证各项工作按照预定的进度、目标和路径开展，推动整体的客户体验朝着企业的愿景迈进。客户体验团队在客户体验治理工作上的主要职责包括：

- 协助成立企业的客户体验治理架构；
- 制定客户体验相关的规范和标准；
- 制定企业的客户体验工作问责体系；
- 对客户体验项目、计划进行监测和检视。

## 2. 客户体验团队的常见岗位

根据客户体验团队的不同类型、不同级别的职责，需要在客户体验团队内进一步设置具体的角色和岗位。以下是常见的客户体验相关的角色和岗位，这些并不是一成不变的，可以根据实际情况进行组合、拆分。

（1）高级别角色和岗位

- 首席体验官（Chief Experience Officer，CXO）；
- 首席客户官（Chief Customer Officer，CCO）；
- 客户副总裁（VP of Customer）；
- 体验副总裁（VP of Experience）；
- 其他类似高层职务，如赞助人（Sponsor）、团队负责人（Team Leader）等。

（2）中层管理角色与岗位

- 客户体验总监（Customer Experience Director）：管理客户体验团队和日常工作；
- 客户之声计划经理（VoC Manager）：设计、建设和推动客户之声体系；
- 客户反馈平台经理（EFM Manager）：负责客户反馈平台的设计、开发和运营管理；

- 客户旅程经理（Journey Manager）：审查、绘制客户旅程地图，协同职能部门和团队。

（3）一线实践角色与岗位

- 客户研究人员：通过开展定性、定量的研究，洞察客户需求、行为和预期；
- 体验分析师（可能与其他团队共享）：运用数据科学进行数据建模、分析、洞察；
- 体验设计师：搭建体验框架，提出设计思路、构想和创意，负责具体交互和视觉定义；
- 变革专家/精益专家（可能与其他团队共享）：制定服务蓝图、路径图，推动改进；
- 客户体验运营人员：确定工具和流程，推动策略落地，调整管理措施，开展内部沟通。

（4）咨询顾问角色与岗位

- 战略顾问：专注于与管理层的对话和互动，协调和统一组织中不同层级的体验工作；
- 客户体验专家：协调员角色，协调跨职能沟通会议、研讨会等；
- 客户咨询委员会经理：开发和维护客户咨询委员会，并与咨询委员会成员互动；
- 传播经理（可能与市场营销部门共享）：就客户与体验相关工作进行内部和外部沟通。

## 3. 客户体验团队职责现状与趋势

客户体验研究机构 Forrester 在 2019 年的一项专项调查表明（以下本章的数据如未明确说明，均为本次调查数据），客户体验团队的工作职责主要是负责制定客户体验战略、创建客户体验测量体系、设定客户体验愿景。超过一半的受访者还表示，他们的团队负责体验设计、推动以客户为中心的文化建设、进行客户研究、运营 VoC 计划，并实施客户体验治理。这些一直以来都是客户体验团队的核心职责，但是也出现了一些不同程度的变化趋势。

（1）客户体验团队负责制定客户体验战略的变化趋势。

这一比例从 2016 年的 84% 下降到 2017 年的 79%，2019 年为 75%。2017年调查的后续访谈表明，当时那些没有选择这一项职责的团队是因为他们已经确定了客户体验战略并开始转型。2019 年的数据虽然有所下降，但也可能是因为很多团队已经制定了体验战略并且不会频繁变动，所以总体来说，制定体验战略依然是客户体验团队的最核心的工作职责。

（2）客户体验团队负责运营体验测量计划的变化趋势。

2017 年的报告表明大多数客户体验团队从测量开始，然后逐步增加更多的工作职责。不过令人惊讶的是，有测量计划的客户体验团队的百分比从 2016 年的 85% 下降到 2019 年的 71%。但这一数据与另外一个发现是一致的，即 2019年 1/4 的被访者认同"缺乏客户体验测量数据"，也就是说由于缺乏数据的有效支持，很多体验测量工作并没有取得成效，导致开展客户体验测量工作的团队比例下降。虽然有些体验测量没有取得预期的效果，但是却加强了企业内部数据驱动的意识，越来越多的人关注和参与到体验测量和洞察中，很多体验测量团队也在继续收集更多类型的数据，他们演变成了新类型的数据分析角色。

（3）客户体验团队负责构建体验愿景的变化趋势。

2017 年，70% 的客户团队负责制定企业的客户体验愿景，并围绕客户体验愿景建立和调整团队成员的基本工作，进行传播并保证品牌与客户体验的统一。体验团队的这些工作有助于确保员工应该如何表现，以及如何设计和改进体验的一致性和清晰度。

总的来看，与 2017 年的调查相比，虽然有些工作职责的比例下降了，但客户体验团队总体的职责项目是在增加的，而且大部分工作职责的承担比例都有所提升。

## 18.3　客户体验团队的技能

随着客户体验团队承担的工作职责越来越多，团队所需要的技能清单也越来越长。客户团队和成员需要具备的技能，总体可以分成两大类：第一类是专业性技能，属于体验领域的专业能力，如体验设计、体验愿景制定等；第二类是通用型技能，这些技能是基础性的，在其他领域也可能会需要。

### 1. 专业性技能

（1）市场研究技能

客户体验团队需要的许多专业技能，都属于市场研究技能的范畴，包括客户研究方法、市场及行业研究方法，以及各种定性定量研究方法，如调查研究和问卷设计、指标设计、统计分析、数据收集方法、分析报告撰写、仪表板设计、样本抽样方法、用户访谈等。

（2）数据分析技能

提供实时、个性化的客户体验越来越依赖于数字化和人工智能技术的发展与应用。目前，客户体验团队很大限度上是企业中数据驱动型的部门，对数据技能的需求也与日俱增。对客户与品牌互动、交易、反馈留下的数据进行收集、分析和洞察，对于客户体验策略的成功至关重要。要发展这些洞察，首先要具备观察、分析和解释能力，以及对数据湖、数据仓库、数据科学、人工智能、自然语言处理，统计基本和高级分析等方法的了解。同时，建立成功的客户体验业务案例和 ROI 建模也属于此技能范围。

目前，客户体验团队最想通过引进数据科学家和分析师来提高分析和洞察水平，从而深入了解客户体验数据的含义。这也反映了一个现实，即客户正在以新的方式与企业进行互动，目前的测量程序还没有很好地捕捉到这一点，理解这些新的行为需要高级的分析技能，以发现更具预见性和可操作的洞察。

（3）设计思维与设计技能

在很多企业，设计是由数字化团队或者用户体验团队负责的，但随着客户体验专业能力的加强，客户体验团队与用户体验团队正在融合，很多大型的客户体验团队也承担了一定程度的设计工作。团队所需的设计技能包括从设计思维，到具体的创意创新、体验设计等。

一个趋势是对综合性技能的需求正在增加。数据的价值越来越大，但是如何利用数据驱动行动一直是一个问题。基于来自各个渠道和触点的数据，利用设计思维来创建解决方案是一个被证明有效的方法，而同时掌握了数据科学和设计思维技能的客户体验专业人员是未来的客户体验团队急需的人才。恩梯梯数据公司（NTT DATA）的客户体验副总裁丽莎·伍德利（Lisa Woodley）说，非常有必要为客户体验团队增加新型的成员，以覆盖数据科学和以人为中心的设计之间的交叉点。

## 2. 通用型技能

（1）解决问题的技能

解决问题的技能包括对问题的分析和批判性思维技能，以及团队建设、协作、沟通、决策和创造力等。这方面的技能还包括评估现状，然后利用掌握的知识提出下一步行动方案或整体的路线图。

（2）变革管理技能

在推动企业的客户体验转型和创新时，变革管理技能非常重要。变革管理技能包括识别重大危机的能力、领导技能、构建未来愿景的能力、沟通技能、分析和计划能力、团队组织和协作能力、影响他人的能力及教育技能。

（3）沟通技巧

对于任何团队来说，沟通能力都是不言自明的能力，但对于客户体验团队来说，沟通能力是至关重要的技能，因为客户体验团队的所有工作都是跨越职能孤岛、数据孤岛、系统孤岛的事情。拥有沟通技巧意味着团队成员必须是一位出色的倾听者、一位出色的演讲者和一位出色的故事讲述者，必须知道如何将思想体现到演示文稿中，或者如何在讨论中清晰有力地表达自己的观点。每一个成员都是客户体验理念的传播者，需要培训、教育和影响他人。

（4）领导能力

在一个以客户为中心的企业，客户体验团队必须在各个方面都处于牵头和引领地位：建立模式、强化执行力、教育和指引、提供建议和支持等。同时，他们还需要成为战略家，制定总体目标，并将其转化为能实现目标的行动，传递给将执行这些行动的团队，引导自己，引导他人，为他们提供工具，以完成需要做的事情，并摆脱困境。

（5）创业技能

与市场部、销售部、产品部这些部门不同，客户体验团队并不属于与生俱来的部门。虽然拥有远大的愿景和目标，但是其需要从"一穷二白"的起点开始工作，利用开创性的方法，证明自身的能力和价值。客户体验团队就是企业内部的创业团队，创业技能属于团队成员的"原始技能"，他们需要具备商业头脑、强烈的主观能动性和自我驱动能力，超强的执行力和解决问题的能力。

## 18.4 客户体验团队的汇报对象

客户体验团队应该处在企业组织架构中的哪个位置？应该向谁汇报？自从客户体验团队出现以来，这一直是令企业和客户体验从业人员头疼的两个问题。从实际情况来看，对这两个问题目前还没有统一的标准答案，往往需要根据企业对体验的重视程度、客户体验在企业中的发展阶段、企业内部各部门对触点的掌控情况等各种条件来综合考虑。

### 1. 直接向首席执行官汇报

如果企业对客户体验非常重视，成立了专门的客户体验团队，但企业的规模并不是很大，渠道和触点规模并不复杂，那么企业的 CEO 可能会直接负责和领导客户体验的工作。

这种情况对于客户体验团队来说是一种非常有利的组织架构，在 CEO 的支持下，团队会更容易获得表现机会和资源支持，工作成绩会更直接地被看到，但同时也会面临更多、更直接的压力。

## 2. 向首席体验官或首席客户官汇报

当企业对客户体验非常重视，但是企业的规模庞大，业务单元众多，渠道和触点复杂，CEO 无法直接管辖时，往往会在管理层设立首席体验官（CXO）或者首席客户官（CCO）的职位，由他们来统筹负责客户体验的工作，客户体验团队向 CXO 或 CCO 汇报。

大多数情况下，这是一种更常见、更合理的模式，相比 CEO，CXO 或者 CCO 往往具备更全面和资深的专业经历，能在专业方向和具体工作上给予客户体验团队更好的指导，同时也具备高层的视野，可以更加专注地协调企业各个部门和资源为客户体验服务。

## 3. 向战略部门汇报

当企业刚刚开始意识到客户体验的重要性，开始将客户体验纳入企业战略视野，但还没有非常大规模和正式地投入时，可能会将客户体验团队放在战略部门内，客户体验团队直接汇报的对象是首席战略官或战略负责人。这个时候的客户体验团队往往规模较小，承担的职责不多，主要是客户体验战略和愿景的制定、客户旅程地图绘制等基础性工作。

## 4. 向数字化 / 设计部门汇报

部分企业的数字化意识比较超前，非常重视数字化和设计，很早便开始了数字化转型工作，内部的数字化和设计部门规模较大，专业能力、内部影响力、协同能力都很强时，可以在数字化或者设计部门内成立客户体验团队，其在工作职责和工作技能上，存在比较大的契合。客户体验团队负责人向首席数字官或者设计负责人汇报。

## 5. 向首席市场官 / 首席运营官汇报

在很多企业里，市场部、销售部、品牌部门和运营部门属于强势部门，掌握着很多渠道、触点和资源，对其他部门来说，其拥有很强的影响力和协调能力，所以相当多的企业的客户体验团队都被纳入营销领域，向首席市场官（CMO）/首席运营官（COO）负责。

以上是几种主要的组织架构和汇报模式，还有一些是向首席信息官（CIO）、客户服务负责人、人力资源负责人汇报的情况，但不属于主流模式。在大型企业里，往往采取分散性、组合模式，对客户体验资源进行分散配置，以匹配现有的组织结构。例如，设立一个总部客户体验团队，同时再设置区域业务部门的客户办公室。总体来看，客户体验团队的组织架构与汇报模式比较多样化，距离高层职位往往还有一定的距离。

### 6. 汇报对象的变化趋势

隶属于营销部门的比例在降低。2019 年，22% 的以客户体验为主要责任的团队属于营销团队，相比 2017 年的 26% 有所下降。以客户体验作为次要责任的团队向营销部门报告的比例下降更为剧烈，从 38% 下降到 22%。

虽然隶属于营销部门会让客户体验团队感到相对舒服一些，因为不用太担心内部不同部门协调的问题，但营销部门和客户体验部门的主要目标还是有明显偏差的，营销部门更注重短期的转化和关键绩效指标（KPI），端到端的客户体验往往并不能占据他们内心深处的重要位置。

所以，随着越来越多的企业设立专门的客户体验高层职位，很多客户体验团队开始向首席客户官或首席体验官报告。2019 年，增长最大的两类是"运营"和"其他"。在将客户体验作为主要职责的团队中，有20% 选择了"其他"：其中 11 人向首席执行官汇报，11 人向战略负责人汇报，6 人向首席数字官汇报，6 人向管理层其他成员汇报。

## 18.5　客户体验团队的规模

对于大部分企业来说，客户体验团队还是一个新型的部门，还处在萌芽和发展期。由于预算的限制，以及对客户体验的真实价值还处在观察中，因此大部分的客户体验团队规模都比较小。

2019年，只有8%的团队拥有超过50名成员。最常见的情况（64%）是团队只有10个或更少的人员。一位《财富》500强公司的客户体验团队成员分享说，高管们的目标是使团队保持小规模，但是要通过赋能企业中的其他部门来让自身的价值最大化。

短期来看，客户体验团队的规模并不会发生太大变化。调查数据显示，只有51%的企业表示，他们的客户体验团队明年将招聘更多的员工，主要技能将重点放在客户洞察和设计新的解决方案上，招聘条件包括：掌握数据科学、客户体验测量和设计思维3个重要技能。

## 18.6 客户体验团队的常见挑战

虽然企业对客户体验的重视和投入在增加，但在实际的客户体验管理工作中，客户体验团队也面临着各种重大挑战，主要的困难包括：缺乏协作、以客户为中心的文化缺失、没有明确清晰的客户体验战略和愿景、管理层的参与和支持不够等。

### 1. 缺乏跨部门的合作

企业内部缺乏跨部门的合作是客户体验专业团队工作中碰到的最大障碍。自2017年以来，未能在整个组织内获得足够的合作的现象增加了9个百分点。客户体验团队在实际工作中应该将重点放在合作上，而不是仅仅认为自己所在的职位能做什么。团队成员需要在整个组织中形成强大的合作伙伴关系，对企业内部客户体验委员会等虚拟机构的开发是获得成功的重要组成部分。

### 2. 缺乏以客户为中心的文化

团队成功的第二大障碍是缺乏以客户为中心的文化，而且比例同样略有上升，这也说明推动以客户为中心的文化的挑战因缺乏组织高层的支持而加剧：45%的客户体验专业人士表示，企业的高管们虽然说客户体验很重要，但并不采取相应的行动。为了解决这些问题，65%的团队进行客户体验培训或辅导，以推动以客户为中心的行为，许多企业建立和开展客户体验大使计划，不仅培训员工，还与他们共同制定客户体验举措。

### 3. 无法将工作与商业成效建立关联

如果客户体验团队不能做出取得实效的业务案例，那么整个团队将缓慢增长或萎缩。每年也有很多客户体验专业人员失去工作，因为很多客户体验团队没有将商业价值与当前和未来的客户体验工作关联起来。在调查中，只有54%的高管认为客户体验是重要的并采取相应的行动，其他高管则对客户体验负责人在内部的作用已经产生了质疑。那些很小的团队可能会变得特别脆弱，因为他们面临着一个恶性循环：无法在团队没有成长的情况下产生显著成效，但没有产生成效他们也无法获得成长。

### 4. 团队的工作目的被错误理解

不论是过去还是现在，企业内部都存在许多跨职能团队最初作为"最佳实践"组合在一起，但由于没有明确定义他们的预期工作目标，最终以解散而告终。只有当每个团队成员都了解团队的总体目标和宗旨时，团队才能高效地工作。没有明确的、达成共识的工作目的会使一切变得困难，团队成员无法就优先事项达成共识，不了解自己的角色。跨职能部门的客户体验团队应有明确定义的章程，阐明工作的目标、内容、角色、责任等。

### 5. 个人责任体系不清晰

成立和加入跨职能客户体验团队，刚开始很容易让人感到兴奋，但是要让端到端的客户体验发生真正的改变，需要整个团队持续开展一系列烦琐和重复性的执行工作，有赖于团队连续周期性的运营：先从强大的客户之声和测量计划中收集洞察，并将这些洞察转化为运营改进行动，优化客户旅程和体验，然后基于旅程来收集、评估反馈并转化为洞察，如此闭环重复。很多跨职能团队缺乏相对完整明确的责任体系，即使偶尔能完成一些闭环计划，但也无法让整个工作闭环长期持续地有效运转。

## 6. 与组织的整体目标错位

客户体验团队的目标必须与整个组织的战略愿景和目标保持一致，这对客户体验团队及其负责计划的成功至关重要。忽视这一点的团队最终会失去专注力，尤其是小型团队，其处在组织的层面比较低，距离整体的目标有一定的差距，所开展的工作和计划很可能非常具体和细小，对企业整体愿景和目标的贡献度不是那么直观和显著，这个时候就要确保将团队期望的结果与企业本身最重要的关键绩效指标联系起来。也可以根据需要，将团队的具体目标按照季度或年度进行调整，以便跟企业近期的重点方向和措施保持一致，从而加强与企业整体战略的关联。

## 7. 缺乏多样性

对于跨职能的客户体验团队而言，营造包容性文化至关重要。人员的多样性能保证视角和思维的多样性，能更加完整地思考客户的感受，提供更加创新的解决方案。但是在实际的客户体验团队中，由于团队招募时缺乏足够的选择空间，或者对工作内容和目标的思考不够具体、明确，建立的团队在专业领域、工作经历、性格特征上往往缺乏多样性。

客户体验团队面临的这些困境表明，企业仍然需要帮助客户体验团队提升在全组织范围内的战略性和影响力，并针对通常会出现的挑战准备好相应的解决措施。

# 第 19 章

# 客户体验关键岗位：
## 职责、工作内容和技能要求

---

**本章概要**

　　出色的客户体验团队需要由来自不同领域、经历的人员组成，保证团队的多样性，同时能做到专业分工和通力协作。本章系统性地介绍客户体验相关的关键职位和关键要素，并对每一个关键职位的工作职责、工作交付物、专业背景、专业技能进行具体描述，可以用于企业设置客户体验相关岗位、招聘相应人员时参考。

## 19.1　客户体验的关键职位

一个客户体验计划，不管是一项很具体的客户研究项目，还是一项巨大的客户体验转型工程，都需要正确的人在正确的职位上才能推动成功。客户体验的关键职位是企业组建客户体验专业团队时的基本元素，以下对这些常见的客户体验职位进行定义和描述，可以帮助企业设置客户体验职位，招聘合适的客户体验专业人员，配置客户体验团队。但需要指出的是，这只是一个可供参考的一般框架，并不存在普遍适用的职位体系，企业需要根据自身的需求、人力状况，进行适当的组合和调整。

### 1. 各层级客户体验的关键职位

一个完整的客户体验职位体系，通常包括 3 个层面的职位：高层职位、中层职位和基层职位，其中高层职位主要负责总体战略方向、赋能和统筹，中层职位负责项目和团队的管理和协调，而基层职位负责项目的具体执行，如图19-1 所示。

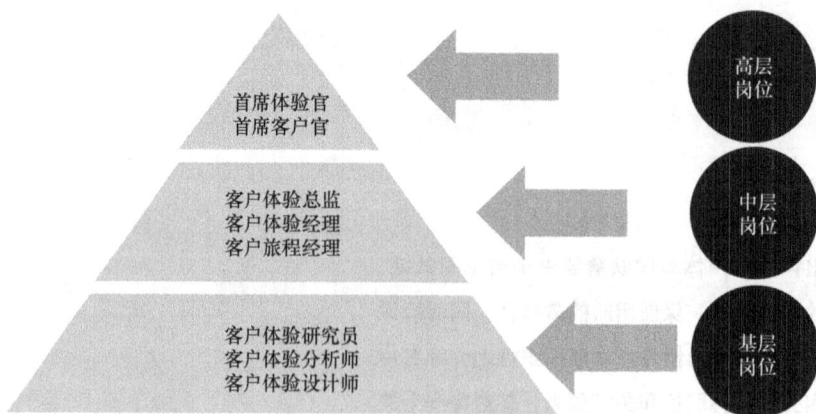

图19-1　客户体验职位体系

高层客户体验职位中，最常见的是"首席体验官"，或者"客户体验副总裁"，跟这个职位非常相近的是"首席客户官"或"客户副总裁"，也有些直接称为"客户体验负责人"。

客户体验中层职位主要包括"客户体验总监""客户体验经理"及"客户旅程经理"。其中"客户体验总监"是核心的中层职位，负责与高层职位的对接。"客户体验经理"往往会负责管理某一类专项工作，或者某一个具体的客户体验项目和计划，只有在客户体验事项较多，客户体验团队较大时才会设置这样的职位。而"客户旅程经理"是一个专门负责客户旅程管理的中层职位，随着客户旅程受重视程度的日益增加，这一职位越来越普遍。

客户体验的基层职位主要包括"客户体验研究员""客户体验分析师"及"客户体验设计师"。客户体验研究员主要负责客户体验相关的具体研究工作，包括市场研究、对标分析、用户调查、用户访谈、客户旅程地图绘制等。由于数据在客户体验各项工作中的作用至关重要，客户体验分析师职位的需求也越来越大，是目前客户体验团队普遍想增设的职位。

以上客户体验的关键岗中，"客户体验设计师"的职责和工作内容与用户体验设计师基本相近，在行业内已经为大家所熟知，就不再单独详细介绍。对于其他几个关键岗位，都属于相对较新的岗位，以下会逐一介绍。

## 2. 客户体验职位的关键要素

对于以上各层级的客户体验关键职位，为了指引职位的设置、招聘，以及各角色具体工作的展开，需要对各职位的具体工作职责与内容、工作交付成果、专业背景与经验、专业技能进一步明确，如图 19-2 所示。

接下来将对客户体验相关的重点岗位的关键要素进行详细的介绍，作为企业在设置相关的团队和岗位，以及招聘专业人员时的参考。

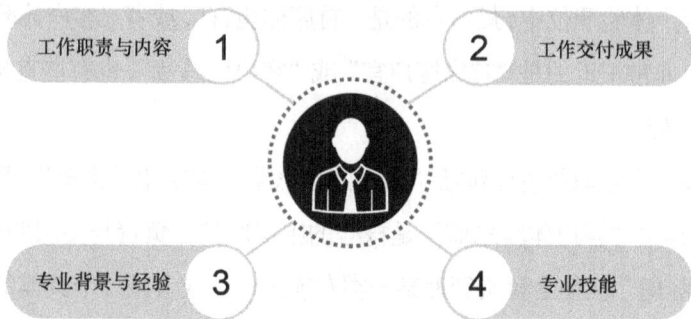

图19-2　客户体验职位的关键要素

## 19.2　首席体验官职位描述

与首席体验官同类的常见职位还有：客户体验副总裁、首席客户官、客户副总裁，以及客户体验负责人。

### 1.　工作职责与内容

（1）构建整个企业的客户体验专业能力以获得最佳的影响力，在文化和意识上赋能客户体验运营模式，有效地为所有利益相关者服务。

（2）推动企业的组织架构和模式优化，在整个生态系统（员工、合作伙伴）持续提升培育互动、忠诚型客户的能力。

（3）有效协调企业的各项能力，以了解客户和合作伙伴是否易于与企业开展业务；制定规划，以确保企业能提供品牌承诺的端到端的出色体验。

（4）确保企业管理层能清晰、准确地理解客户的需求与期望，并推动使用数据来支持会对客户体验产生影响的决策。

（5）测量体验和商业效果，以确保各项工作在有效驱动预期中的结果，与品牌承诺持续保持一致，并为测量模型进化提供支持，以驱动持续的体验改进。

### 2.　工作交付物

（1）整个生态系统利益相关方参与的组织评估。

（2）与企业总体战略相一致的客户体验战略。

（3）客户体验转型计划，包括试点、培训、沟通、工作方法、测量指标等。

（4）定期的客户体验工作进展报告／趋势报告。

（5）在整个组织中对客户工作的持续指导，发挥催化剂作用。

### 3. 专业背景／经验

（1）管理、营销、社会、设计等相关专业硕士／学士。

（2）客户体验专业认证者优先（如 CCXP、Forrester CX 认证）。

（3）拥有能在复杂环境中驱动积极变革的经历。

（4）理解并能传授客户体验方法和工具（如 NPS、CES、客户旅程地图等）。

（5）理解企业的产品、业务和基础设施，知道它们是如何工作的，是如何被客户使用的。

（6）良好的跨职能的团队沟通、谈判经验，并能给团队提供指导。

### 4. 专业技能

（1）战略层面的敏捷技能。

（2）团队辅导技能：指导辅助小组成员，帮助他们找到答案；参与解决方案的共创，以帮助他们了解自己的角色在实现品牌承诺中是如何发挥作用的。

（3）倾听技能：熟练掌握积极的倾听技能，拓宽理解以吸收不同的观点，并帮助消除感知障碍和潜在的理解差距。

（4）数据解析能力：解析数据和洞察的能力，以便客观和持续地推动客户体验目标的实现。

（5）设计思维：掌握以人为中心的设计理念或者设计思维方法，推动在企业内的持续应用。

（6）设计能力：具备创建或共创视觉模型的能力，并能将目标从概念（想法）变成现实，以增强客户洞察和互动。

（7）客户旅程地图绘制：利用数据和研究创建客户旅程地图，帮助利益相关者建立客户视角，找到差距和机会。

（8）系统思考能力：既能规划或看到大局，也能深入细节。

（9）在组织内部和部门之间进行良好的沟通和合作的能力。

（10）具有出色的解决问题的能力。

（11）为互利的结果进行良好谈判的能力。

（12）解决冲突的能力。

（13）在复杂环境中驱动积极变革的能力。

（14）建立关系的能力。

## 19.3　客户体验总监职位描述

客户体验总监是客户体验专业领域的中层岗位之一，是仅次于首席体验官的岗位。

### 1. 工作职责与内容

（1）在整个组织中沟通和传播客户体验战略，并获得支持。

（2）推动跨职能部门的行动，为整个组织创建应用工具包，以提升企业的洞察力，展示存在的机会，推动企业持续、一致地提升客户体验。

（3）通过推动、参与和设计创建客户体验卓越中心，确保端到端的体验中的所有职能部门都参与到客户旅程中。

（4）确保企业内客户体验相关的工作模式有效运行，不断响应变革要求，并根据业务目标不断进行演进，同时保证对客户的承诺。

### 2. 工作交付物

（1）整个生态系统利益相关方参与的组织评估。

（2）与公司战略相一致的客户体验战略。

（3）客户体验转型计划，包括试点、培训、沟通、工作方法、测量指标等。

（4）定期的客户体验工作进展报告/趋势报告。

（5）在整个组织中对客户工作的持续指导，发挥催化剂作用。

### 3. 专业背景/经验

（1）管理、营销、社会、设计等相关专业硕士/学士。

（2）客户体验专业认证者优先（如 CCXP、Forrester CX 认证）。

（3）能在复杂环境中驱动积极变革的经历。

（4）理解并能传授客户体验方法和工具（如 NPS、CES、客户旅程地图等）。

（5）理解企业的产品、业务和基础设施，知道它们是如何工作的，是如何被客户使用的。

（6）良好的跨职能的团队沟通、谈判经验，并能给团队提供指导。

### 4. 专业技能

（1）战略层面的敏捷技能。

（2）团队辅导技能：指导辅助小组成员，帮助他们找到答案；参与解决方案的共创，以帮助他们了解自己的角色在实现品牌承诺中是如何发挥作用的。

（3）倾听技能：熟练掌握积极的倾听技能，拓宽理解以吸收不同的观点，并帮助消除感知障碍和潜在的理解上的差距。

（4）数据解析能力：解析数据和洞察的能力，以便客观和持续地推动客户体验目标的实现。

（5）设计思维：掌握以人为中心的设计理念或者设计思维方法，推动在企业内的持续应用。

（6）设计能力：具备创建或共创视觉模型的能力，并能将目标从概念（想法）变成现实，以增强客户洞察和互动。

（7）客户旅程地图绘制：利用数据和研究创建客户旅程地图，帮助利益相关者建立客户视角，找到差距和机会。

（8）系统思考能力：既能规划或看到大局，也能深入细节。

（9）在组织内部和部门之间进行良好的沟通和合作的能力。

（10）具有出色的解决问题的能力。

（11）为互利的结果进行良好谈判的能力。

（12）解决冲突的能力。

（13）在复杂环境中驱动积极变革的能力。

（14）建立关系的能力。

## 19.4 客户体验经理职位描述

客户体验经理是客户体验专业领域的中层岗位之一，虽然跟客户体验总监一样也会承担管理工作，但更偏向于执行层面。

### 1. 工作职责与内容

（1）带领客户体验团队开发一个框架，在整个组织中进行一致性的应用，以发现、定义和交付符合品牌承诺的体验。

（2）通过提供教育和培训，支持企业内部各个领域的客户体验实践，在方法、技术、文化建设上对企业进行赋能。

（3）负责具体客户体验活动、项目和计划的实施和管理，保证项目和计划的进度和最终目标的达成。

（4）确保 VoC 反馈在整个组织中都是可用的，并推动基于客户反馈的客户体验持续闭环优化。

### 2. 工作交付物

（1）整个生态系统利益相关方参与的组织评估。

（2）与企业战略相一致的客户体验战略。

（3）客户体验项目计划，包括试点、培训、沟通、工作方法、测量指标等。

（4）定期的客户体验工作进展报告 / 趋势报告。

（5）在整个组织中对客户工作的持续指导，发挥催化剂作用。

### 3. 专业背景 / 经验

（1）管理、营销、社会、设计等相关专业硕士（优先）/ 学士。

（2）客户体验专业认证者优先（如 CCXP、Forrester CX 认证）。

（3）能在复杂环境中驱动积极变革的经历。

（4）理解并能传授客户体验方法和工具（如 NPS、CES、客户旅程地图等）。

（5）理解企业的产品、业务和基础设施，知道它们是如何工作的，是如何被客户使用的。

（6）良好的跨职能的团队沟通、谈判经验，并能给团队提供指导。

### 4. 专业技能

（1）敏捷管理能力。

（2）项目管理能力。

（3）团队辅导技能：指导辅助小组成员，帮助他们找到答案；参与解决方案的共创，以帮助他们了解自己的角色在实现品牌承诺中是如何发挥作用的。

（4）倾听技能：熟练掌握积极的倾听技能，拓宽理解以吸收不同的观点，并帮助消除感知障碍和潜在的理解差距。

（5）数据解析能力：解析数据和洞察的能力，以便客观和持续地推动客户体验目标的实现。

（6）设计思维：掌握以人为中心的设计理念或者设计思维方法，推动在企业内的持续应用。

（7）设计能力：具备创建或共创视觉模型的能力，并能将目标从概念（想法）变成现实，以增强客户洞察和互动。

（8）客户旅程地图绘制：利用数据和研究创建客户旅程地图，帮助利益相关者建立客户视角，找到差距和机会。

（9）系统思考能力：既能规划或看到大局，也能深入细节。

（10）在组织内部和部门之间进行良好的沟通和合作的能力。

（11）具有出色的解决问题的能力。

（12）为互利的结果进行良好谈判的能力。

（13）解决冲突的能力。

（14）在复杂环境中驱动积极变革的能力。

（15）建立关系的能力。

## 19.5 客户体验研究员职位描述

客户体验研究专家是客户体验在执行层面的最高级别岗位。

### 1. 工作职责与内容

（1）在企业内部扮演客户体验教练 / 顾问的角色，以提升客户体验。

（2）负责、参与或支撑客户体验项目和行动，实现端到端体验的改进和转型。

（3）确保企业将客户的声音作为所有设计活动的一部分。

（4）负责、参与或支持定性和定量客户研究的设计、实施。

（5）协助创建一个客户研究工作框架，帮助企业内各专业团队一致地开展工作。

### 2. 工作交付物

（1）客户体验项目的交付。

（2）定期的客户体验工作进展报告 / 趋势报告。

（3）旅程地图和其他视觉分析输出物，用于传达客户的思维。

### 3. 专业背景 / 经验

（1）管理、营销、社会、设计等相关专业硕士 / 学士。

（2）客户体验专业认证者优先（如 CCXP、Forrester CX 认证）。

（3）拥有能在复杂环境中驱动积极变革的经历。

（4）理解并能传授客户体验方法和工具（如 NPS、CES、客户旅程地图等）。

（5）理解企业的产品、业务和基础设施，知道它们是如何工作的，是如何被客户使用的。

（6）良好的跨职能的团队沟通、谈判经验，并能给团队提供指导。

### 4. 专业技能

（1）项目管理能力。

（2）团队辅导技能：指导辅助小组成员，帮助他们找到答案；参与解决方案的共创，以帮助他们了解自己的角色在实现品牌承诺中是如何发挥作用的。

（3）倾听技能：熟练掌握积极的倾听技能，拓宽理解以吸收不同的观点，并帮助消除感知障碍和潜在的理解差距。

（4）数据解析能力：解析数据和洞察的能力，以便客观和持续地推动客户体验目标的实现。

（5）设计思维：掌握以人为中心的设计理念或者设计思维方法，推动在企业内的持续应用。

（6）客户旅程地图绘制：利用数据和研究创建客户旅程地图，帮助利益相关者建立客户视角，找到差距和机会。

（7）系统思考能力：既能规划或看到大局，也能深入细节。

（8）在组织内部和部门之间进行良好的沟通和合作的能力。

（9）具有出色的解决问题的能力。

（10）为互利的结果进行良好谈判的能力。

（11）解决冲突的能力。

（12）在复杂环境中驱动积极变革的能力。

（13）建立关系的能力。

## 19.6　客户体验分析师职位描述

客户体验分析师是客户体验领域执行层面的中坚岗位之一，工作侧重于对客户的研究、分析、测量等。

### 1. 工作职责与内容

（1）通过采集、分析数据，收集客户洞察，挖掘所有客户接触点和渠道的信息，并将其转化为可以执行的客户体验改善活动，协助提升客户体验。

（2）确保利益相关者能理解如何解释和应用 VoC 数据。

### 2. 工作交付物

（1）基于数据的行动策略或方案。

（2）数据分析算法和模型。

（3）包含 VoC 和与具体业务单元相关的运营指标仪表盘或报告。

### 3. 专业背景 / 经验

（1）统计、数学、经济等相关专业硕士或学士。

（2）数据分析、可视化并转化为驱动行动的专业经验。

（3）深入了解常见的客户体验指标和体系（NPS、CES 等）。

### 4. 专业技能

（1）项目管理能力。

（2）跨职能合作能力。

（3）数据采集、清洗处理的技能。

（4）数据分析、建模和可视化的技能。

（5）通过故事来有效地向利益相关者展现客户洞察的能力。

（6）良好的解决数据相关问题的能力。

（7）熟练使用 Excel/Tableau/SPSS 等数据分析和可视化工具。

（8）掌握 SQL、Python、R 等数据分析语言。

## 19.7 客户旅程经理职位描述

客户旅程经理是客户体验领域的中层岗位之一，也是一个正在蓬勃发展的、新兴的客户体验管理岗位。

### 1. 工作职责与内容

（1）制定所负责的客户旅程的总体规划，负责、参与和支持影响客户旅程的营销、产品、服务策略和方案的制定，保证策略的一致性。

（2）根据客户旅程涉及的渠道和触点，对各个来源的数据和平台进行整合，形成统一完整的客户和客户旅程视图。

（3）组织和协调相关的职能部门和专业团队，开展客户旅程地图绘制、客户旅程设计、测试、分析、编排和营销活动，交付完整、连续、一致的客户旅程，实现业务目标。

（4）对客户旅程进行持续的监控和测量，明确存在的体验问题和优化的机会，并形成可执行的方案实施，持续优化和创新客户旅程。

### 2. 工作交付物

（1）客户体验战略一致的客户旅程愿景与规划。

（2）客户旅程旅分析仪表盘等可视化输出物。

（3）定期的客户旅程管理工作进展报告 / 趋势报告。

（4）在整个组织中对客户旅程和思维的沟通传播。

### 3. 专业背景 / 经验

（1）管理、营销、社会等相关专业硕士 / 学士。

（2）客户体验与营销专业认证者（如 CCXP、Forrester CX 认证）。

（3）拥有能在复杂环境中驱动积极变革的经历。

（4）理解并能传授客户体验与营销方法和工具（如 NPS、CES、客户旅程地图、数字化营销等）。

（5）理解企业的产品、业务和基础设施，知道它们是如何工作的，是如何被客户使用的。

（6）良好的跨职能的团队沟通、谈判经验，并能给团队提供指导。

### 4. 专业技能

（1）敏捷管理能力。

（2）项目管理能力。

（3）团队辅导技能：指导辅助小组成员，帮助他们找到答案；参与解决方案的共创，以帮助他们了解自己的角色在实现品牌承诺中是如何发挥作用的。

（4）倾听技能：熟练掌握积极的倾听技能，拓宽理解以吸收不同的观点，并帮助消除感知障碍和潜在的理解差距。

（5）数据解析能力：解析数据和洞察的能力，以便客观和持续地推动客户体验目标的实现。

（6）设计思维：掌握以人为中心的设计理念或者设计思维方法，推动在企业内的持续应用。

（7）设计能力：具备创建或共创视觉模型的能力，并能将目标从概念（想法）变成现实，以增强客户洞察和互动。

（8）客户旅程地图绘制：利用数据和研究创建客户旅程地图，帮助利益相关者建立客户视角，找到差距和机会。

（9）系统思考能力：既能规划或看到大局，也能深入细节。

（10）在组织内部和部门之间进行良好的沟通和合作的能力。

（11）具有出色的解决问题的能力。

（12）为互利的结果进行良好谈判的能力。

（13）解决冲突的能力。

（14）在复杂环境中驱动积极变革的能力。

（15）建立关系的能力。

# 第 20 章

# 首席体验官：

## 客户体验与员工体验的
## 连接者

---

**本章概要**

　　首席体验官是企业在解决客户体验在组织赋能方面的第一个战略层面的答案，是企业在体验责任体系中的专职高层职位。本章对首席体验官的由来、角色和作用进行简要介绍，分析首席体验官在企业客户体验管理方面发挥的关键作用，并对首席体验官的主要工作内容、职责，以及与其他高层岗位的区别进行重点阐述。

## 20.1  什么是首席体验官

客户体验需要企业在组织方面提供专门的支持，"首席体验官"就是企业在战略层面的组织解决方案。简单地说，首席体验官是在企业中保障客户及其利益的高层管理人员，他对企业的整体的客户体验负全部责任。"体验经济"概念的提出者约瑟夫·派恩和詹姆斯·吉尔摩（James Gilmore）是"首席体验官"最早的提出者、最积极的推动者之一。2006 年，他们发表了文章《招募令：首席体验官》（*WANTED：Chief Experience Officer*），并界定了首席体验官应该扮演的 4 个角色：企业内部的"催化剂"、出色体验的"设计师"、各要素和部门的"协调员"及企业内外部的体验"倡导者"。

在不同的企业中，首席体验官可能有不同的称呼，最早出现的类似的职位是首席客户官。首席客户官委员会将 CCO 定义为：提供全面和权威的客户观点并在公司最高级别制定公司和客户战略以最大化客户获取、维系和盈利能力的高管。首席客户官主要通过整合多渠道来负责客户体验，如网站或呼叫中心等。通常他们管理的也不是一个单一部门，而是同时包括了诸如销售、市场等多个部门，是一个负责统领所有客户体验工作的岗位，管理范围跨越了整个公司或部门。一名合格的首席客户官，必须是公司管理团队中的一员。他们同样需要直接向最高决策者汇报，如首席执行官、首席运营官或部门总裁。

随着对体验内涵的认识更加广泛和深入，我们知道了体验是一个生态系统，由多种类型的体验组成并且相互之间相辅相成。因此，作为企业在体验方面的第一责任人，首席体验官也被赋予了更加全面的角色和职责。Denise Lee Yohn 在 2019 年 6 月的哈佛商业评论文章《为什么每个企业都需要一名首席体验官》（*Why Every Company Needs a Chief Experience Officer*）中指出，客户体验和员工体验是企业业务发展的两种重要的驱动力，企业应该设立首席体验官来整合这两方面，并在整个企业中领导客户体验和员工体验的提升工作，如图 20-1 所示。因此，Denise Lee Yohn 将首席体验官定义为客户体验与员工体验工作的统一领导者，他应该同时领导客户体验和员工体验部门，创造两者相互加强的作用，让企业变得更加以人为中心（包括客户和员工）。

图20-1 首席体验官——客户体验与员工体验的桥梁

在部分领导型企业设立的首席体验官具备更广泛的视角，他们除了负责领导原来客户体验领域的工作，还会增加员工体验领域以及二者之间连接者的职责，这些职责通常包括：

- 促进企业所有员工对客户的了解；
- 促进公司管理层和领导者对员工的了解；
- 推动有针对性的、有纪律的体验设计，并将体验交付给客户和员工；
- 在企业的战略决策中为客户和员工的声音代言；
- 在客户体验和员工体验之间建立连接，并推动二者所必要的整合，包括在技术层面及其他方面；
- 评估客户体验对员工的影响、客户体验对客户的影响，以及二者对公司KPI 的影响。

## 20.2 为什么需要首席体验官

首席体验官的最终目的是要更加系统性地提升全方位体验，建立良性的体验生态系统，创造更多的价值。回顾首席体验官的出现及演变过程，可以总结企业或组织设立首席体验官的具体原因和目标。

### 1. 企业需要高级别的客户体验代言人

进入客户时代，在所有以客户为中心的企业中，客户需要一位能够代表他及其利益的管理人员。如果整个企业中没有人专心致力于传播客户声音和客户需求，那么企业很难将其组织文化转变为一种痴迷于客户的文化，或者将企业重点转移到客户身上，而不是仅专注于业务和创造股东价值。巴克莱银行（Barclays Bank）的客户体验总监克莱夫·格里耶（Clive Grinyer）认为，设置首席体验官职位有很多好处，尤为重要的是，首席体验官可以"激发整个组织的服务热情"，从而为客户创造更好的体验。

## 2. 能专注于缩小"客户体验感知差距"

2015 年，贝恩咨询（Bain）的调查发现 80% 的高管认为他们为客户提供了"卓越的体验"。但是，当他们随后向客户询问自己的看法时，他们发现只有 8% 的公司确实在交付"卓越的体验"，如图 20-2 所示。Dimension Data 公司的 2017 年《全球客户体验基准测试报告》显示，有 71% 的受访者将客户体验交付作为其最高战略绩效衡量标准，但只有 10% 的受访者称其客户体验的交付绩效可以达到 9 分（满分为 10 分）。可见，"客户体验感知差距"确实存在，企业需要设立首席体验官来专门缩小甚至消灭这一差距。

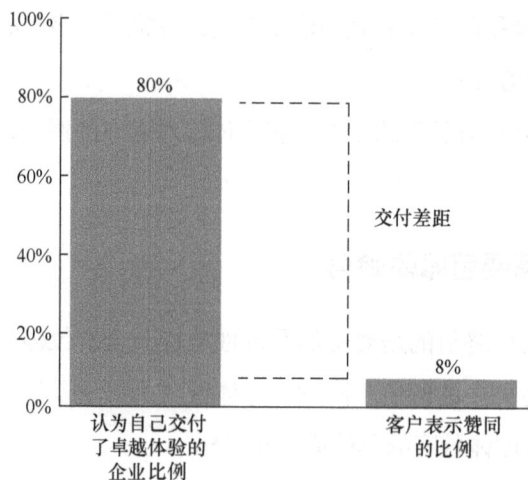

图20-2　企业在客户体验交付中的差距

（数据来源：贝恩咨询《缩小交付中的差距》）

### 3. 整合客户体验和员工体验

许多公司容易忽视的一点是，出色的员工体验才能带来出色的客户体验。根据 Temkin Group 的调查，客户体验领先的公司（提供的客户体验大大高于平均水平的公司的百分比）获得"良好"或"非常好"员工敬业度的可能性是客户体验落后的公司（提供平均或低于平均水平客户体验的公司）的 5 倍。员工体验不止一次地被业内被称为"新客户体验"和"客户体验的答案"。毫无疑问，员工体验、他们的敬业度对客户体验有直接影响。根据最新的 LinkedIn 全球人才趋势报告，高达 96% 的专业人士表示员工体验变得越来越重要。

### 4. 更有力地推动专项客户体验转型计划

当企业为了实现客户体验的跨越式提升时，往往需要启动一项全面的客户体验转型计划，需要企业围绕客户和客户体验，在各个方面同时开展系统性的变革。这是一项系统工程，需要一位高级别的负责人来统筹协调和推进，因此设立一位首席体验官是非常合适的选择。

同时，考虑到企业客户体验转型和提升客户体验的障碍，设立首席体验官一职有利于克服这些障碍。

（1）克服企业文化转型的障碍

以客户为中心需要持续而全面的变革，企业中的大多数人自然会抵制这种改变，太多公司低估了这种惯性，并且没有花足够的精力来解决这个问题。但只有管理层级别的管理者（如首席体验官）才有能力在组织上下推行统一愿景，塑造以客户为中心的企业文化。如果员工无法深刻认识客户体验的重要性，则客户满意度就无从谈起；而如果组织上下不能充分理解和认同变革理念，则员工的心态也就无法改变。大量先例表明，树立这种愿景和文化绝非易事，因为它需要企业高层以身作则、不断宣传和强化相应理念。假如企业高层言行不一，这些努力就将付诸东流。但反过来看，只要树立了以客户为中心的服务理念，从后台到一线的整个企业组织就会协同一致，积极围绕客户需求，做好力所能及的一切。哪怕一件事不是自己的职责、不会带来嘉奖，只要能够提升客户体验，企业员工也会欣然为之。

（2）克服企业跨职能协作的障碍

面对深沟壁垒的部门孤岛，往往只有高管层才有能力打破职能边界，推动客户体验转型所需的跨职能协作。现代企业普遍采用按职能划分的治理模式，这种模式尽管在多数时候都很高效，但无力解决客户体验这个天然具有跨职能特征的问题。为此，企业需要建立一个推动相关工作的跨职能敏捷团队，并给予充分授权；而且还要帮助该团队及时协调各职能或各部门之间的冲突，并合理调拨资源。举例而言，无论是监测客户体验，还是改造客户旅程，都需要很多利益相关方（包括渠道/销售、营销、产品、科技、运营）彼此协调配合，有些时候甚至要妥协牺牲自身的局部利益。如果企业的高层领导者不能清晰指出变革方向、树立变革决心，那么即使是看起来很简单的合作也会举步维艰（如跨职能数据共享或是安排一场跨职能会议）。

（3）克服客户体验计划规模扩展的障碍

虽然很多企业将改善客户体验作为首要任务，并发起了改善客户体验项目和计划，但不幸的是，很多举措都是为解决问题而采取的反应式的努力，很多企业缺乏明确愿景，客户体验计划不能真正融入组织，并且在各个领域持续、大规模地推进。导致的结果就是，早期取得的客户体验改进未能扩展到更深入和更广泛的层面，客户体验改善效果浅尝辄止。

在需要和已经计划开展多个客户体验计划的情况下，设立首席体验官能更好地规划这些客户体验计划的步调，持续深层次推进，直至客户体验计划在各领域和部门得到广泛的实施，并成为企业运营的常态。

## 20.3  首席体验官与其他管理层职位的关系

首席体验官与其他管理层级别管理者的主要区别在于，他是聚焦于客户的，他是在企业中拥护客户及其需求的高层管理人员。如果企业的首席执行官痴迷于客户，那么他自己就承担了首席体验官的角色。如 Zappos 的谢家华（Tony Hsieh）、亚马逊的杰夫·贝索斯（Jeff Bezos），他们都是痴迷于客户的首席执行官，为客户创造了非凡的体验。另外，丽兹卡尔顿酒店、星巴克、NORDSTROM 等企业也都拥有一位时刻考虑客户利益的首席执行官来引领企业的发展。在上述情况下，企业的首席执行官就是首席体验官。

在其他一些企业中，首席营销官、首席运营官，甚至有些时候首席信息官也会承担首席体验官的职责。以首席营销官担任首席体验官为例，为了使首席营销官能够有效地领导客户体验，企业必须授权他在部门和业务单元之间推动客户体验的实施。这与传统的首席营销官角色不同。由首席营销官担任首席体验官有以下优势：

（1）离客户数据最近，可以很好地了解客户需求、客户动机、品牌感知等；

（2）对品牌战略和价值主张有更加全面的了解；

（3）为客户指标创建单一责任制；

（4）最有能力建立客户与品牌的联系，从而开发独特的触点体验，以明显区别于竞争对手。

当然，由于首席营销官的主要职责是市场营销，虽然与客户体验密切相关，但仍然有所差别，所以由首席营销官来担任首席体验官也有一些劣势：

（1）可能对提供更好的客户业务和运营约束没有那么详细的了解；

（2）通常侧重于短期的季度或年度商业指标，而不是客户满意度这种会推动长期绩效的指标；

（3）对客户体验的许多重要杠杆（如呼叫中心、销售人员、零售店等）通常没有直接授权；

（4）通常不负责更多可操作的客户体验指标，如呼叫中心等待时间、网络参与程度等。

第 21 章

# 客户体验卓越中心：

## 规模化客户体验的
## 赋能器

---

**本章概要**

　　当企业需要以更高效、低成本的方式在组织
内部推广客户体验时，客户体验卓越中心是一种
常用的模式。本章界定客户体验卓越中心的定义、
作用及核心组成要素，分析客户体验卓越中心的
不同运营模式及其特点。对构建客户体验卓越
中心的一般步骤进行介绍，最后列出客户体验
卓越中心建设和运营中的主要原则，以及需要
规避的陷阱。

## 21.1 什么是卓越中心

### 1. 卓越中心的定义

"卓越中心"是企业和组织内部一个全职的专家团队或机构，聚焦于某一个特定的专业领域，基于最佳实践开展标准化、分享、协作，促进该专业领域在企业和组织内有效、高效地规模化，最大化投资回报并达成组织的商业目标。

这一定义可以分为 4 个关键方面来理解：首先，卓越中心需要专注于特定专业领域或职能（如营销分析、流程再造、人工智能等）。其次，卓越中心的基本模式是通过赋能在企业内实现规模化快速的能力提升。再次，卓越中心重点优化和利用组织内部资源，而不是外部供应商的资源。最后，卓越中心应该集中精力超越一般绩效标准，为组织带来增值。卓越中心不应围绕正常目标开展业务，相反要像其名称所标示的那样追求卓越。

卓越中心这一概念最早起源于精益制造，当企业内部存在知识不足或技能缺口而这些知识和技能是当下快速发展所急需的时候，通常会创建卓越中心。例如，一家公司可能会设立一个新的卓越中心，以管理机器人流程自动化（RPA）的采用和集成。卓越中心通常围绕关键流程、技术或应用程序构建，以帮助公司采用特定流程并最终提高效率。但是，卓越中心并不一定是一个实体中心，它可以是一个团队、共享设施或智囊团，能为主题领域提供最佳实践、领导力、研究、培训和支持。根据感兴趣的组织和领域，卓越中心可能是并行的也可能是短期的。并行的卓越中心里，团队成员通常还承担其他的工作职责；而当卓越中心是短期存在时，团队成员在卓越中心期间可以免除正常职务。

卓越中心通常是由知识娴熟的专业人员组成的团队，汇集来自不同学科的人员。一般情况下，卓越中心是从一个小型的专业团队开始的，并提供共享的设施和资源，通常也被称为"能力中心"。卓越中心成员的任务是简化对稀缺、高需求功能的访问，以使其在整个企业中快速落地和执行。卓越中心通过特定学科领域的专业知识，标准化最佳实践，推动其在企业中的规模化应用，并在专业知识领域提供思想引领和指导。卓越中心通常是领导探索和采用新技术、工具或实践的团队，往往独立于组织中已有的职能部门，要实现将现有的专业知识和资源集中在一个学科或能力上，以获得和维持高水准的绩效和价值。这些团队将围绕特定领域，把学习和监督结合在一起，以推动企业实现跨部门和业务的转变。例如，让来自不同产品线的各种营销相关职能的负责人聚集在一个卓越中心，围绕着为客户实现一流的社交客户关怀、共享客户历史信息，创建多种类型的定制内容。因此，卓越中心将侧重于为所有这些不同的团队提供培训、最佳实践和资源，同时还将收集所有团队的数据和经验，在企业内部创建一个积极的反馈循环。

### 2. 卓越中心的类型与目标

目前，卓越中心已经演变为可以具有不同层面的目标，有些是战术性的，有些是战略性的。按照层面侧重的不同，可以将卓越中心划分为 3 个类型：业务运营、业务增长和业务转型。

（1）业务运营

业务运营型卓越中心专注于企业效率和推动底线效果。这些效率可以是降低管理方面的成本，或提升运营决策支持。例如，在财务部门，包括应收账款、税收核算、费用报账等方面；在人力资源部门，可能是薪资或福利；而对于 IT 则可以包括服务中台、网络基础结构和 Devops 等。

（2）业务增长

业务增长型卓越中心通过共享服务影响企业效率，并致力于提高生产力和业务增长。其任务是提高企业的竞争力以及优化内部服务交付。这类卓越中心可以采取集成业务服务、分析服务或应用开发等形式，也可以采取像内部咨询机构一样的形式。

（3）业务转型

业务转型类卓越中心通过战略推动和战略调整来聚焦企业转型，其将推动业务创新，探索发现新的战略能力、市场、产品或商业模式。这些卓越中心存在的形式多为创新中心或专门的研发团队。

不论哪种类型的卓越中心，其核心目标都是消除特定专业领域在规模化过程中的效率低下问题，将企业在该领域的成熟度提升到下一个层次，在对整个企业成功至关重要的特定重点领域履行其职能。卓越中心的其他重点目标还可以包括：

- 提供思想和方向引领；
- 建立和推广最佳实践；
- 方法和流程的标准化；
- 建立知识和资源共享；
- 提供培训和支持；
- 促进信任和合作。

除了核心领域外，卓越中心还可以利用其能力在其他方面作出贡献来增加价值，例如通过集中具有高需求和独特知识或技能的资源，优化组织或实践；通过识别和开发可重用资产提高利用率来减少交付时间、开发和维护成本，提高投资回报率；识别并降低组织内各种举措的重复工作，并使团队能够依赖已证明的、可预测的结果，避免常见的陷阱。

### 3. 卓越中心的核心要素

卓越中心需要具备几个关键要素。

（1）目的与使命

卓越中心可以具有广泛的用途，具体取决于卓越中心的功能或重点领域。其中包括对员工的研究、培训和监督提供指导，通过最佳实践为组织提供支持，以及根据适当的资源分配来管理组织。

（2）团队成员

卓越中心的成员由专业的人员组成，这些人可以是公司的雇员，也可以是从企业外部雇用的人。这些成员可以继续担任其他职位，兼职或全职工作。因此，卓越中心可以是临时设置的，也可以是业务的一部分。

（3）领域或能力

卓越中心通常围绕职能或特定重点区域构建，可以是对公司特别重要或相关的任何领域，包括对概念、新技能的改进或利用，对新技术的采用或其他广泛的研究和应用领域。

## 21.2　客户体验卓越中心的作用

根据卓越中心的总体定义，"客户体验卓越中心"（CX Center of Excellence）就是聚焦在客户体验这一专业领域的卓越中心。但客户体验本身是一个非常广泛的专业领域，包含了客户洞察、体验设计、体验测量、客户旅程等多个细分专业领域，因此客户体验卓越中心可以涵盖全部的细分领域，也可以进一步聚焦在其中的某一个或者某几个细分领域。

随着组织变得越来越复杂，企业中的团队通常会发现自己处于各种孤岛中工作。在这种情况下，尽管他们的技能在不断提升，但这些团队却在彼此之间没有共享知识的情况下工作。通过卓越中心，就可以比较容易地确定可以汇集在一起并在不同团队之间共享的内部资源。这种资源共享提高了组织内部的效率，同时可以为客户提供更一致的体验。卓越中心创建了一个架构，成员通过这个架构可以测量、实验，并推动彼此追求卓越，其主要目的是推动创新和改进。

企业实施卓越中心的原因有几个，这些原因主要围绕实施、管理和使用新技术，或新的概念和技能。在企业需要某项具体的客户体验专业能力、专业知识和集中监督的情况下，也非常值得尝试和探索。对于卓越中心，关键问题在于确保专业人员或专家的工作不会被浪费。卓越中心通过创建一个框架和一组标准化的方法，使企业中的其他团队和成员可以利用这些方法来执行具体的项目。卓越中心可以凭借其专业知识和运营敏捷性，以各种方式为所有业务部门实现增值，其创造价值的主要方式有4种。

（1）更加有效地利用资源：通过集中稀缺的高需求功能（如客户体验相关的专业知识、技能和经验），卓越中心可以扩大这些功能的范围，并简化其在整个企业中的访问。

（2）更快的客户体验交付：卓越中心可以通过简化对关键功能的访问来消除瓶颈，从而提高关键业务流程的交付、开发和维护速度。

（3）管理和运营成本的优化：卓越中心通过简化流程，创建可重复使用的资产（如设计资产、工具和平台等），并减少冗余来消除效率低下的做法，实现成本的降低。

（4）提高服务和产品的质量：通过标准化整个组织的最佳实践，卓越中心可以实现服务和产品交付的统一性，以及无缝的端到端客户体验。

## 1. 简化专业知识的获取

在数字化时代，数据和信息无处不在。但实际上，客户体验管理工作所需的很多数据可能已经存在于你不知道的服务器中，或者散落在其他更多的地方，大多数公司就是这种情况。当要动手使用它们时，公司经常会感到：为什么这么难找到所需要的数据！ 数据、流程和技术是客户体验计划成功的关键，但它们只是整体客户体验或客户成功的要素之一，除此之外，跨销售、营销、财务、人力资源、品牌传播和运营的协同也是核心要素，还有跨不同部门和区域的统一测量和治理策略，这些在企业提供一致的、一流的客户体验管理中都发挥着重要作用。但是，如何确保每个人无论处在何种岗位，都能顺畅地协调他们所需的一切？ 同时，至关重要的是，每个人都可以看到其他人正在看、正在想和正在做的事？ 如何确保在客户体验中发挥作用的每个人都能不受限制地访问所需的一切？ 最简短的答案是客户体验卓越中心。对于中大型企业来说，客户体验卓越中心也是每个成功的客户体验计划必不可少的组成部分。

卓越中心的目的，就是要在整个企业组织中，提高关键专业知识的覆盖范围，应对地理区域或业务部门的影响。对于 IT 或运营等职能领域，卓越中心已经拥有成功记录。麦肯锡的研究表明，高级分析专业领域中 60% 的顶级公司拥有卓越中心来推动其分析工作向前发展；Gartner 的另一项研究预计，在 2022 年拥有 3 个以上 AI 项目的企业中，将有 50% 建立卓越中心。因此，对于已经（或者准备）开展多项客户体验计划的企业来说，一个客户体验卓越中心也将变得非常必要。

### 2. 提高公司绩效

卓越的客户体验中心可以强化公司绩效的测量，通过仪表板向所有人显示组织的整体状况。有效的客户体验卓越中心可以基于角色（管理层、中层管理人员、客户体验负责人、分析师和客服代表）展示满足特定客户目标程度的指标。

一旦建立了客户体验卓越中心，企业中的每个人都将知道该去哪里获取他们在提高整体客户体验方面所需要的数据和信息。不论是从事市场营销、客户运营，还是从事产品开发，在北京、上海或深圳，员工都将知道在哪里可以找到客户体验相关的流程文档、测量指标、标准，以及在哪里可以找到客户数据。强大的客户体验卓越中心可帮助整个企业提高以客户为中心的文化和理念，通过在需要时为员工提供所需的数据来更好地了解客户。

### 3. 建立一致性体验

客户体验卓越中心通过专业知识、流程、标准的共享和协同，可以在 3 个关键方面保持一致，并由此促进和规范客户体验保持一致。

（1）数据的一致性。客户体验卓越中心可以通过建立统一的数据规范、测量指标和标准及治理策略，主动管理数据共享平台及其输入来帮助消除重复、不规范的数据和指标，通过集中的数据处理和分发来保证各方获得数据和指标的一致性。

（2）体验设计一致性。通过建立设计规范，统一不同部门和业务线条在交互、视觉各项体验要素上的设计，也可以更进一步地通过建立设计体系工具和平台，保证设计向开发的交付过程中的一致性。

（3）流程/方法一致性。对客户体验管理涉及的各个专业领域，如客户之声、客户旅程地图绘制、客户体验测量等，客户体验卓越中心通过统一制定相应的工作方法和流程，促进其统一执行。

## 21.3　客户体验卓越中心的总体模式

### 1. 卓越中心的总体位置和模式

首先需要强调的是，卓越中心与它所服务的业务部门是分开和独立的，这种设计是为了确保在整个组织中部署卓越中心时具有最好的敏捷性和专业性。在整体的组织架构中，卓越中心通常位于公司战略部门内，也可以独立存在，位于各业务部门之上，如图21-1所示，卓越中心需要具有战略授权的、集中式的行动计划。

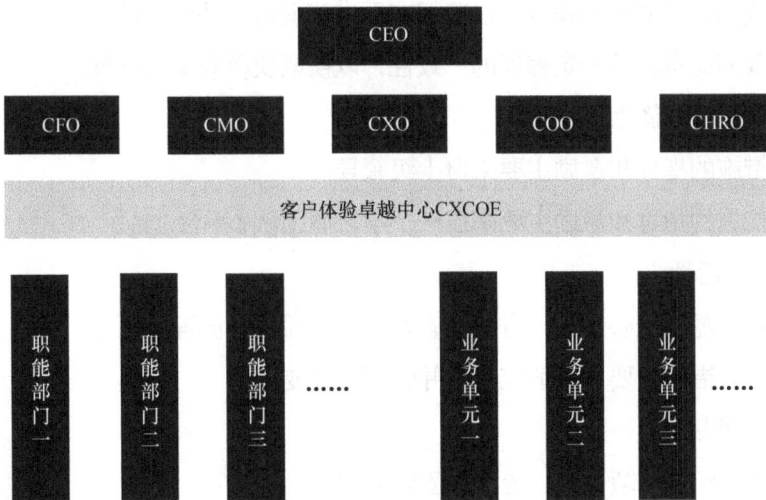

**图21-1　客户体验卓越中心在组织架构中的位置**

对卓越中心的一个常见批评是它们没有提供足够的价值来证明其存在的必要。对于这种批评或者疑虑需要指出的是，这往往并不是卓越中心本身的问题，真正的问题是没有采取最优的模式设计，从而导致卓越中心无法完成预期的使命。例如，如果一项卓越中心计划专注于客户战略的推动，但实际运作时优先考虑的是体验测量体系的部署，则这个层面的行动计划最终给利益相关方提供的结果是无法匹配的。

## 2. 客户体验卓越中心工作模式设计因素

虽然卓越中心在组织中的总体位置是相对固定的，但具体的运作模式仍然可以灵活选择。在选取具体的运作模式时，需要考虑多种因素来确定最好的运营模式。以下列出了6种需要考虑的因素，针对每种因素，进一步给出了在这个方面正反两个不同方向的评估语句，可以根据企业的实际情况进行评估。

（1）问责与控制

① 我们需要明确地问责和控制来启动卓越中心。

② 我们需要有机地激活一个控制较少的卓越中心。

（2）协同和一体化

① 我们需要协同和整合，以确保在更大范围内保持一致性。

② 我们愿意牺牲一定程度的一致性，以换取获得收益的速度。

（3）指导和激励

① 措施的指导和激励主要来自上级领导。

② 措施的指导和激励主要来自一个学习型团队／平台。

（4）灵活性

① 我们需要精心计划，有条不紊地推进，并强调流程合理。

② 所有措施需要具备适应性，并强调接受变革。

（5）团队配置

① 人员配备以项目制、跨职能团队为主。

② 人员配备以矩阵式报告、嵌入式员工为主。

（6）启动规模

① 从一个小型的专门团队启动，确保最高水平的一致性。

② 大规模影响至关重要，即使这意味着失去某种程度的一致性。

### 3. 客户体验卓越中心工作模式选择

根据以上各种考虑因素，可以在以下 5 种模式中进行选择。选择时需要将每种模式的特点和条件要求与组织现状和考虑因素进行匹配和综合考虑。

（1）集中模式

一个具备战略高度、高绩效标准的承担者，通常有来自管理层、董事会或最高领导层的直接授权，如图 21-2 所示。其特点为：

- 高度控制和一致性；
- 敏捷性和灵活性差；
- 预算很高；
- 人数很多。

（2）广播模式

这种模式通过集中式任务培训模式，开展高水准的客户体验管理知识共享、学习和能力拓展，在区域和业务流程建立新的技能，如图 21-3 所示。其特点为：

- 低控制和一致性；
- 敏捷性和灵活性强；
- 预算很高；
- 人数少。

（3）路由器模式

这种模式下，由一个小的核心团队建立客户体验管理的指导方针、平台和流程，然后使每个区域或业务线条中的专门团队成员负责实现它们，并将结果返回核心团队，如图 21-4 所示。其特点为：

- 集中控制和一致性；
- 中等敏捷性和灵活性；
- 预算很高；
- 中等人数。

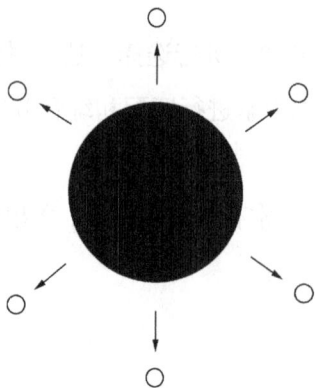

图21-2　客户体验卓越中心的集中模式

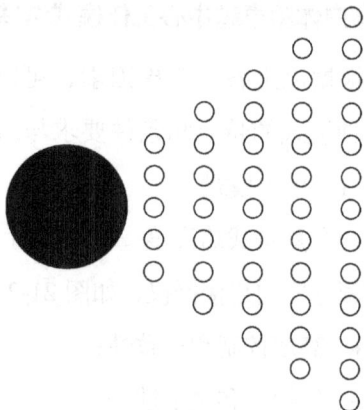

图21-3　客户体验卓越中心的广播模式

（4）编排器模式

由一个领导者或其领导小组来协调跨职能团队处理实时的客户体验管理举措，这些小型核心小组由其他职能部门、咨询和代理机构组成，如图21-5所示。其特点为：

- 低控制和一致性；
- 敏捷性和灵活性强；
- 灵活的预算；
- 人数少。

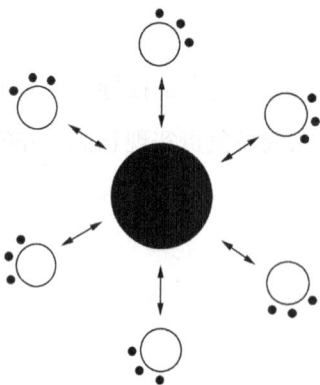

图21-4　客户体验卓越中心的路由器模式

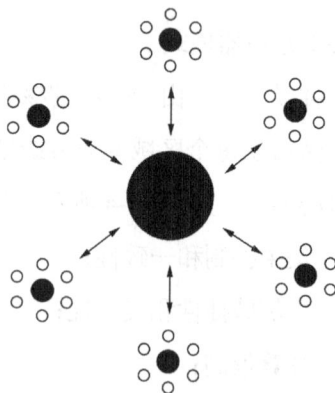

图21-5　客户体验卓越中心的编排器模式

（5）内嵌模式

由内部专门的工作室制定创新型的、前沿的专业内容及指导性方针，供组织其他成员采用。团队是小型、敏捷和跨学科的，可以灵活地为内部客户的特定需求服务，如图 21-6 所示。其特点为：

- 高控制和一致性；
- 敏捷性和灵活性强；
- 高预算；
- 中等人数。

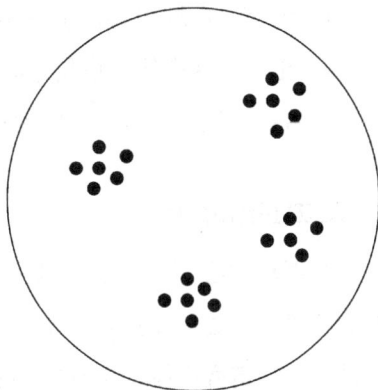

图21-6　客户体验卓越中心的内嵌模式

## 21.4　构建客户体验卓越中心的步骤

一旦确定了设立客户体验卓越中心的可行性和必要性，下一步就是准备详细计划，为卓越中心建设的各个方面做好准备，包括设计和建设卓越中心可能会涉及的资源、组织架构、人才、文化等方方面面的工作。由于涉及的工作众多，因此卓越中心的建设不可能一蹴而就，按照一定的步骤逐项开展是更加稳妥的做法。以下是卓越中心建设过程中的一般步骤，可供参考。

### 1. 获得管理层支持

高管的支持可以帮助新的卓越中心发挥其潜力，甚至在面对不断变化的公司战略时，也可以作为继续维护运作的保障。所以，选择一位管理层成员作为发起人，对卓越中心在初期的顺利启动，以及后期的长期运营都非常关键。

首席执行官（CEO）、首席体验官（CXO）、首席营销官（CMO）、首席客户官（CCO）都是客户体验卓越中心合适的发起人，建立一个强大的客户体验卓越中心，他们从中的受益也最大。他们可以为卓越中心的设立、建设和运营等不同阶段提供以下几个方面的支持：

- 向管理层、职能部门及业务部门阐述客户卓越中心的必要性和作用；
- 为客户卓越中心在组织架构中设定正确合理的位置；
- 正确将客户体验卓越中心纳入常规预算体系，提供资金支持；
- 向管理层展现客户体验及其价值，分享卓越中心的成功案例。

## 2. 建立愿景和目标

对卓越中心而言，定义其关注的领域至关重要，每个卓越中心都必须有明确的愿景。在建立卓越中心时，必须确保卓越中心是在推动企业的战略和长期愿景。在制定客户体验卓越中心的愿景时需要做到以下几点。

- 必须与总体商业战略和体验战略一致。对于任何一个卓越中心而言，在组织中持续保持与组织总体战略的相关性和影响力都是至关重要的。

- 必须清晰、简洁，以确保所有相关者都能理解。客户体验卓越中心会与内外部众多部门协作，必须让所有利益相关者都能快速、清晰地了解卓越中心的定位和目标。

基于卓越中心的愿景，可以进一步确定工作范围和路线图，设定具体的目标和时间表。这是卓越中心开展工作，以及企业评估卓越中心是否成功的标准。同时，为了确保持续的资金投入，企业管理层需要了解卓越中心实际的商业价值，因此需要对卓越中心建立一致的关键绩效指标（KPI），这些KPI必须与卓越中心的目标保持一致。KPI必须是多维的，涵盖但不限于以下领域：

- 对企业的最大影响；
- 对企业的底线影响；
- 卓越中心的运营效率；
- 对客户的影响。

针对以上各个层面的KPI类型，结合具体的业务和专业特征，可以针对性地设置更加具体的KPI。以下是一些示例KPI：

- 每项流程/资源的复用率；
- 每项流程/资源的投资回报率；

- 每项专业能力/平台在组织内的应用覆盖率；
- 专业资源/方法的应用次数；
- 解决方案响应能力；
- 培训场次/人数/通过率。

KPI可以驱动行为，而正确的行为可以提高卓越中心的绩效表现。需要建立一套全面的审查机制来跟踪进度、呈现效果、预测瓶颈，并确定针对性的解决方案，以确保卓越中心能够继续发挥影响力。

### 3. 建立团队和角色

（1）团队成员与角色

一旦确定了客户体验卓越中心的愿景、目标和关键绩效指标，就需要根据愿景来确定客户体验卓越中心团队在组织架构中的位置，以及团队的规模。客户体验卓越中心主要有以下4类角色。

① 决策层：负责对卓越中心的重大事务进行决策和考核，以及向上级管理层汇报。

② 领导层：负责卓越中心日常运用工作的管理，包括项目管理、资源和人员管理。

③ 实践成员：主要是各类专业人员，他们负责各项具体工作的执行和实施，包括内外部的沟通、资源建设和共享、项目交付等。

④ 辅助人员：除了核心的专业人员，卓越中心日常的运作也需要一些辅助人员，包括共享资源的维护、培训活动的协调和支持等。

（2）团队招募与建设

人才和能力发展是重点建设领域，也是每一个卓越中心面临的重大挑战。卓越中心的大多数技能或能力是利基或稀有的，因此团队建设是一个重大挑战，可以通过以下3种方法来解决这一难题。

① 差异化的招聘策略

一是聘请专家。卓越中心的基础是专业知识，通过聘请一组专家可以奠定思想基础，这些专家可以播下思想领导力的种子，并组建一支绩效卓越的团队，以发挥最大的影响力。二是招聘具有潜力的、横向多元化的人才。通过战略性地招聘刚毕业的高素质人才来建立人才金字塔，或培训在横向相邻领域的高绩效人员，他们往往对卓越中心的专业领域表现出浓厚的兴趣并具备超强的学习能力。

② 培训计划

可以有效利用线上线下等各种方式，来设计和开展持续、广泛的专业培训，包括但不限于内部专家、行业专家、研究机构或学术界学者。将这些培训计划结构化、具体化，并与实际项目结合起来，在进行项目时促进学习过程和效果。

③ 合作伙伴

与客户、学校、初创企业和其他公司建立行业合作伙伴关系，孵化项目，以帮助团队获得在实际工作中曝光并从事实际项目的机会。

### 4．建立资源共享中心

一旦人员到位，就可以着手开展实质性的卓越中心建设工作了，通常可以从建立资源共享中心入手。这些资源包括所有可以在多个团队和部门共用的东西，例如基础的专业知识和方法，专业组件、数据库，以及专业工具和平台等。

大量可重复使用的组件可以为企业的客户体验管理带来价值和速度，组件可以是像文档模板一样简单的东西，也可以是设计人员设计好的图标、图片，以及开发人员创建的代码等。对聚焦领域涉及的所有内容均应逐步构建，以便可以在多个用例中使用。这将有助于提高资源的复用率，节省建设费用。

专业的工具和平台也是非常重要的共享资源，尤其是统一在云端建设的工具和平台，其不但可以减少重复建设带来的成本，而且可以积累工具和平台的使用案例、数据、报告，供不同的团队和部门重复利用，在减少建设和运营成本的同时，提供了更快的周转时间和更高质量的输出。

### 5．制定工作标准和规范

有了开展工作的人员、资源和工具，就可以开始对具体问题和项目开展实践了，在这之前还需要对具体的工作方法制定相应的规范和标准，以便执行人员能够快速学习，并可以进行低成本、高效率的大规模推广复制。相对统一的工作规范和标准，还能保证输出成果的一致性，同时可以尽早发现问题和关键影响因素，以便及时调整。

虽然是统一的工作规范和标准，但是不能采取绝对的一刀切的方式，可以对每一项专业工作采用分层规范化的做法。顶层的工作框架是一致的，但再下一层的工作标准需要针对不同的场景和问题，进行相应的局部调整。

对工作标准和规范的不断迭代非常关键，因此需要对每种方法在不同业务线条和区域应用的情况进行及时的效果监测，根据测量结果进行针对性优化和调整。

## 6. 开展培训和交付

当人员、资源、工作规范和标准，以及实践案例具备后，就可以组织开展面向各个不同业务线条和区域的培训了，在短时间内将工作方法、工具和平台，以及各项资源的使用方法大规模推广，同时结合最佳实践案例，提升培训的场景化程度和实操性。培训可围绕专业领域的专题开展，如果企业规模较大，也可以采用常规划课程的形式持续开展。

除了通过培训的方式进行专业能力和资源的赋能外，卓越中心也可以根据情况开展实际的项目执行，尤其是遇到一些问题复杂的情况，或者有代表性的项目，需要卓越中心的专家团队进行实际的执行和交付，以此为基础打造最佳实践案例。

## 7. 持续治理改善流程

客户体验卓越中心建立并开展常规运作后，需要对各项资源和工作根据实际应用情况进行不断地迭代和优化。建立回头看机制持续进行学习，创建和摸索一种适当的迭代方法，确保在正确的时间、由正确的人员、在正确的情况下对各项资源、工作标准和规范进行调整。通过建立用于保存所有团队工作文件的资料库，团队成员可以检查信息并随时进行学习，这将有助于加快学习速度并提高质量。

另外，需要设计轻量（以免影响敏捷性和效率）、一致的治理机制，以确保工作符合规范要求和最佳实践。同时，有必要创建基于例外的审批流程，对非常规情况留有适当的出口，而这些情况往往是创新的突破口。

## 21.5　成功的卓越中心的工作原则

实施卓越中心的具体方法将根据每个企业的需求、所处的行业、拥有的资源，以及所聚焦的专业领域不同而有所不同。有些可能从非正式或自发性的机构开始，这些机构由来自组织内部的经验丰富和知识渊博的人员组成，他们可能需要在专职和兼职职责之间转换角色，而另一些情况下则可能需要全职工作人员。可以肯定的是，随着时间的推移，这些类卓越中心的组织将不断发展且更加正规化，并将得到适当的授权和投资，以扩大业务范围——通常是基于成功的案例、对企业业绩的贡献，以及行业内的声誉。虽然在不同的组织中，卓越中心的成功之路可能会有很大的不同，但有一些基本的原则可以为所有类似组织的成功提供基石。

### 1. 合理的标准化

卓越中心的核心目标是高效、低成本地进行专业赋能，要同时达到高效和低成本的要求，就必须将工作进行标准化，进而规模化推广应用。工作的标准化和规范化只是一个相对的概念，而不是一成不变的，卓越中心的成员需要持续地与最新的行业趋势和新兴的思想潮流保持一致。

### 2. 有效利用各种资源

卓越中心团队应该尽可能找出企业和卓越中心内存在的所有可用资源，这些资源可以是有形的，也可以是无形的，通常包括以下内容。

（1）人力资产：这类资产包括个人或团队，他们具有非常具体或独特的技能，拥有深入或广泛的专业经验。此外，这些成员应该表现出对企业提出的倡议作出贡献的兴趣，并有这样做的时间和可行性。

（2）人际关系：这类资产是个人和团队在企业内部或者外部行业和生态拥有的关键关系和影响力。这些关键关系可能包括与特定的客户或利益相关者的关系，也包括在有组织的团体里的会员身份等。

（3）数字资产：这类资产包括卓越中心组织开发的程序代码、设计组件、算法、模板、工具和应用程序等，这些将为整个企业中可重复、一致的实践活动提供基础。

（4）规范文档：这类资产是描述策略、准则的文件、咨询意见、行业最佳实践、组织最佳做法等，也包括记录过去头脑风暴、故障排除和评审会议的记录文档等。

其中一些资产可能是显而易见或易于识别的，而有些资产则可能仅在实际项目工作中才会接触到。这些资产无论是思想上的还是实体上的，都必须由卓越中心获取和管理，以便在企业内广泛使用。如果某些资产（如算法、模型等）足够独特和有价值，则可以打上品牌并在行业内推广，直接通过销售或使用许可产生间接收入。

## 3. 持续测量业绩

与任何最后能获得成功的举措一样，卓越中心必须跟踪、测量和报告团队在其所聚焦领域取得的绩效，以及对具体业务指标的促进。这对卓越中心的发展至关重要，因为明确呈现成功将是获得各利益相关方，尤其是高层管理人员认可和支持的一个主要因素。

所有的测量都要基于一个既定的基线来开展，在开始之前，卓越中心必须确定正在或将要开展的工作的基线。这些基线可以从内部经验、外部行业标准来确定，或两者兼而有之。对于交付给内部利益相关者的交付物，卓越中心应该建立服务级别协议（SLA），以明确、简洁地定义是否成功实现目标的评估标准。

## 4. 持续和清晰的治理

当涉及具体的方法、架构和工作风格时，卓越中心应该具备的不仅是指导和建议，还应该是更明确和有力的"治理"能力。这意味着，卓越中心要拥有对所有重大行动和决策进行监督、评估和修正的权利。卓越中心的发起人和管理层成员应确保卓越中心与企业内其他部门的无缝协作，并推动持续创新。由于卓越中心需要与多个业务部门或产品团队合作，因此至关重要的是，要有一个相对结构化的治理模型和标准，来保证各部门与卓越中心协同工作。

### 5. 对专家的合理使用

当建立一个卓越中心时，团队成员在经验和技能水平上很可能是分布不均的，这会导致某些团队成员工作量不饱满（对于经验不那么丰富的成员），或者工作量过大（专业水平和经验非常丰富的专家），最后会让团队在专业赋能方面的整体效率降低。

为了稳定和平衡团队成员的工作量、有效性和幸福感，卓越中心可以建立和维护团队成员整体的能力视图（Capability Viewpoint，CV），详细说明每个团队成员的职责、技术经验和技能水平。能力视图可以展现整个团队的优势和弱点，确定哪些团队成员更适合当前的具体工作。此外，它还可以突出当前和未来发展中的趋势、风险和机会，并帮助确定组织、团队及个人对资源的预期需求。

### 6. 获得高管人员的支持

要发挥显著的作用，卓越中心首先需要高层领导的支持，以使计划和实施得到最有力的授权和资源支持。有时这可能是一个挑战，需要花费大量的精力和时间进行沟通、说服，才能获得来自高层领导的支持。但是，一旦获得高层领导的支持并积极推广成功案例，就可以让卓越中心的很多工作顺利进行。

### 7. 跨学科团队成员

卓越中心还需要将与核心领域相关的跨学科、多种经验的人员召集在一起。由于客户体验涉及各个部门方方面面的工作，因此客户体验卓越中心需要召集一个洞察团队、一个分析团队、一个技术团队，甚至一个体验设计团队等，一起来为体验中的某一个具体问题或项目开展联合协同工作，尊重和吸收这些不同学科的专业知识是关键。

### 8. 共享资源

卓越中心必须拥有资源共享系统，这是实现工作标准化、大规模专业赋能的基础。开展工作的每个人（包括卓越中心成员以及组织内的其他利益相关者）都必须可以方便地使用模板、工具、日程和工作标准，组织必须激励和监督所有参与者在使用这些资源时遵守基本的标准化规范，以确保一致性，而且每个人都必须始终使用该系统。

## 21.6　客户体验卓越中心的常见陷阱

### 1. 把事情搞得太复杂

需要注意的是，卓越中心的建设和运营本身是一件复杂的事情，因为它要解决的往往是战略层面的事情，而且涉及最新领域和企业的各个方面。所以，如果企业在客户体验相关的资源、专业知识和经验方面一点基础都没有，那么卓越中心的建设和运营将是一件难上加难的事情，其复杂程度会超出他们的承受能力，这个时候不采用卓越中心是更明智的选择，这能从一开始就避免无法克服的复杂性。

对于在资源、专业、经验方面基础都很出色的组织来说，卓越中心的复杂是可以承受的，但在实施具体的各项工作时，也要尽量避免把工作进一步复杂化，保持每项工作尽量简洁、高效和有力，有几个需要重点注意的地方。

（1）资源的共享和管理尽量控制在复用度较高的范围，个性化和针对性较高的资源最好由相关业务部门和职能部门管理。

（2）工作流程的规范和标准化程度要适度，避免过度标准化导致培训成本过高，实施起来缺乏灵活性、敏捷性，最后影响个性化体验。

（3）从合适的团队规模开始动态调整和优化，避免一开始就想一步到位地设置岗位齐全的大规模团队。聚焦一个细分领域，从一个 10 人左右的小规模团队开始逐步扩大是更明智的方式。

## 2. 未能吸引利益相关者的参与

很多情况下，卓越中心能成功地向管理层展示自己存在的理由，但对管理层之外的其他主要利益相关者的需求，卓越中心所给予的重视程度却不够。这些利益相关者往往有自己的挑战和优先事项，可能没有时间进行更好的研究和分析。作为卓越中心，需要花时间了解这些利益相关者的需求，并帮助他们进行必要的过渡。

卓越中心的核心作用是在关键时期、关键领域对其他部门进行赋能，就像一根蜡烛，在最黑暗的时候，燃烧自己照亮他人，这些人和团队的成功才是评价卓越中心价值大小的最终标准。

## 3. 过于依赖模板

模板是对需求以及输出框架的统一设定，它是进行工作标准化并进行大规模赋能和推广的基础。但模板往往也是双刃剑，稍有偏颇就会造成负面影响：大多数模板的第一个问题是它们过于笼统、太宽泛而无法套用到具体的场景中；第二个问题则有些相反，其有时又过于具体和狭窄，而无法识别项目之间的差异，导致缺乏适配性。

因此，最好根据具体的问题和工作场景来设计有针对性的模板，有些模板只适合用来作为指引，更多地在框架层面进行应用；而有些模板是用来开展具体工作的，必须要详细和具体，而且要考虑各种实际场景的需求，从而提升模板的适配性和实用性。

## 4. 成为象牙塔

对卓越中心最大、最常见的质疑，莫过于业务部门认为他们从卓越中心获得的支持并未考虑到他们将要面对的现实。很多业务部门的员工这样形容卓越中心的工作："每次公司的专家来这里进行评估时，都会根据他们在现场的 3 天，为我们提供 100 项需要做的各种工作的清单。他们不断谈论要达到世界一流水平的必要性，就好像我们松开手指，在这里正在燃烧的熊熊大火都会突然熄灭一样。"

高高在上地谈论抽象的专业知识，过于"形而上"地制定标准和规范，而不愿意了解一线的实际情况和残酷现实，会使卓越中心变成组织里的象牙塔。更糟糕的是，一旦形成了"象牙塔"的名声，失去信誉，就很难改变。但这并不是对"自下而上"评估的彻底否定，而是说卓越中心不应仅停留在专业层面上，而是要提供非常实用、可操作的建议，以及简洁、可管理的工作清单，这些清单可以帮助一线解决即时的运营问题，帮助他们实现一项或多项在战略目标上的改进，并且在此过程中逐步提高的专业成熟度。

## 5. 沉迷"中心"一词

对"卓越中心"最致命的误解是将自己理解为"权力中心"，认为只有自己才能开展这一专业领域的工作，所有跟这个专业相关的资源都应该控制在自己这里，所有相关的决策权都应该由自己来把控，例如一个云卓越中心认为自己是组织中唯一可以使用云的地方，一个客户体验卓越中心是企业里唯一可以开展体验相关工作的地方。

这里的重点是要将"卓越中心"理解为"赋能中心"，而不是"权力中心"。赋能中心提倡共同承担责任，并赋予其他团队权力和资源，这是一种更健康、更可持续的大规模使用客户体验专业方法的模式。

## 6. 尝试一次进行太多变革

卓越中心在初期开展工作现状评估时，通常很容易在业务实践分析中发现许多需要改进的地方。但是传统的企业文化、客观的资源现状很可能会立即抵触太多的变化。这个时候如果还坚持对所有的问题都进行变革，则所需要的资源和投入将非常巨大，并很可能对当下的业绩造成影响。而要想获得效果又需要相对长时间的坚持和改变，就像开展一场培训很容易，但要维持它很困难，将培训应用到实际工作中并获得效果就更难。最后，卓越中心提出的改变往往中途而废，组织将恢复到以前的状态。

因此，想要进行持续的改变，那么唯一的方法是打下坚实的基础，采取持续的变革，实现并展示收益和回报，对这些改变提供持续不断的支持。在进行实质性改进之前，工作的重点要放在业务分析方式的一致性上。每个业务都有一组利益相关者，必须对这些利益相关者在业务分析方法上提供专业知识和培训，花时间获得这些利益相关者的认同，并就具体的改进工作切入点达成一致。

# 第六部分

# 客户体验的实施与治理

本部分介绍如何根据企业的实际情况，整合各种能力、技术和组织建设，利用敏捷工作模式，实施客户体验管理和运营，包括具体的客户体验计划的实施，客户体验的治理，以及整体的客户体验转型。

# 第 22 章

# 客户体验实施：

## 从一开始就把
## 事情做对

---

**本章概要**

　　客户体验很重要，但是当真正要开始行动时，需要面临的第一个问题是：从哪里入手？提供出色的体验需要开展各个层面、各个领域的工作，但企业的资源是有限的，不可能同时开展所有工作，休克疗法最后只会迅速耗光企业资源而难以为继。所以，选择合理的切入点作为客户体验工作起点，从一开始就把事情做对非常关键。本章将从两个层面探讨第一个关键问题：一是在企业层面，如何选择合适的切入点；二是在个体层面，作为一名客户体验专业人员，如何在企业开展工作。

## 22.1　企业层面：客户体验变革还是优化

一个企业或组织的进化，通常可以通过两种不同层面的路径：变革（Revolution）和演变（Evolution）。变革就是通过广泛而深入的系统性变革，打破原来的体系，建立一个新的体系；而演变则是一个渐进式的过程，更多的是在现有基础上进行优化和局部调整，从而达到一定程度的改善。同样，当企业把客户体验摆上日程时，首先需要确定的是需要在企业内部进行一场客户体验变革（CX Revolution），还是步步为营地开展客户体验优化（CX Evolution）。

客户体验变革的目标是整体改变企业客户体验的运营模式，新建和重构各项核心客户体验专业能力，建立新的技术体系，并最终实现客户体验的转型、客户体验水平的显著提升以及创新。客户体验变革往往意味着要同时开展多个领域、多个层面的客户体验项目和计划，企业的各个部门都需要深度参与，并且需要花较长的时间分步推进和落实。

而客户体验优化则往往会选在一个或少数重点领域入手，通过涉及范围有限的项目开展工作，如一个 NPS 项目、一个数字化体验优化项目、一个客户体验培训项目等，其目标是在相对较短的时间内取得一个明显的客户体验水平改善，或者一项客户体验专业能力的提升。

变革看上去总是令人向往，容易点燃激情，象征着理想、完美、激进；而演变和优化更像是无奈之举，代表着现实、被迫和缓慢。但实际上，不论是变革还是演变，都需要面对现实，不存在绝对的优和劣，只有相对于当下的合适与否，必须根据企业目前内外部环境和状态进行全面的综合评估。

### 1. 企业内部状态评估

企业内部状态评估主要从企业的发展节奏、企业总体发展战略、业务发展趋势，以及企业文化环境几个维度进行考虑。

（1）企业变革节奏

在需要采取重大行动时，如组织改革，就必须进行变革。然而，由于大规模的变革也会引起内部动荡，在某种程度上必须在摧毁旧系统之后建立一些东西，因此连续地进行变革是不可持续的。合理的节奏是变革和演变交替进行，一张一弛才是长久之计，如图 22-1 所示。

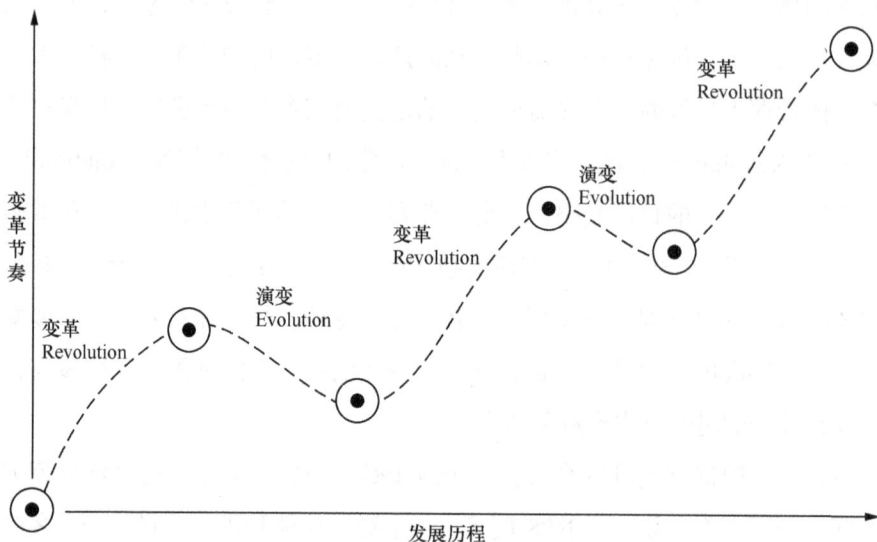

图22-1　企业发展过程中的变革节奏

因此，如果企业刚刚经历了一场大的变革，如一次大范围的业务调整、一次全面的组织结构调整、一次大的企业重组，则这时不太适合再紧跟着进行一次客户体验的变革。当然，如果这些变革是隶属于一个精心规划的更高层面的整体变革，则另当别论。

（2）企业发展趋势

如果企业的发展已经在相当长的时间内处于停滞状态，甚至是出现了下降，在竞争中明显处于下风，客户体验水平持续恶化，照此下去将面临生死存亡，这时急需一场变革来调整方向、扭转局势，那么进行客户体验变革是最合适的选择。通过对客户体验在模式、能力、文化等各个领域的整体变革，可以正确引领企业在困境中逆袭。

如果在当前的内外部环境下，企业正处在一个比较良性的发展轨道上，企业的战略方向、业务发展、核心能力等各方面都保持了明显的竞争优势，则企业内部往往缺乏马上进行变革的动力，不适合立刻开展客户体验的变革，而应该更多地考虑聚焦一些重点领域进行改进和优化。当然，也不应该停止为下一次客户体验变革进行思考、规划和准备的工作。

（3）企业战略导向

战略是一段时间内企业总体的行动方向和行为准则，如果企业当下的总体战略是一种激进型、创新型战略，那么一场客户体验变革就非常应景，在战略层面能得到更大的支持，在资源获取上更加容易，项目执行时的障碍会更小。相反，当企业战略更强调稳健，重点是现有政策的执行和优化时，客户体验变革计划是不合时宜的。

（4）企业文化状态

当企业的氛围开始变得死气沉沉，对客户需求的响应变得整体迟钝时，这是一个非常危险的信号，预示着企业的战略已经出现问题，必须从底层开始转变，这也是开展客户体验变革行动的恰当时机。如果企业以客户为中心的文化十分强烈，客户体验水平持续提升或者稳定在一个良好的水平，则局部的优化更加合适。

客户体验变革与客户体验演变的内部状态评估如表22-1所示。

表22-1　客户体验变革VS客户体验演变的内部状态评估（企业层面）

| 评估维度 | 评估项 | 是/否 |
|---|---|---|
| 企业变革节奏 | 企业上一场变革还是很久以前的事情 | ☐ |
| 企业发展趋势 | 企业发展停滞不前/业务萎缩，而不是持续稳健增长 | ☐ |
| 企业战略导向 | 企业先倾向于激进型、创新型战略而不是稳健型战略 | ☐ |
| 企业文化状态 | 企业文化模糊不清，缺乏同理心，缺乏以客户为中心 | ☐ |

## 2. 企业外部环境评估

企业的外部环境是多方面的，但最主要、最直接的要素是客户的选择，以及竞争对手在客户体验上的水平和策略。可以通过回答8个问题对公司外部环境进行评分，其中关于客户和竞争对手各 4 个，如表 22-2 所示。

表22-2　客户体验变革VS客户体验演变的外部环境评估（企业层面）

| 评估维度 | 评估项 | 是/否 |
|---|---|---|
| 客户选择 | 现有客户是否很容易就可以转向竞争对手的业务 | ☐ |
| | 新的竞争对手是否有可能在近期为客户提供更好的选择 | ☐ |
| | 即使没有你的产品和服务客户是否也能轻松应对 | ☐ |
| | 你的产品和服务是否能提供向上和交叉销售的机会 | ☐ |
| 竞争状况 | 你现在的客户体验落后于最主要的竞争对手 | ☐ |
| | 主要的竞争对手是否在营销和广告中宣传自己的客户体验 | ☐ |
| | 主要的竞争对手是否正在开展客户体验提升的重大行动 | ☐ |
| | 行业的低水平体验是否给超级体验的颠覆者提供了进入的机会 | ☐ |

（1）目标客户有多少选择

客户越能离开企业，企业就越需要赢得他们的忠诚，而客户体验对忠诚度有非常重要的帮助。考虑一下企业目前的情况，以及在将来的可能情况——新的市场进入者或替代产品是否会诱使客户离开。同时也要考虑忠实客户是否有机会购买更多的产品和服务，这对体验经济时代企业的发展至关重要。

（2）竞争对手的客户体验有多好

在目前的竞争环境下，如果客户体验越能帮助企业实现差异化，那么企业就越需要关注它，特别是当客户体验水平落后主要的竞争对手时。同时，不仅要考虑客户体验现有的竞争状况，还需要预判未来的状态，留意传统的竞争对手是否正在进行客户体验转型，在不久的将来是否会形成威胁。如果处在一个客户体验没有太大差异化的行业也不要掉以轻心，这种情况经常吸引颠覆性竞争对手的突然杀入，如同出租车行业的 Uber，以及支付行业的支付宝。

### 3. 内外部环境的综合评估

针对上述的企业内部和外部环境评估项，回答"是"的得 1 分，然后对两个维度的总得分按照以下矩阵进行评估，如图 22-2 所示。

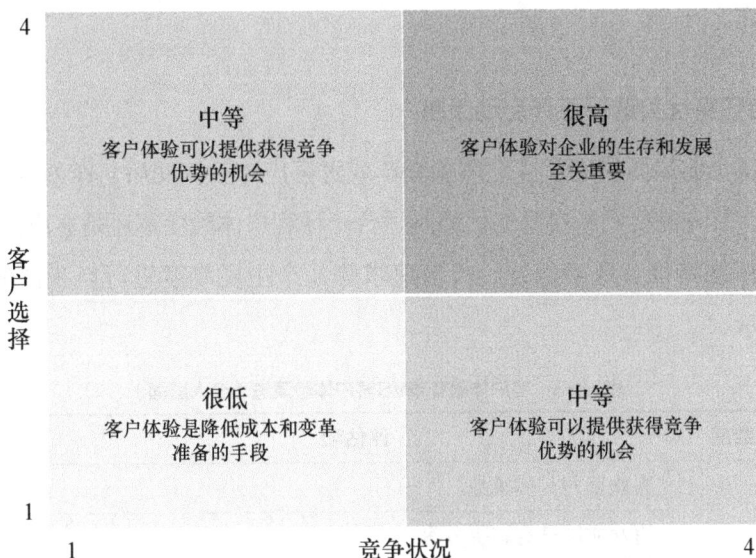

**图22-2  内外部环境评估矩阵（企业层面）**

- 如果内外部状况的得分都很高（右上角区域），则客户体验对目前的企业至关重要，企业急需进行一场客户体验变革来改善内外部状况。

- 如果是单方面得分较高（右下角和左上角区域）的情况，则属于中等状态，企业虽然不一定需要马上开展变革，但是要密切注意内外部状况，做好开展变革的准备。

- 如果内外部状况的得分都很低（左下角区域），则企业在一段时间内先不用考虑进行客户体验变革，重点是对现有客户体验的优化。

## 22.2  个人层面：短期和长期的结合

当你作为一名客户体验团队的领导者或核心成员，进入一家新的企业或者刚刚接手新的岗位，那么从哪里开始客户体验工作这个问题，实际上要给出两个答案：一个是站在企业的层面，从哪里开始开展客户体验工作，是发起一场客户体验的变革，还是开展一项具体的客户体验相关的项目；另一个是作为一名客户体验专业人员，如何在第一个问题有了答案的前提下，在自己的岗位上开展工作。

## 1. 结合自身优势选择工作启动策略

当在企业层面决定了客户体验变革或者客户体验演变后，作为客户体验专业人员，首先需要判断自身的优势是适合一场客户体验变革还是客户体验演变。可以从思维特征、风险偏好、价值追求等几个主要维度进行自我评估，如表22-3所示。

表22-3　客户体验变革VS客户体验演进（个人层面）

| 评估维度 | 评估项 | 是/否 |
|---|---|---|
| 客户体验演变 | 喜欢面对具体挑战 | ☐ |
| | 喜欢实践已有解决方案 | ☐ |
| | 能承受中低程度的不确定性 | ☐ |
| | 喜欢解决现有风险 | ☐ |
| | 更偏向细节导向 | ☐ |
| | 拥有出色的个人能力，做事有条理 | ☐ |
| | 更喜欢处理一对一的关系 | ☐ |
| 客户体验变革 | 喜欢思考抽象概念 | ☐ |
| | 喜欢探索新的解决方案 | ☐ |
| | 能承受高度不确定性 | ☐ |
| | 喜欢冒险 | ☐ |
| | 喜欢追求远大的目标 | ☐ |
| | 拥有较多利益筹码 | ☐ |
| | 具有很强的自我存在感 | ☐ |

通过以上各维度的评估，可以基本确定作为个人更适合哪种类型的客户体验工作，再与企业适合的情况进行交叉分析，可以得到一些可能的策略选择，如图22-3所示。

演变
特质

个
人
优
势

• 为体验变革提供支持
  寻找其他演变机会

• 领导企业体验优化
  避免陷入停滞不前

• 领导企业体验变革
  为下一阶段的优化做准备

• 为体验优化提供支持
  寻找下一个变革机遇

变革
特质

CX变革　　　企业现状　　　CX演变

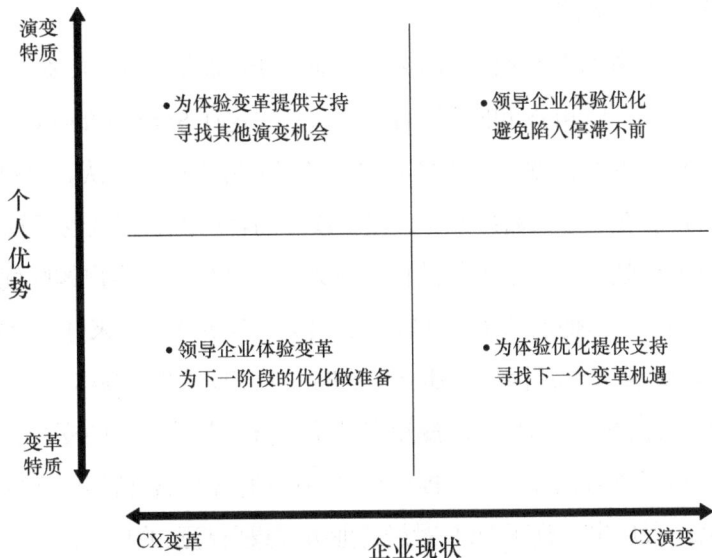

图22-3　个人方向决策矩阵（个人层面）

（1）自身优势与企业选择一致时的策略选择

当企业的选择和个人的选择一致时，可以主动出击，争取从一开始就从引领和领导所在企业的客户体验工作入手。例如，自身适合客户体验优化的工作，企业目前的状况也需要选择优化而不是激进的变革，那么可以争取负责一个重点的客户体验优化项目，但此时要在这种双重缓行中客户体验提升的脚步不能停滞。

（2）自身优势与企业选择不一致时的策略选择

如果自身优势与企业的当下选择不一致，则需要利用自身的优势适应当下企业的形势。例如，自己很有创造力，喜欢提出创新的、抽象的解决方案，这些在客户体验变革中都是有用的，然而，当企业确定演变才是当下最好的战略选择时，可以尝试发挥自己在其他维度的专长，如专注于行动，注重细节，并有能力建立强大的一对一关系等。通过选择与企业相匹配的优势，帮助企业开始启动客户体验相关的工作，并为下一步的更大范围的变革做好准备，一旦条件成熟，就能得到一个更具变革性的工作岗位。

（3）个人发展策略案例

Wai Au 曾经担任软件公司 Sage Software 的全球客户体验负责人。几年前，根据公司的情况，他和公司的首席客户官一起决定在 Sage Software 北美公司开展一场客户体验变革计划，并招募成立了专门的客户体验团队。但由于种种原因，首席客户官在 3 个月后离职了，当初成立的客户体验团队也只剩下 Wai Au 一个人，这时他认为面对这种新的情况和条件，开展一个客户体验优化项目才是更好的选择。于是他启动了一项客户反馈文本分析项目，来分析挖掘 NPS 背后隐藏的细节问题及其原因，并建立了 NPS 和客户之间的关联。

这个客户体验优化项目最后赢得了几位业务线条总经理的支持，并在他们的支持下获得了更多预算。为了推动更多的行动，他在总监层面建立了一对一的关系，公司最后也看到了 NPS 对最终业务成果所起到的积极作用。这些工作和成果为一场客户体验变革创造了的条件，Sage Software 也开始更广泛地开展客户体验方面的工作。

## 2. 制定短期工作目标和长期工作目标

根据工作启动策略选择，为了让企业的客户体验工作尽快走上正轨，证明自身的价值，新上任的客户体验专业人员可以在开始工作的一段时间内（3～6个月），制定两个阶段工作目标，作为开启客户体验工作的行动指南，如图 22-4 所示。

在两个阶段目标中，第一阶段有一个短期的重点：快速证明自己并立足；第二阶段有一个长期的重点：开展为未来客户体验变革铺平道路的活动。第一阶段工作是第二阶段工作的基础。

当然，如果个人自身的优势和企业的选择都是赶紧开始一场变革，而你又从一开始就得到了企业各个层面的有力支持，那么可以直接跳过第一阶段中的很多工作，开门见山地进入第二阶段。但是，就目前情况来看，企业普遍存在对客户体验理解不到位、以客户为中心的文化较弱、客户体验相关能力缺乏等问题，能直接飞跃的可能性基本为零。

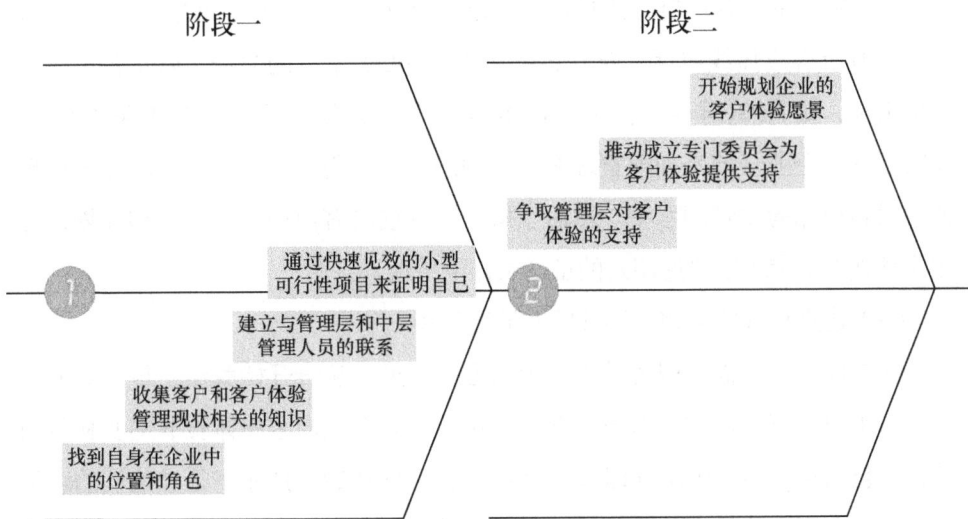

图22-4　两个阶段的工作指南（个人层面）

### 3. 第一阶段：通过快速见效获得认同

第一阶段的工作是通过了解现状，建立在企业内部的关系网络，通过快速见效的项目获得内部认可，找到立足之地，可以开展的工作可以包括以下几项。

（1）找到自身在企业中的位置和角色

客户体验专业人员的第一步是找出所在公司的关键业务、关键客户，以及客户体验团队和部门的关键利益相关者。获取可以使用的工具和基础设施，找到组织中的合作伙伴。例如，应该搞清楚企业是否有客户服务或质量团队的工作计划与你的存在雷同，找出公司在市场上的立足根本和核心能力是什么。基于以上信息明确自身的位置、与利益相关方的关系。例如，一位新入职的客户体验专业人员将他的工作定位为不同团队之间的催化剂，帮助协调和调整客户相关的行动措施，他认为这种定位能帮助他以一种不具威胁性的方式接近这些团队，并建立正确的工作关系。

（2）收集客户和客户体验管理现状相关的知识

通过直接与客户的沟通，或者与面向客户的团队和部门的访谈，明确最先需要提升哪一细分客户群的体验。可以通过查看客户反馈和投诉来做到这一点，例如，倾听客户热线电话、查看客户之声（VoC）平台的数据，以及客户体验测量指标，如 NPS（净推荐值）或 CES（客户费力分数）。除了客户相关的信息，还需要掌握企业目前是如何管理客户体验的，并使用客户体验管理成熟度框架评估对客户体验的管理水平。然后了解正在开展的客户相关的行动和计划，并在此基础上拟定可以快速切入的备选工作清单项。

（3）建立与管理层和中层管理人员的联系

客户体验工作需要跟各种利益相关方打交道，从一开始就建立与他们的联系非常重要。可以通过一对一的介绍性访谈，与企业内客户体验的主要利益相关者，包括管理层、中层管理人员建立关系，如图 22-5 所示。征求他们的意见和建议，如客户体验对他们具体的含义是什么，为什么客户体验对他们非常重要，以及如何将客户体验纳入他们的工作中。这些信息可以帮助了解他们愿意去做哪些非职责范围的事情，判断他们对客户体验工作的支持程度，以确定其中的哪些是盟友，可以帮助推动客户体验计划和项目。但是，也要谨慎对待一些声称自己理解客户体验的人，他们实际上很可能根本不知道客户体验是什么，所以要保留判断，持续观察和了解。

（4）通过快速见效的小型可行性项目来证明自己

在确定了公司的方向或举措、管理层关注的优先事项，以及关键客户的痛点清单后，从中选择一两个可以立即改进的小领域，甚至可以小到使用更加简洁的语言来描述产品简介，然后集中精力搞清楚这些问题背后的逻辑，通过这些工作弄明白各个部门是如何工作的。度量成功，记录哪怕是最小的胜利，并将这些成果在企业内进行合理的传播。这不仅可以让领导信任你的能力，还可以消除对客户体验价值可能的疑虑。为了让事情获得快速的实施和见效，从先前确认的支持者那里得到帮助非常关键。

### 4. 第二阶段：为长期客户体验转型打好基础

一旦了解企业内客户体验生态系统的状况，并快速地证明了自己的专业能力，就可以进入第二阶段。在这一阶段的活动是争取最终的客户体验项目、计划的基础，并帮助明确长期工作的重点，这是企业将来可能开展客户体验变革活动时所必需的。这一阶段类似于厨师组织和准备所需要的原材料，然后才开始做饭。这一阶段具体可以开展的工作包括以下几点。

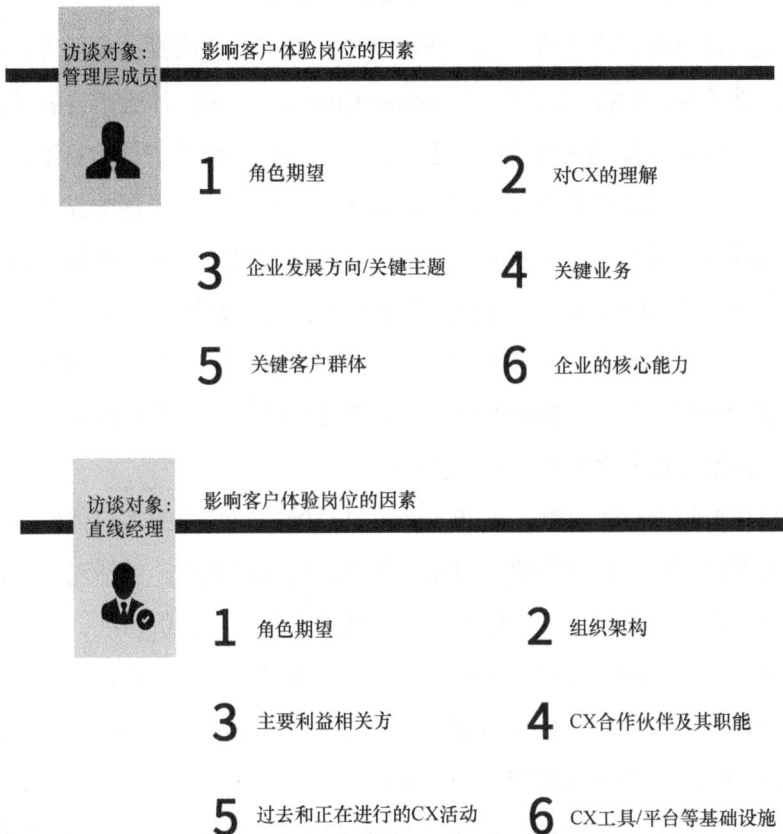

访谈对象：管理层成员　影响客户体验岗位的因素

1　角色期望

2　对CX的理解

3　企业发展方向/关键主题

4　关键业务

5　关键客户群体

6　企业的核心能力

访谈对象：直线经理　影响客户体验岗位的因素

1　角色期望

2　组织架构

3　主要利益相关方

4　CX合作伙伴及其职能

5　过去和正在进行的CX活动

6　CX工具/平台等基础设施

**图22-5　内部访谈指引**

（1）争取管理层对客户体验的支持

在执行客户体验举措之前，获得来自高层的关注和明确支持至关重要，否则所有的工作都得不到预算和资源保障。首先，需要提出一个引人注目或令人信服的理由来改进客户体验，它必须与企业重要的目标联系在一起，如创新或差异化的商业模式。通过展示组织内以客户为中心所取得的亮点成绩，证明体验转型获得成功是可能的。通过客户体验成功案例分析客户体验的投资回报，例如，呈现客户体验对提升忠诚度和收入的作用，或者让他们在呼叫中心收听客户的电话，了解客户痛点，安排参加一次客户地图绘制的工作坊，让他们能够感受到以客户为中心的力量。

（2）推动成立专门委员会为客户体验提供支持

如果来自中高层的支持足够广泛和强烈，则可以尝试推动成立专门推进客户体验的委员会，如客户委员会（Customer Council）或客户体验指导委员会（CX Steering Committee）。这将有助于在整个企业范围内协调客户体验行动，或审查涉及客户体验决策的必要性和合理性，如客户体验项目和计划的立项、优先级排序，以及清除实施过程中的障碍。通过委员会中来自各个领域和部门的中高层管理人员，首先可以从客户体验决策过程中了解到来自企业不同部门的观点，另外可以在企业内获得广泛支持来执行委员会的计划。在客户体验转型期间，DBS 星展银行成立了一个类似的委员会，帮助公司取得了巨大的成功。

（3）开始规划企业的客户体验愿景

一旦在组织中有了足够的支持，就可以开始规划企业的客户体验愿景——企业希望客户拥有的预期体验。为此，首先指定目标客户，包括对各关键客户细分群体、相应的人物角色进行描述，并基于企业品牌的价值观，描述想要的情感反应。例如，丽思卡尔顿酒店承诺为客人提供"愉悦身心，灌输福祉，甚至未表达期望"的体验。确保设定的客户体验愿景是积极、真实、可执行的，并得到客户体验指导委员会的审查和认可。

有了来自管理层的支持及客户体验愿景的指引，不论是开展客户体验优化，还是推动一项整体的客户体验变革，都有了长期坚实的基础。

第 23 章

# 客户体验计划：
## 设计和实施高效的客户
## 体验专项行动

---

**本章概要**

无论是渐进式的优化，还是变革式的客户体验转型，客户体验在企业的实际落地都是从一项项具体的客户体验计划开始的，它是实施客户体验的基本行动单元。本章首先对客户体验计划的内涵进行界定，并明确一项客户体验计划的基本组成要素；其次对实施一项客户体验计划的主要步骤进行说明；最后分析客户体验计划实施过程中的主要挑战，以及重要的工作原则。

## 23.1　什么是客户体验计划

### 1. 客户体验计划的定义

为了提升客户体验，企业可能需要一场整体的客户体验转型，也可能只需要一场局部的优化。不管是变革性的转型，还是演进式的优化，具体的行动都需要最终落实为一项项实际的"客户体验计划"（CX Program）。只是整体性的变革会由更多、更复杂的客户体验计划组成，而演变式的要少得多。但如果要进一步细分，则客户体验计划又可以划分为更小颗粒的客户体验项目（CX Project）。那么，什么是客户体验计划？

> 客户体验计划是系统地发现和改进客户体验的一组行动集合。

客户体验计划是一种系统化的方法，用来改善客户体验，并为客户提供价值。一项客户体验计划不是一种临时采集数据和反馈的工具，也不是一项一次性的专题研究项目，它是系统性的，而且是长期和持续性的。以下这些工作虽然也与客户体验相关，但还不属于客户体验计划的范畴。

一些公司定期或不定期进行客户调查，这些调查会收集反馈，但数据最终没有真正被用来采取行动。这不是客户体验计划！

一些公司收集来自一线员工的反馈，统计他们对工作的体验和了解到的客户信息，并将数据随机报告给几个关键决策人员，但这不是客户体验计划！

最近用户对某个产品的意见比较多，产品团队对重要的功能进行了重新设计和开发，这不是客户体验计划！

客户体验计划是一个系统性的工作，而且是相对长期的。它可能是一项构建客户能力的构建计划，也可能是针对某一个客户群的体验提升计划，还可能是客户服务质量的改善计划，常见的客户体验计划包括：

（1）针对某一重点客户群建立并运营一套客户体验测量体系；

（2）构建一个客户洞察成果库并让各个相关的业务部门进行应用；

（3）开发上线一套企业通用的设计组件库和设计体系工具，在产品部门和品牌部门进行应用；

（4）基于重点渠道和触点部署一套客户数据平台（CDP），支撑营销和服务团队的客户洞察和互动。

## 2. 客户体验计划的组成要素

客户体验计划的组成要素是其核心的工作内容，一项完整的客户体验计划一般需要包括以下关键要素，如图 23-1 所示。

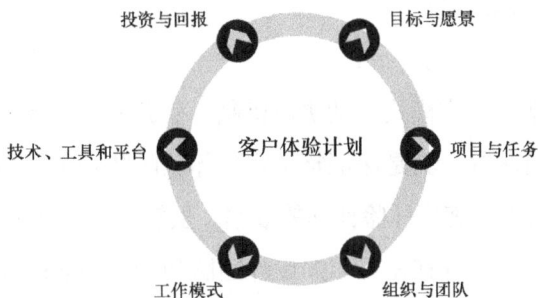

图23-1　客户体验计划的组成要素

（1）目标与愿景

一项客户体验计划必须要有总体的目标，以及围绕这个总体目标的支持性目标。例如，一项客户体验计划的总体目标是建立一个完善的客户体验测量计划，并将总体的客户体验水平提升 10%。围绕这个总体的目标，需要开发一套客户之声平台，设计开发一套测量指标，以及将净推荐值 NPS 提升 10%。为了让客户体验计划可执行，以及后期的效果评估清晰明确，必须进一步为总体的目标设置具体的 KPI 或明确的工作事项。

（2）项目与任务

有了总体的目标，需要制订进一步的执行计划，对需要开展的工作进行分解，形成具体的工作任务。内容和性质类似的工作任务，或者有着同一明确目标的工作任务可以组成为一个项目，多个项目构成一个完整的客户体验计划。虽然执行过程中会根据情况进行调整，但是明确的工作任务和项目是划分责任体系、开展日常管理的基线。

（3）组织与团队

针对每个项目和工作任务，需要设置相应的岗位和人员，形成工作团队，并明确每个团队和个人的工作内容、工作目标，以及相应的职责。一项客户体验计划往往由很多个具体的工作任务和项目组成，所以相应的团队也很多，其中有些是专职的，也有些是跨职能的虚拟团队，但所有这些团队和成员一起构成了整个客户体验计划的组织结构，拥有共同的目标和愿景，需要分工协作一起来达成目标。

（4）工作模式

客户体验计划的工作模式包括决策机制、资源分配机制、协作机制、工作流程及激励考核机制等。其是保证整个客户体验团队和组织日常运转的基本制度，同时也决定着整个客户体验计划的效率。虽然不同团队由于工作性质不同，在具体的工作模式上会存在差异（如设计团队和开发团队的模式是不一样的），但在相互之间的沟通协作上需要统一的工作原则和机制。

（5）技术、工具和平台

一项客户体验计划的工作往往会涉及各类数据的采集、分析和应用，也可能需要去优化和改建的体验本身就是数字化的，同时，为了支撑整个客户体验计划中各个团队的日常工作及协作，也需要各种专业工具、协同工具和管理工具，所以数字技术、工具和平台往往是一项客户体验计划中必不可少的要素。对这些技术、工具和平台的选择、开发和运用，对计划的成功至关重要。

（6）投资与回报

一项客户体验计划对企业来说就是一项投资活动，需要付出大量人员、资金和各种资源，因此必须在前期对整个计划的投入和回报进行估算，保证计划的商业可行性。在结合实际工作对预算进行灵活调整的同时，也需要不断监测、控制项目的投入和回报。

### 3. 出色的客户体验计划是怎样的

创建和实施一项完美的客户体验计划需要整个企业中众多利益相关者的积极参与，一个好的客户体验计划，需要参与各方在协作过程中做到以下几点。

（1）跨部门参与

无论是直接还是间接，企业中的每个人都会对客户体验产生影响，而不仅仅是面向客户的一线团队和人员。如果领导者重视客户，那么向他们汇报的人也会如此。所有关键决策者，从管理层到中层管理人员，再到一线基层人员，都需要了解组织的客户体验愿景，了解和认同客户体验计划的目标和工作内容，并认为有能力实现它。

（2）绘制客户旅程

从客户视角了解完整的客户旅程是一项客户体验计划的关键部分。理解客户旅程是统一客户体验计划中各个团队视角的主线，同时也是串联各个团队各项工作的主线，包括直接面向客户的前台团队的工作，也包括中台、后台团队的工作。同时，在将现有的能力和各个团队的工作放到整体的客户旅程中时，可以更加清晰地发现能力的短板和工作中的不足，这些都是在客户体验计划执行中的关键点。

（3）正确的数据治理

任何客户体验计划的核心都是数据，涵盖了从客户特征、行为和反馈，到企业收入、利润和销售额等核心运营指标的所有方面。大多数企业有着大量的运营数据，但是一项客户体验计划的成功需要运营数据和体验数据的结合。这需要系统地收集和监控来自所有关键接触点的客户体验和运营数据。除此之外，还需要使用诸如文本分析、关键驱动因素分析等各种分析工具来理解它。

（4）将数据转化为行动的技术

一项出色的客户体验技术、工具、平台，可以支持客户体验计划中的各个团队收集体验数据，以可用的方式对其进行组织和分类，并促进跨部门孤岛的沟通。好的工具可以分析和报告洞察和发现，并最终将数据转化为团队的具体改进行动。选择一项先进的技术，可以从客户体验计划解锁更多的价值，并用它来发现行为的主要驱动力和优先事项，调整和优化客户体验计划的待办事项清单。

## 23.2　实施客户体验计划的步骤

虽然每一项客户体验计划具体的目标和工作内容都不尽相同，但是其主要的要素和工作内容具有相似性，在开展一项具体的客户体验计划时，可以遵循以下主要的工作步骤，如图 23-2 所示。

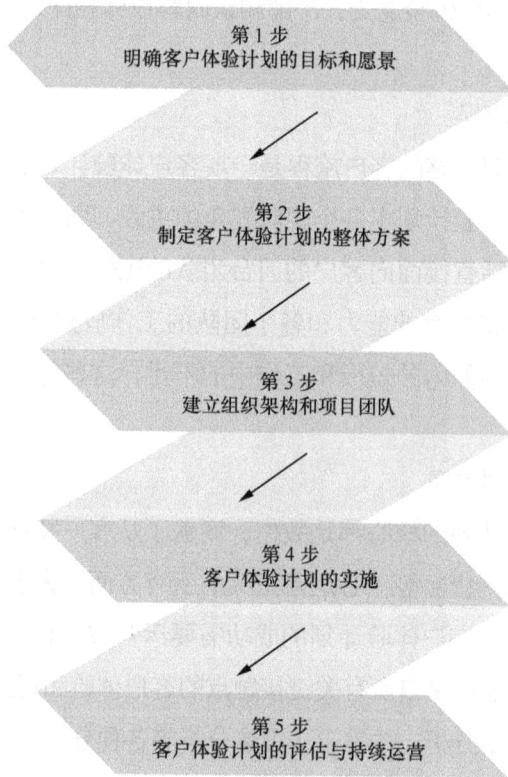

第 1 步
明确客户体验计划的目标和愿景

第 2 步
制定客户体验计划的整体方案

第 3 步
建立组织架构和项目团队

第 4 步
客户体验计划的实施

第 5 步
客户体验计划的评估与持续运营

图23-2　客户体验计划的一般步骤

（1）明确客户体验计划的目标和愿景

这是客户体验计划的第一步，明确整个客户体验计划要实现的目标。如果这个客户体验计划足够大，目标足够长远，涉及范围足够广，可能还需要一个更加宏大和鼓舞人心的愿景，来团结和激励更多的人员和合作伙伴。制定客户体验计划的目标，既需要结合企业的整体商业战略、客户体验愿景，也需要结合企业当下的现状和经营重点，确定各个层级都能理解和衡量的目标。

（2）制定客户体验计划的整体方案

一项客户体验计划是一项系统性工作，涉及方方面面，包括计划的工作内容的界定和划分，相应的工作任务和项目的设定；整体的工作计划和进度；所需的人员、资金和各项配套资源；相应的管理制度、章程和激励考核办法等。

（3）组建组织架构和项目团队

有了初步的方案构想，就可以开始着手组建项目团队，并根据整体的工作计划不断完善和补充。针对不同的项目，可以通过内外部招聘、虚拟团队的形式组建项目团队，并制定工作和治理机制。

（4）客户体验计划的实施

组建项目团队后就可以开始执行计划了，并在计划执行过程中，逐步建立相应的工作方法、流程，开发相应的技术、工具和平台，这些都是支持客户体验计划长期运营的基础。

（5）客户体验计划的评估与持续运营

定期对客户体验计划进行评估，包括对每个项目和工作任务的评估、对整体计划的评估，以及根据实际情况对计划进行优化和调整。当计划的各个基础部分已经建立并成熟时，就可以进入持续的运营期。

## 23.3　实施客户体验计划的挑战与建议

虽然开展一项跨职能的客户体验计划有助于解决许多客户体验方面的挑战，但这并不意味着它能毫无障碍地顺利开展。由于客户体验计划中每个团队和成员都有相互竞争的优先事项和不同的责任，因此想协同各个利益相关方并不容易。尽早意识到客户体验计划可能会面临的挑战，有助于在它们成为前进的主要障碍之前，准备好如何解决这些问题。

### 1. 主要挑战

（1）计划目的缺失

许多客户体验团队在没有明确定义他们应该做什么的情况下被召集在一起。没有明确的、良好沟通过的目标会使一切变得困难：团队成员不会就优先事项达成一致，他们不会理解自己的角色，并且通常会对流程感到沮丧。在初期制定完善的客户体验计划章程可以避免这种情况。

（2）没有问责制度

跨职能的客户体验团队需要定义如何将实时的客户洞察转化为行动。工作中是否需要与各部门负责人沟通说明工作要求和原因，跨职能团队内部是否有问责制，或者利益相关者和计划发起人是否需要问责，这些都是首先需要考虑的问题。

（3）个人责任缺失

如果在客户体验计划中的每一个成员都仅靠自愿和兴趣来开展工作，那么很容易让具体的工作职责迅速变得模糊。实施客户体验计划的跨职能团队需要具有真正的角色和真正的责任，这也是为什么由委员会组成的客户体验计划治理结构和工作模式非常关键的原因。

（4）与组织目标的错位

客户体验计划的目标与企业的整体目标不一致，或者刚开始是一致的，但是后来由于缺乏持续的管控和调整而发生偏离，那么客户体验计划的最终失败就不可避免。必须确保将客户体验计划预期的结果与公司本身最重要的关键绩效指标关联起来，这些也可以根据企业年度、季度甚至月度目标而改变。

（5）成员签到太少

如果一项客户体验计划中的很多成员是虚拟的，团队主要由兼职人员组成，那很有可能由于跨职能成员要继续承担日常职责，而导致工作重心偏移，对客户体验计划中应当承担的工作失去聚焦。因此，为确保客户体验计划不会成为偶尔才想起的兼职工作，可以根据情况设置合理频率的硬性签到制度。

（6）缺乏多样性

客户体验计划的团队除了应包括各级领导层的成员外，还需在专业和思维上保持成员的多样性，通过良好的共享机制将这些多样性转变成包容性的工作环境。如果团队中不包括不同技能、不同思维和不同专业的人员，就会错过可以更好地为客户服务的独特视角和观点。

（7）透明度不够

如果客户体验计划中的各个团队沟通和协作不够，大家在各自的范围内囤积数据信息，那么将错失工作过程中获得支持和支持他人的机会。提供洞察、行动和结果的可见性和透明度，是跨职能客户体验计划最关键的工作原则之一。

（8）只做长期工作

客户体验计划虽然是一项系统性的长期工作，但是不能只盯着那个长期的目标，而忽略当下的问题和工作。应将短期问题和长期工作合理结合，在解决短期问题的过程中，实现长期的目标。

（9）没有将客户包括进来

贴近客户真实的声音有助于客户体验团队在决定下一步行动时内化客户的需求并实践同理心。对于客户体验计划团队中偏中台、后台的团队和成员来说，这是一个非常重要的工作。可以通过查看客户填写的调查问卷、开放式的反馈，以及聆听呼叫中心的录音，尽可能多地邀请客户参与工作过程。

（10）缺乏及时和灵活的调整

虽然客户体验计划都要有明确的目标，但是现实中的客户体验不断变化，客户期望、市场环境，甚至竞争对手的体验每天都在影响着客户旅程各个阶段的客户体验。因此，团队应该足够灵活，结合实际情况对各个分项目标甚至总体目标进行调整。


## 2. 主要原则

（1）传播客户体验能带来的切实价值

客户体验计划不应仅是锦上添花，还应能够提供实际的商业结果，是企业实现持续增长的核心动力。但是，如何在内部就客户体验计划进行沟通至关重要。最重要的是要让企业的其他成员清楚地了解客户体验的价值——客户体验以及这项客户体验计划不仅是让客户满意，而且是要提供清晰且可衡量的投资回报率。

（2）专注于效率和情感而不仅是效用

客户体验有3个关键的组成要素：效用——客户在多大程度上实现了他们的目标；效率——他们实现目标的难易程度如何；情感——与公司的交互让他们有什么感受。很多企业非常注重效用，但实际上，效率和情感在客户的持久记忆中更为重要。在一个环境中让一位客户满意的东西可能不会让在同一环境中的另一位客户满意。因此，专注于效率和情感需要更详细的客户细分，从而驱动更加个性化和强大的客户体验计划。

（3）在整个组织中实施客户体验

出色的客户体验不是哪几个人或哪几个部门就能完成的，而是关于如何建立整个公司所需的客户体验专业能力和技能，以便能够始终如一地提供符合客户期望的体验，并实现正在追求的商业成果，这应该是全公司范围的任务。因此，一项可行的客户体验计划也必须是全员参与的。

（4）从小处着手，着眼于建立规模

与其尝试一下子做很多事情，而每一项在整个组织中带来的价值非常小，不如尽量聚焦一些当下的关键事项。但同时要带着这样的想法去做：如果这些计划被证明有效，那么也可以在整个组织中大规模地推广它们。

（5）理解更好的员工体验 = 更好的客户体验

更好的员工体验（EX）与更好的客户体验（CX）密不可分。客户体验管理平台Qualtrics对1200多名全球高管的调查研究发现，认为自己所在企业拥有更好的客户体验的高管，同时也表示他们拥有更好的员工体验——更好的员工体验与更好的客户体验是高度相关的，这会进一步带来更好的客户忠诚度，并最终带来更好的商业成果。

# 第 24 章

# 敏捷客户体验：

## 利用敏捷模式驱动客户体验的规模化

---

**本章概要**

无论是进行一场根本性的客户体验转型，还是通过实施一项客户体验计划来实现局部的客户体验改善和演进，客户体验管理都需要采用更加符合数字化特点的工作模式——敏捷。本章首先介绍敏捷的发展来源、基本理念、价值观及工作原则，其次对客户体验和敏捷模式的相互作用进行分析，最后提出将敏捷融入客户体验的基本策略。

## 24.1　什么是敏捷

2001 年，17 位不满于现有开发模式的软件开发人员聚集在美国犹他州，分享改进传统"瀑布式"（Waterfall）开发的想法。瀑布式开发模式通常是预先创建详细的需求和执行计划，然后按顺序对功能逐项进行开发。这种方法在环境相对稳定时可以运用得很好，但当软件市场开始快速且不可预测地变化时就变得不再适合。在这种情况下，软件在交付给客户时就已经过时了，开发人员感到越来越多的来自客户和企业内部的压力。

面对这些问题，他们提出了开发软件的 4 个新的价值观，描述了指导遵守这些价值观的基本原则，并将他们的这一倡议称为"敏捷宣言"，遵循这些价值观和原则的开发框架被称为"敏捷模式"。

### 1. 敏捷宣言

"我们一直在实践中探寻更好的软件开发方法，身体力行的同时也帮助他人。由此我们建立了如下的价值观：

个体和互动高于流程和工具

工作的软件高于详尽的文档

客户合作高于合同谈判

响应变化高于遵循计划

也就是说，尽管右项有其价值，我们更重视左项的价值。"

① 个体和互动高于流程和工具

项目应该围绕积极主动的个人建立，这些个人能得到他们为完成工作所需的支持和信任。团队应摒弃流水线思维，转而为解决工作中的问题采用有趣的、创造性的环境，并应保持节奏的持续性。员工应该尽量保持直接的沟通，并提出改善工作环境的方法。管理层应该致力于消除各种障碍，使协作更容易、更有成效。

②工作的软件高于详尽的文档

最终创造价值的是产品、服务和软件，而不是文档。能够在真实的市场环境和条件下看到工作成果的创新者将成长得更快、更有成就感，能坚持得更久，并坚持做更有价值的工作。团队应该在尽量短时间内与前期少数客户对少量产品进行测试，而不是一开始就通过书面的方式跟客户确认需求。如果客户喜欢现有的产品，就保留并继续拓展和优化产品；如果客户不喜欢现有的产品，就应该找出解决办法或继续下一步。对于工作中的分歧，团队成员应该通过实验来做出判断，而不是刻板遵循刚开始编制的需求书，或者无休止地辩论。

③客户合作高于合同谈判

上市时间和成本是最重要的，产品、服务和软件的规格应该在整个项目中不断改进，因为客户很少能预测他们真正想要什么。及时与客户沟通需求、快速制作产品原型、加大市场测试频次，以及持续地协作可以使工作专注于客户最终觉得有价值的东西上。

④响应变化高于遵循计划

在传统项目管理中，如果团队刚开始就制定最详细的计划，到最后会发现其实都是在浪费时间和金钱。尽管在项目开始时创建一个愿景和计划也是必要的，但应该只对那些预计在完成时不会发生改变的工作任务制订计划。团队应该乐于去学习和了解会调整方向的东西，即使是在项目工作的后期，这将使团队更贴近客户并取得更好的效果。

## 2. 敏捷原则

为了在实际的工作中遵循以上敏捷宣言的价值观和理念，敏捷的创始团队还制定了指引具体工作的 12 项原则。

①我们最重要的目标，是通过持续不断地及早交付有价值的软件使客户满意。

②我们要欣然面对需求变化，即使在开发后期也一样。为了保持竞争优势，

敏捷过程需要掌控变化。

③ 我们要经常交付可工作的软件，相隔几星期或一两个月，倾向于采取较短的周期。

④ 业务人员和开发人员必须相互合作，项目中的每一天都不例外。

⑤ 激发员工的斗志，以他们为核心搭建项目；提供所需的环境和支援，辅以信任，从而达成目标。

⑥ 不论团队内外，传递信息效果最好、效率也最高的方式是面对面地交谈。

⑦ 可工作的软件是进度的首要度量标准。

⑧ 敏捷过程倡导可持续开发。责任人、开发人员和用户要能够共同维持其步调稳定延续。

⑨ 坚持不懈地追求技术卓越和良好的设计，可以增强敏捷能力。

⑩ 以简洁为本，它是极力减少不必要工作量的艺术。

⑪ 最好的架构、需求和设计出自组织的团队。

⑫ 团队定期反思如何能够提高成效，并依此调整自身的工作。

## 3. 敏捷的特点

以上介绍了敏捷总体的价值观与具体的工作原则，为了更加突出和掌握敏捷模式的关键点，对敏捷工作模式的主要特点总结如下，它们是在开展敏捷工作时始终要谨记和遵循的核心要点。

① 聚焦客户

敏捷的初衷和最终目的是在新的环境下，更好地满足客户的需求，为客户创造价值。在数字化的环境下，客户的需求和期望都在不断动态变化，敏捷的模式就是要打破原有工作模式中不符合这种变化趋势的方式，剔除阻碍因素，构建新环境下的以客户为中心的工作模式。这是敏捷工作模式的第一原则和终极评价标准。

② 快速交付

满足快速需求和预期的最佳方式就是快速交付，在客户所处的场景不停地快速切换的情况下，及时交付比完美交付更有价值。敏捷工作模式为了实现这一目的，在启动阶段采取最适合的方式就是从小开始，找到最关键的切入点，快速形成最小可行性的原型，基于客户测试进行验证和扩展。在扩展过程阶段，不断提升决策速度和效率，提高持续交付的频率，缩短交付周期。

③ 持续迭代

为实现快速交付，每次提供的产品、服务和交互不一定是最优的，需要持续不断地进行迭代和优化。但迭代和优化的方向不是基于上一阶段的需求和期望，而是以客户场景和需求的下一步预测为目标。持续迭代包括最终交付体验的迭代，也包括为了实现更好体验的工作模式的迭代，具体包括在方法、技术、流程及设计等各方面的持续优化。

④ 简洁和精益

为提升交付速度和交付频率，敏捷模式的一个重要手段就是追求工作中的精益：尽量减少不必要的工作，尤其是管理和控制类的工作事项。在增加每一项工作前需要思考的问题是，这项工作对团队是否有价值？这项工作的输出对客户价值有没有帮助？同时保持交付的简洁——去掉所有客户当下不必要的功能、交互和体验。

⑤ 沟通与协作

直接的沟通——无论是与客户沟通，还是在团队内部沟通，这都是最有效的方式。虽然文档是内部传递信息和评估工作必不可少的工具，但是由于各种原因，文档会损失掉很多信息，甚至是非常多的关键信息，它们是准确的但往往是不完整的，因此密切的直接沟通（包括线下和线上模式的沟通）是敏捷工作的基本要素。

⑥ 赋能一线

为了实现快速的交付、持续迭代和内外部的直接沟通，需要给一线工作人员提供必要的技术、工具、平台、知识，如符合业务特征的技术开发环境、好用的项目管理和协作平台、高效的设计和测试工具等。除了这些非常具体的要素，好的工作环境对敏捷也至关重要，如自上而下的以客户为中心的企业文化、鼓励试错和允许失败的氛围、相互之间的充分信任等。

## 24.2　敏捷的作用

尽管敏捷的想法最早是由软件开发人员提出的，但是对于任何其他领域来说，敏捷作为一种模式和方法可以解决很多类似的问题，因为在数字化时代，任何领域都面临着与开发人员相似的挑战。例如，工作人员与用户是分离的，他们正在尝试开发产品，而对所要解决的问题却知之甚少；他们的项目往往都是基于假设，没有经过测试；他们经常被要求随着项目的进展对交付成果进行调整，结果是项目错过了时间表，也不能真正解决消费者的实际需求。软件开发人员面临的这些问题，在客户体验管理领域，甚至任何专业领域，听起来是不是都很耳熟？

如果遇到团队的成员真的无法理解敏捷的概念，或者他们不明白为什么要改变自己现有的工作方式，那么可以看看客户关系管理平台 Salesforce 的战略总监马修·史威兹（Mathew Sweezey）展示过的一个非常简单的证明，其能非常清晰地呈现敏捷有能力产生更好、更快的效果。拿一张纸在相对的角上画两个点，如图 24-1 所示。

目标

起点

图24-1　起点和目标

要求团队成员在自己的纸上复制你的绘图，要求他们将笔放在其中一个点上，闭上眼睛，然后在笔不离纸的情况下，尝试画一条连接到另一个点的直线。当他们认为自己到了那里就停下来，睁开眼睛。不限定他们的时间，而且可以在准备就绪时再开始。完成后，他们画出来的线很可能看起来像图24-2所示。

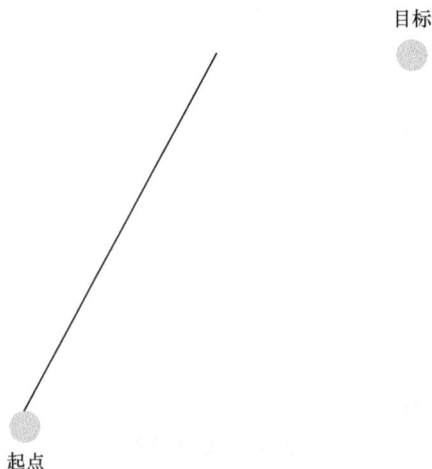

目标

起点

**图24-2  计划模式**

如果碰巧遇到直达终点的情况，这只能说是运气太好，而不能说明该方法是正确的。要证明使用这种方法取得成功靠的是运气，只需让团队成员使用相同的方法连续3次达到目标即可，结果是他们肯定无法重复这项壮举。刚刚使用的方法模仿的就是通常所说的瀑布式生产方法，即事先制订完整的计划，然后以不间断的方式执行，中间不进行反馈和调整，例如在工业生产线上制造产品，或者按照瀑布式方式制订的计划开发软件。

现在，请他们再试一次，但这一次是遵循敏捷的迭代过程。要求他们将笔放在第一个圆点上，闭上眼睛，然后开始绘图，但要在他们希望的任何位置停下来，将笔放在纸上。那时他们可以睁开眼睛，重新校准（不抬起笔）。然后再次闭上眼睛，继续朝终点前进。每个团队成员的第二条线可能看起来像是某种形式的折线而不是直线，但最后仍能达到终点，如图24-3所示。

可以根据需要多次进行敏捷练习，并且会看到敏捷路线始终能够达到目标，而且更快、更省力。从这个简单的实验中可以看到，在不确定的环境下，敏捷能更快、更可靠地达到目标。这是在数字化时代创造更好体验的唯一方法，并且它是可复制和可扩展的。

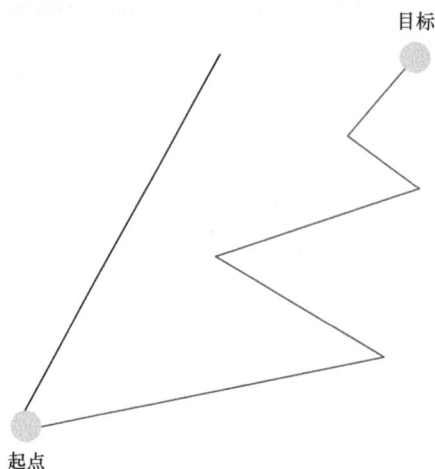

目标

起点

图24-3　迭代模式

工作中的绝大多数问题，都是由所遵循的流程导致的，而解决方案就是制定新的敏捷流程，建立一套相应的核心工作原则。敏捷作为一个过程，是基于多次迭代而不是一次性尝试的，并且它重视主观意见的客观反馈。作为一种组织结构，敏捷专注于协作团队，而不是多个孤岛式的渠道团队。

## 24.3　客户体验与敏捷

敏捷模式最早是在开发领域提出的，因为在软件开发的通常环境中，敏捷模式最有效和最容易实施：要解决的问题很复杂，解决方案最初无法确定，需求很可能会发生变化，工作被分解为各种大小的模块，与最终用户密切合作和快速反馈是可行的，等等。许多其他专业领域的工作也都有类似的特征，如产品开发、市场营销、战略规划、供应链管理和资源分配决策等。

目前，虽然各个行业的企业，以及企业内的各个层级，对客户体验的认知和重视程度都在不断提升，并且也出现了各种客户体验相关的方法，但是企业在内部开展客户体验计划的成功率很低（客户体验研究机构 Customer Think2018 年的调查表明，只有 23% 的企业表示从客户体验举措中获得了收益）。客户体验整体的提升并不明显，Forrester 每年在全球各地开展的客户体验指数（CX Index）显示，大部分行业的体验水平都停滞不前。虽然导致目前效果不佳的原因有很多，但是敏捷模式在客户体验领域的应用不足是一个很可能的原因。企业和客户体验从业人员开发和应用了很多客户体验专业方法，但是仍然在用传统的工作模式应用这些方法，导致其无法发挥整体效应。

### 1. 客户体验本质上是敏捷的

客户体验是客户与品牌一系列交互形成感知的综合。在数字化时代，由于触点的爆炸式增长，客户所处的场景在不断变换和切换，与品牌的交互在持续不断地发生，由此也产生了 3 个层面的体验。

（1）触点层面：客户在单一触点与品牌的交互形成的体验。

（2）旅程层面：在由多个触点组成的旅程交互形成的累积体验。

（3）关系层面：可在整个客户关系生命周期内交互形成的累积体验。

在数字化世界中，触点层面的交互和体验持续发生，且不断变化。很多用户也越来越偏好采用全渠道方法来完成他们的目标，使用各种渠道（如电话、社交网络、电子邮件、实体店等）与企业多次交互，由此形成的旅程层面和关系层面的体验更加动态和复杂，这两个层面的体验水平通常会受到以下 5 个方面的影响。

（1）一致：在所有渠道中提供一致和熟悉的体验。

（2）优化：创建最适合该渠道特征和使用场景的渠道体验。

（3）无缝：尽可能轻松地让客户从一个渠道切换到另外一个渠道，如果转换中发生中断能提供及时有效的帮助。

（4）编排：在正确的时间通过正确的个性化交互和信息主动引导客户完成他们的个性化旅程。

（5）协同：支持客户同时利用多个渠道来丰富客户旅程，改善整体的客户体验。

前两个因素相对容易控制和满足，因为解决这些问题的任何组织变革的范围都是有针对性的。当然，如果需要跨渠道在交互和视觉上保持一致，则必须解决每个渠道的设计问题。然而，后面3个方面所要求的无缝和协同就并不那么容易实现了，因为它们需要更大范围的组织变革。数字化程度越高，旅程越丰富，需要的渠道越多，变化越广泛，企业需要解决的依赖关系也就越多。以下是对各个层面的体验进行改进的示例。

在触点层面：设想一下你是一位体验专家，正在对企业的内部办公系统（OA）进行一些可用性测试，发现员工很难找到会议室预订功能，因为它位于页面的右侧，页面视觉设计使它看起来像是广告，而不是系统上的关键功能。你建议移动一下它的位置，并更改视觉设计以使其更易于查找。这种情况下的优化措施可能很少有依赖关系，只需要从某人那里获得支持，影响和投资也很小，没有技术或流程相关的依赖——只是页面上的一个小改动。

在旅程层面：假设你在一家旅游公司工作，公司经常需要开展营销活动，营销部门通过自定义促销图片在旅行网站上推广这些优惠。你收到了很多用户的反馈，这些用户在旅行网站上看到了特定的旅游优惠，但当他们点击这个优惠后，却发现自己被引导到了包含数百个其他优惠的销售页面，从而感到非常疑惑和沮丧。他们希望只看到自己点击的那一种优惠活动，并且他们很难对销售页面上的所有产品进行筛选。这个问题是客户旅程在无缝性方面的失败，合适的解决方案是将客户引导至专属和具体的旅行促销页面。但这种变化将是重大的，因为它会影响企业的多个领域，包括营销部门和渠道推广团队。它同时也会导致较大的技术层面的改动，需要开发数百个额外的登录页面才能从每个具体的促销活动中获得流量。该解决方案需要各级领导批准和大量资源投入才能实现。

如上所述，与触点交互层面的体验相比，旅程层面和关系层面的体验具有更多的相互依赖性，并且对人员、流程和结构及技术会产生更显著的影响。旅程和关系层面的体验变化不仅会影响单个渠道特定交互的活动部分，还会影响在组织运营中根深蒂固的大型基础活动部分。要完善和交付这些体验，不仅要重新设计单个网页上的具体文案，还会影响多个部门的工作流程，并且需要大量技术资源来支持改进的解决方案。

客户体验不是一次性的活动，而是一个以客户为中心的组织的持续追求。然而，在传统的工作模式下，大多数组织都不够灵活，很多企业很难对客户的需求变化或不满做出快速反应，往往需要一段时间才能理解其深层含义、收集更多数据、确定需要修复的领域。因此，在很大程度上，企业的客户体验取决于它的敏捷和变革能力，如果不能快速支持各依赖项的变革，那么就会成为客户体验的障碍，面向用户的体验改进将无法得到快速、正确的解决。

### 2. 客户体验管理是敏捷的基础

由于所有构建敏捷工作模式的实践都需要更好地理解客户和员工，并根据客户的需求不断进行反馈和优化，这也是客户体验管理的核心工作，因此，也可以说敏捷模式是建立在客户体验管理的基础之上的。当我们检视以前章节中对客户体验岗位基本能力的描述，以及开展各项客户体验工作的基本原则时，客户体验管理在这种不断变化的环境中的重要性，以及其与敏捷模式的互为因果就更加一目了然。

（1）持续学习。客户体验管理使组织能够发现和解释整个生态系统中的所有人如何以可持续的方式思考和感受数据和信息。

（2）传播洞察。客户体验管理使组织能够与整个企业中的所有成员和利益相关者共享相关的、可操作的洞察。

（3）快速适应。随着能支持行动的洞察不断流动和增加，客户体验管理使组织能够快速而有意义地根据这些信息采取行动。

## 24.4　客户体验敏捷模式的基本策略

企业如果真正想要改善客户体验，就应该努力解决存在的根本问题，而不仅仅是表面的客户痛点。在数字化时代，客户体验的根本问题往往都是由于孤立的组织架构和以渠道为中心的工作方式造成的。通过构建横向工作团队，支持设计相互关联的客户旅程，战略性地解决存在的各层依赖关系，可以使企业能够提供端到端的、连贯的客户体验，这些都需要敏捷的客户体验管理模式。虽然在敏捷的应用方面还困难重重，但一些客户体验领导企业已经为我们提供了一些有价值的策略。

### 1. 提高客户洞察的速度

在数字时代，客户洞察不应仅作为一种研究工作，而应该作为一项运营工作。通过一年一次或两年一次的客户关系调查就可以让企业了解客户满意度的日子已经一去不复返了。提高收集和使用客户洞察力的速度，可以使企业更快地利用这些洞察力做出更好的业务决策。

现在已经出现了越来越多、越来越强大的工具，可以帮助企业快速了解客户的感知，并测量客户体验计划是否取得了成功。Qualtrics、Medallia、MaritzCX 等先进的客户之声（VoC）平台可以帮助企业收集、分析、格式化和分发实时的客户反馈，并与运营数据整合，使企业从仅仅采集交易数据拓展到可以进行复杂的旅程分析，进而揭示整个端到端的客户旅程。基于客户角度、跨触点的旅程洞察可以推动提升整体的客户体验。此外，各种文本分析工具使企业能够解锁隐藏在联络中心记录、CRM 笔记、社交媒体和其他客户评论库中的洞察资源。广泛应用的数字工具可以在早期阶段为客户体验和其他团队提供丰富的反馈，这些反馈可以暴露潜在的故障点，并增加成功满足客户需求的可能性。

提高业务敏捷性的最快捷、最有力的措施之一是让一线员工能够立即根据洞察采取行动。做到这一点的有效方式，就是快速基于角色分发来自企业客户之声的洞察，并建立闭环流程。大多数客户之声工具都具有强大的预警和提醒功能，可自动分发预警信息，然后管理后续闭环流程。将这些数据告知现场和一线员工并赋予其权力，可使他们能够根据客户对互动的看法做出反应并调整行为，避免向问题尚未得到充分解决、已经很不满意的客户实施交叉销售等行为。所有这些工具都为客户体验专业人员提供了强大的保障，使他们可以在整个工作过程中快速满足客户需求。

## 2. 构建基于旅程的治理模型

对于拥有海量信息和数据的企业而言，最大的挑战是如何将洞察转化为有意义的行动，并与企业的战略保持一致。虽然许多企业通过实施基础的客户体验计划，已经建立了基于单一触点和渠道的行动闭环，但提高更广泛的业务敏捷性，需要建立基于客户旅程的治理模型。通过端到端旅程的客户视角，绘制和呈现企业的流程和能力的视图，可以发现客户体验的差距和改进机会。

美国的 USAA、ING 保险公司，以及英国的 Lloyds 银行等企业正在使用这种方法作为切入点，为团队提供具体的客户场景和体验愿景指引，培养团队和员工在资源分配和战略决策方面的能力。通过这种方式，可以使敏捷团队或其他跨职能团队能围绕客户协同起来，与整个客户旅程保持一致。

## 3. 在整个组织中树立"北极星"

促成敏捷行动的另外一种方式是重塑项目管理方式，从"基于项目"的工作模式转变为"基于结果"的工作方式。项目假定人们可以预先确定正确的答案，但实际上，正如 ING 的 CIO 巴特·施拉特曼（Bart Schlatmann）所说，"这不仅仅是从 A 移动到 B，因为一旦你击中 B，你就需要转移到 C，而当你到达 C 时，你可能不得不马上开始考虑 D。"设计大师凯伦·汉森（Karen Hansen）也说："爱上你想要解决的问题，而不是任何给定的解决方案。"

敏捷组织需要重新构想他们为谁创造价值，以及他们如何创造价值，并且需要以客户为中心，力求满足整个客户生命周期中的各种需求。此外，还要致力于为广泛的利益相关者（如员工、投资者、合作伙伴和社区）创造价值。为了满足所有利益相关者不断变化的需求，敏捷组织需要设计分布式、灵活的价值创造方法，经常将外部合作伙伴直接整合到价值创造系统中。许多行业都有这样的例子，如制造业中的模块化产品和解决方案、电商行业中的敏捷供应链等。

这些模块化、创新性的商业模式既能实现稳定性，又能实现前所未有的多样性和定制化。为了让分布式价值创造模型具有一致性和重点，敏捷型组织要设定一个共同的目标和愿景——这相当于一个生态的"北极星"。将深度嵌入的"北极星"与灵活、分布式的价值创造方法相结合的敏捷组织，可以快速感知外部环境，并抓住机遇。整个组织中的成员也可以单独、主动地观察客户偏好和外部环境的变化，并据此采取行动。以多种方式（如产品评论、众包和创客马拉松等）寻求利益相关者的反馈和意见，使用客户旅程地图等工具来确定更好地为客户服务的新机会，并通过正式和非正式机制（如在线论坛、面对面的沟通活动等）渠道收集客户洞察，这些机制有助于塑造、尝试、启动并迭代新的计划和商业模式。

总之，精心设计和良好沟通的"北极星"目标对于提高业务敏捷性至关重要，因为它可以将具有共同目标和愿景的团队和利益相关者关联在一起。一个好的"北极星"提供了一个统一的准则，以确保有关资源分配的活动和决策始终专注于预期结果，并在不同团队之间实现更有效的协作。一个好的"北极星"目标要包括一些关键要素：

① 超越产品和服务的目标，专注于客户成功；

② 对员工和外部合作伙伴的启发；

③ 客户用来判断整体绩效成功的衡量标准。

### 4. 构建正确的技术架构

在原有的工作模式中，技术被视为一种支持能力，可以根据优先级、资源和预算条件，向组织的其他部门提供特定的服务、平台或工具。但在敏捷模式下，技术应该无缝集成并成为组织各个方面的基础保障，成为释放价值和快速响应业务和利益相关者需求的一种手段。企业原有的、老化的孤岛系统会降低敏捷性，缺乏灵活性的遗留技术资产是数字化时代企业面临的普遍挑战，但是构建新服务既昂贵又耗时。因此，客户体验团队需要与 IT 部门合作，构建具有 3 个关键特征的高性能技术架构。

① 开发运营一体化（DevOps）。DevOps 既是一种流程，也是一种模式、一种文化，可帮助企业以更低的风险，更快地向业务提供数字服务。它致力于通

过跨职能协作、自动化测试和更短的开发周期，来打破传统的孤岛并加快交付速度。

②微服务（Micro-services）。这种模块化架构能够在快速发展的环境中，持续开发和交付所需的数字服务，可以将业务流程或服务应用程序构建为松散耦合的独立服务集合，这使得小型团队能够开发可以交付运营的服务。

③事件（Events）。事件驱动的架构这一概念是构建物联网（IoT）、5G等新一代技术解决方案的关键，这些解决方案可以采集、分发来自分布式设备（如智能仪表、服务器、手表、健身追踪器等）的事件和数据，管理和协调架构组件之间的通信和依赖关系。

为了设计、构建、实施和支持这些新技术和架构，企业需要将一系列下一代技术开发和交付实践整合进自身的业务。业务和技术人员组成跨职能的团队，负责开发、测试、部署和维护新产品、服务和流程。可以使用创客马拉松、众包和虚拟协作来了解客户需求，并快速开发可能的解决方案。通过广泛使用自动化测试和部署来精简、一体化流程，持续快速地将软件和应用投入市场。在IT部门内部，不同的学科也需要紧密合作，例如开发和运营团队在简化、免交付的DevOps实践上进行协作。

### 5. 创造员工参与的文化

来自管理层的持续参与和变革管理，是任何企业实现向敏捷运营转型的关键。文化是企业变得更加敏捷的首要关注点，领导者需要通过不断地沟通战略目标和战术需求来树立标杆和标准，推动敏捷模式在企业中的应用，直到获得持续的效果。例如，知名安全软件赛门铁克（Symantec）的管理层都接受过专门的敏捷培训，并以敏捷的方式管理团队，因为他们觉得自己思考和行动得太慢，成了企业变革的瓶颈。国内领先的电商平台京东也是由集团副总裁来负责企业的信息化部门，推动企业内部的敏捷实践。

然而，真正的魔力来自于从被动模式转变为积极主动的文化，这种文化能推动企业内部的不断试验，并实现跨流程和部门的持续迭代。"变革推动者"计划可以帮助企业推动这种文化变革，通过多学科"团队"或"小组"来打破传统的孤岛。许多敏捷组织正在建立这样的团队，其一般由 5 ～ 10 人组成，可以围绕客户旅程的各个方面创建目标并执行。德国著名的乳品公司 Humana 通过客户体验创新实验室将这一概念进行了更大规模的应用，该实验室包括了来自整个组织的各种小型团队，总成员规模接近 100 人。

如果企业以外的第三方也会影响客户体验，那么在设计过程的早期就让更广泛的生态系统成员参与进来变得非常重要。奥迪和哈根达斯等行业头部品牌在设计产品的外观或者整体体验时，从一开始就会与生态系统的第三方合作伙伴合作。

### 6. 构建和赋能敏捷团队

小型、独立的敏捷团队是敏捷模式的命脉，高层管理人员可以通过消除原有工作中的繁文缛节来构建和激发敏捷团队，这些团队是完成敏捷工作的基本单元。典型的敏捷组织都有几个这样的团队，其通常由少数人组成，他们拥有团队执行任务所需的许多或全部技能。亚马逊首席执行官杰夫贝索斯认为，如果一个团队的午餐需要两个以上的比萨，那这个团队就太大了。这种多学科的团队组成方式几乎对每个业务职能都有影响，以 IT 管理为例，敏捷型企业不是将技术专业人员集中在一个中央技术部门，而是将软件设计师和工程师嵌入各个独立的团队，在那里他们可以持续从事高价值项目。

虽然这些团队的发展很大程度上取决于团队成员个人的行为，但高层管理人员必须深思熟虑地创造赋能和包容性的工作环境，让团队及其成员能够蓬勃发展。简而言之，高级管理人员必须让企业（包括他们自己）远离那些过时的指挥和控制行为，设置刚性的组织架构，这些已经不再适合当今高速发展的数字化世界。管理层必须加倍努力克服资源惯性并打破各种孤岛，因为小型的独立团队无法独自克服这些挑战。必须引导团队找到最好的机会，用最好的人武装自己，为他们提供快速行动所需的工具，并以宽松但始终如一的方式来监督他们的工作。这些想法可能看起来很简单，但被太多在传统企业中成长起来的领导者所忽视。在通过建立敏捷团队，实现向敏捷工作方式过渡时，需要强调以下行动。

① 在关键领域建立独立的敏捷团队。自行管理对于能直接影响客户体验相关工作和流程的团队特别有帮助，当高管开始赋予小团队更多的独立性时，应该首先考虑那些对客户非常重要的职能团队。通过这种方式，可以更有效地展示独立性如何帮助团队创造更多价值。有些人可能会质疑这种方法，理由是一种未经测试的新团队管理方式风险太大，不太适合在面向客户的重要领域进行尝试。但实际上，如果将他们聚焦在增量方面，独立团队带来的业务风险较小，因为如果效果不尽如人意则可以随时叫停。

② 从一开始就让优秀员工加入独立团队中。管理人员往往不愿意将他们表现最好的员工安置在刚开始并非关键任务的独立团队中，而更倾向于让他们参与更重要的活动。但是，独立团队对企业实现敏捷转型太重要了，如果将敏捷视为企业的未来，就不能不将表现最好的人部署到这些团队。美国房利美公司的首席数据官（CDO）斯科特·理查德森（Scott Richardson）在接受麦肯锡采访时说："创建一个新团队可能是经理们可以做的最重要的事情，所以请确保你做对了。当我们创建最初的敏捷团队时，我亲自参与了构建团队成员的选择。如此深入地参与这种程度的细节听起来可能很疯狂，但至关重要的是早期团队将成为企业成功的真正灯塔。"选择高素质的人不仅可以让团队取得成功，还可以教会管理者如何建立更独立的团队。"到第四或第五团队时，"理查森继续说道，"我的直接下属已经知道要问什么问题以及如何组建一个合适的团队了，从那时起他们就可以自己去扩展团队规模了。"

③ 为团队提供清晰的客户视图。数字原生企业和已经实现敏捷的企业都会坚定不移地专注于改善客户体验，这会使得每个独立团队（无论其职责范围如何）都能对业务优先事项有一致的理解和判断。每个团队的工作都很明确：对客户体验质量进行微小但频繁的改进。企业可以通过确保每个团队中的每一位成员对客户都有清晰、完整的视角来培养这种共同的目标感。

在一家国际零售商的办公室里，客户体验的实时数据随处可见。穿过企业餐厅时，墙上超大的屏幕显示着企业每个销售渠道的最新转化率；在独立团队的工作区，屏幕上会显示与团队职责相关的客户行为和满意度调查数据；在工作日的任何时候，产品经理都可能会去团队办公区了解团队正在做什么，询问客户的反应如何，并提供帮助。

为了让每个独立团队都能以与其工作相关的方式跟踪客户体验，企业需要在保证基本隐私政策的前提下，尽可能放松对数据访问权限的管制。同时，在客户数据的分类规范和数据模型方面，应允许一定程度的灵活空间，因为完全统一的标准化在碰到需要收集新数据类型和重新分类现有数据时，会影响团队的工作效率和对客户的响应速度。为避免这些复杂情况，最好允许独立团队在其业务环境中有权限使用和定义数据。

④ 预先分配资源，运用交给团队。在大多数企业，从事面向客户的产品和服务团队几乎总能找到一种方法来获得新项目所需的审批、资金、信息和人员。这个时候资源缺乏往往不是主要的问题，缓慢的流程才是。为了帮助独立团队消除工作中影响响应速度的因素，企业管理者应该预先为团队分配完成工作所需的所有资源：包括做出关键决策的权力、快速招聘新人或选择外包供应商的能力，而无须通过标准的人力资源招聘或采购流程等。

小团队对其他利益相关者的依赖越少，他们完成工作的速度就越快。但由于在大型企业中，小型团队总是会遇到无法预料的管理上的障碍，如不允许他们使用公共云服务的公司管理政策等，因此高管们必须适时提供帮助，支持独立团队并花时间了解他们的进展，推动所需的内部改革，使所有独立团队都能走上快车道。一旦高管赋予独立团队更多的资源和更多的权力，他们就需要确保这些团队始终如一地、更加广泛地推进企业的战略重点。敏捷组织中管理者要扮演的一个重要角色，就是帮助独立团队选择需要追求的结果，并以准确、有意义的方式衡量他们的成就。高层管理人员的工作是让团队对交付这些成果负责，并迅速分配资源。

### 7. 构建快速的决策体系

为了进行正确的决策，企业通常是由最资深和最有经验的人来确定要去到哪里、到达那里所需要的详细计划，以及如何最大限度地降低风险。但在数字化时代，我们生活在一个不断快速变化的环境中，无法确切知道未来会怎样。最小化风险和获得成功的最佳方法是接受不确定性，并以最快、最有成效的速度和方式尝试新事物。

敏捷组织需要在快速的思维和行动循环中工作，无论是采取设计思维、精益运营、敏捷开发还是其他形式，这种思维、行动和学习的集成和持续快速的迭代，都形成了组织以敏捷方式进行创新和运营的能力。这种快速循环的工作方式可以影响到企业中的每个层级。在团队层面，敏捷组织要从根本上重新思考工作模式，远离"瀑布式"和"阶段式"项目管理方法；在企业层面，要使用快速周期模型来加速战略思考和执行。例如，一些敏捷企业不再采用传统的年度计划、预算和总结等管理方法，而是转向以季度为周期、目标和关键成果（OKR）等动态管理系统，并采用月度滚动预算模式。

在快速循环中工作要求敏捷组织坚持信息的完全透明，以便每个团队都可以快速轻松地访问他们需要的信息，并与他人共享信息。例如，整个部门的成员可以访问有关产品、客户和财务数据（出于保密原因，可以对这些数据进行一定脱敏的处理）。大家可以轻松找到其中具有相关知识或相似兴趣的其他人，并与之合作，公开分享想法和工作成果。这也要求团队成员彼此坦诚，只有这样企业才能营造一个心理安全的氛围，所有问题都可以提出和讨论，每个人都有发言权，这对各个层级的快速、准确决策大有裨益。

敏捷组织强调快速、高效和持续的决策制定。深入了解正在做出的决策类型以及谁应该参与这些决策，在快速周期中不断做出小决策，在实践中快速测试这些决策，并根据需要为下一次迭代进行调整。这也意味着敏捷组织不寻求共识决策，也不是领导集中决策，所有团队成员都能发表看法，提供意见，但在作出决策时，那些具有专业知识的团队成员的观点和意见会得到更多的重视。

# 第 25 章

# 客户体验转型：

## 通过客户体验转型实现
## 企业的整体变革

---

**本章概要**

　　对于已经失去竞争力而陷入经营困境的企业来说，客户体验转型是当务之急，而对于还处在稳健发展期的企业，由于内外部环境的快速变化，迟早也需要通过一场客户体验转型来实现竞争力的突破。本章在简要阐述了客户体验转型的必要性和作用后，重点介绍客户体验转型工作的主要组成部分，并系统阐述客户体验转型的六大步骤，以及每个步骤的主要工作事项。最后，对客户体验转型中常见的七大失误进行分析，并提出针对性的建议。

## 25.1　不可避免的客户体验转型

如前所述，当企业面临着严峻的内外部环境时，需要实施一场变革来实现企业所提供的客户体验的根本性提升。目前，企业的客户体验水平和成熟度普遍处在一个较低的水平，要想从客户体验中获得最大的收益，一场客户体验转型（CX Transformation）是绝大多数企业更好的选择。

客户体验转型不是企业局部、表面的改变，而是一次广泛、深入的、整体的转型，包括企业文化、体验愿景、运营模式、专业能力的转型，以及实现最终面向客户的客户体验的转型。这一转型通常需要重新考虑业务乃至业务模型本身，这是转型实现其全部影响并保持可持续性的唯一途径。

根据麦肯锡对实践项目的分析，通过向以客户为中心的思维转变，以及运营和技术的改善，可以使客户满意度提高 20% ～ 30%，员工满意度提高10% ～ 20%，每个客户旅程的经济收益提升 20% ～ 50%。

由于自身成熟度现状以及所面临的机会的不同，每个企业在实施客户体验转型中会存在差异，但是在客户体验转型的内容、步骤，以及常见的陷阱方面，仍然存在一些共同之处。

## 25.2　客户体验转型的四大组成部分

实施一场客户体验转型，所需要开展的工作将千头万绪，但总的来看可以将所有涉及的工作划分为以下 4 个模块，如图 25-1 所示。

### 1. 转型的目标与计划

应在企业内部营造急迫感，定义清晰明确、鼓舞人心的转型目标，就转型的必要性和目标在企业内达成广泛的一致。客户体验转型是一次整体的变革，转型的目标也是一个由总体目标引领的多目标体系，包括：企业未来状态的客户体验愿景、体验成熟度水平、总体的投入和投资回报（ROI）、运营模式转变、效率提升水平、客户体验关键指标提升水平、员工满意度提升水平等。

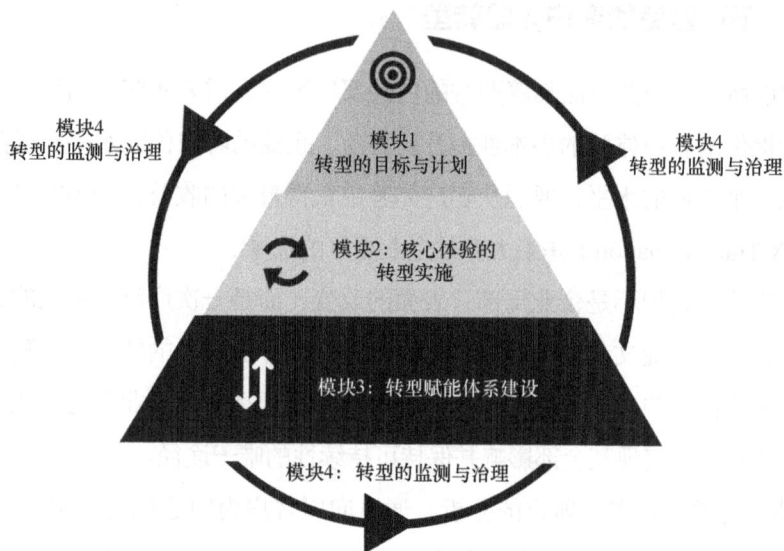

图25-1　客户体验转型工作的4个模块

## 2. 核心体验的转型实施

应根据总体的体验愿景，针对企业的核心客户群体，识别出关键的客户旅程，进行端到端的客户体验重新设计和体验创新，包括对所涉及的产品、服务、渠道和触点进行设计和创新。同时，对提供这些客户旅程的流程进行再造，从而在实现客户旅程转型的同时，也实现运营模式的转型。当有多个客户旅程需要转型时，要制订具体的计划和路径图，逐一实现这些客户旅程的转型，尤其是这些旅程的数字化，以及运营模式的数字化转型。

## 3. 转型赋能体系建设

客户体验转型的成功实施，需要企业全员的参与，因此需要在关键领域建立强大的赋能体系，让各个层级的员工都可以参与客户体验转型实施，实现运营模式向敏捷、数字化的转型。通常的核心赋能体系包括：实现以客户为中心的文化建设，核心体验能力建设，客户体验技术、工具和平台建设，组织转型与团队建设，相关人才的引入与培养等。

### 4. 转型监测与治理

转型是一项巨大的工程，为了保证工程按照正确的方向和合理的进度前进，必须对转型过程进行系统的监测，以便确定：转型进展到了哪里？转型的进度是否与计划相符？有没有达到预期的效果和目标？监测体系还需要收集来自内外部对转型的反馈，以便确定：转型过程中存在哪些问题？需要做哪些调整？完整的监测体系是转型过程中的指南针，让企业内部都能实时了解进程，并参与问题的发现、反馈和改善的行动闭环，不断按照预定目标推进转型。

## 25.3 客户体验转型的六大步骤

简单的框架并不代表客户体验转型只要按部就班地完成以上 4 个部分的工作，就可以实现转型。在实际的执行过程中，需要根据企业的实际情况和外部环境，对以上 4 个方面的工作进行组合和规划，在全局视角下逐步推进，并且需要根据检测情况进行动态的修正。虽然不存在普遍适用的具体流程，但在着手启动客户体验转型工作时，仍然需要一般性的客户体验转型工作步骤作为基本的指引。根据不同行业在客户体验转型的实践，可以将客户体验转型的分为以下 6 个主要步骤。

### 1. 现状评估

客户体验转型必须有一个阶段性的起点和终点，评估现状就是明确转型起点，并让所有的参与者都对当前所处的位置有清晰了解。现状评估主要包括以下方面：

- 客户体验成熟度现状；
- 客户体验水平现状；
- 总体业务和经营现状；
- 企业文化现状；

- 人力资源与预算现状；

- 组织结构与流程现状；

- 科技系统与数据现状。

## 2. 制定目标

制定目标就是明确客户体验转型的阶段性终点。客户体验转型不只是客户体验本身的转型，而且是企业的整体转型，往往也需要运营模式转型、数字化转型、组织结构转型，因此它的目标并不是单一的，而是由一个总体目标统领的多目标体系。制定这些目标，需要基于目前企业的现状，结合未来对客户、市场、技术等内外部环境的趋势判断来制定。客户体验转型的目标体系一般包括：

- 未来状态的客户体验 / 体验愿景；

- 关键客户体验指标提升目标；

- 企业财务指标提升目标；

- 运营效率提升目标；

- 客户体验成熟度目标；

- 数字化成熟度目标。

## 3. 总体规划

通过对现状（起点）和目标（终点）对比，可以明确企业在客户体验转型中需要去弥补的各项差距。基于差距分析，就可以制订工作项目和计划，以弥补这些差距。一般情况下，如果是常规的差距，则可以通过一个或几个相关的项目来弥补；如果是根本性和系统性的差距，则需要通过相对长期的大型计划来弥补。

在列出了需要开展的工作项后，需要依据标准来进行优先级排序，也可以根据资源情况进行调整，明确哪些该做哪些不该做，并进一步对每一个事项制订计划，明确进度和阶段目标，形成转型的整体路径图，以及相应的关键里程碑。总体来说，客户体验转型的总体规划可以包括：

- 差距分析与识别；
- 所需开展的项目和计划清单；
- 工作事项优先级排序；
- 工作事项的计划和进度；
- 总体路径图；
- 阶段性里程碑。

## 4. 启动与试点

从这一阶段起，客户体验转型开始进入实施阶段。虽然将所有工作一开始就全面铺开的做法，可以显示对转型的决心，但是在没有太多实践经验指导的情况下，这种做法是危险的。

因此应找到一个好的切入点，摸索实践模式和经验，快速取得效果，并总结出有效的经验，这可以给后续的项目树立标杆，输送成功经验。更重要的是，可以通过快速取得的效果，经过精心和广泛的内部传播，在企业内树立起对转型的信心，进一步通过实际的效果统一各个层面、各个部门的目标，以获得更广泛和坚定的支持。

切入点的选择，可以从一个重点的细分客户群的客户旅程开始，通过客户旅程研究、绘制、分析，对端到端的客户旅程进行重新设计和创新，联合前后端部门进行部署和交付，从而实现对这个旅程的体验转型，然后再逐步扩展。就某一个或几个切入点进行转型试点的过程，需要对赋能体系和体验核心能力建设类型的工作开展探索和尝试。具体包括：

- 核心客户体验团队建设；
- 关键体验核心能力的建设；
- 工作模式与流程的探索；
- 客户体验技术的应用；
- 客户体验工具的应用。

### 5. 规模化推广

一旦在前期的切入点中获得好的经验，就可以在企业内部进行规模化的推广应用：从一个客户群扩展到所有重要的客户群，从一个客户旅程扩展到所有关键客户旅程，从一个业务单元扩展到所有重要的业务单元。

规模化是客户体验转型实施获得成功的关键，是一个通过量变实现质变的过程。在这个过程中，需要同时保证规模、速度、效率、成本和效果，才能起到整体的转型效果。因此，建立能支撑大规模推广的赋能体系，并高效运营起来，是规模化推广这一关键阶段的关键事项。只有高效强大的赋能体系，才能让企业所有的员工都能得到数据、方法和工具的支持，按照经过试点阶段验证的模式开展所在领域的转型，并能根据情况进行灵活的调整。除了体验的赋能体系，企业全面的体验核心能力也是在这个规模化阶段得到系统完整的建设和优化，主要包括：

- 整体的客户体验治理架构；
- 客户体验团队建设；
- 全面体验核心能力的建设；
- 整体运营模式与流程转型；
- 客户体验技术的广泛应用；
- 客户体验工具应用与工具链建设；
- 客户体验平台应用与建设；
- 企业协作平台的应用与建设。

### 6. 监测与迭代

虽然这是最后一步，但是其相关的工作在目标和规划阶段就已经启动，包括在制定目标的同时，就要制定与目标相匹配的具体的标准体系和指标体系，在规划阶段就要明确各部门的责任体系。

一旦进入实施阶段（包括试点和规模化），就需要利用相关的技术和工具，收集来自各个渠道和触点的数据，分析监测转型中的各项指标，分析各阶段的效果，判断是否达到预期转型目标，发现存在的问题和原因，并进行迭代和优化。利用这些工具和数据，对工作事项进行有效的治理，根据评估结果对相应的责任人和团队进行奖励和惩罚。

## 25.4 客户体验转型常见的七大失误

客户体验转型成功可以给企业带来巨大的价值和回报，但是采用以客户为中心的思维模式是非常困难的事情，像许多企业变革行动一样，客户体验转型通常无法达到期望，这也不足为奇。客户体验转型要求员工改变思维方式和行为，要求组织进行文化变革，并能根据客户需求进行跨部门合作，传统模式的企业在进行这些转型时，经常会出现各种失误而导致转型停滞不前甚至失败，以下是 7 种最常见的客户体验转型致命失误。

### 1. 短视——缺乏战略愿景

许多企业还没有对组织的未来状态勾画出真正的愿景，就迫不及待地启动客户体验转型，企业的管理层往往认为在定义更具体的愿景之前，应该先对现有的客户体验迅速采取行动进行改善。由于对潜在失败的恐惧，这种情况下所确定的目标通常是模糊的，缺乏抱负和独特性。管理层通常在企业内广泛传达以运营为基础的目标，并称赞一些微不足道的业绩，而不是激发对未来的强大愿景，这样可能会优先考虑错误的重点领域，把时间浪费在那些缺乏真正影响的客户群、客户旅程上。

优秀的组织会投入大量的时间来定义清晰、引人注目、雄心勃勃的愿景，通过提出一个大胆但可以为之奋斗的愿景，激发整个组织实现真正的以客户为中心，从而将原本分散的业务部门整合在一起。愿景可以大胆、长远，但同时也要让员工接受，这就要求愿景是可理解的、有意义的和相关的。有一些组织为此更加具体地关注特定类型的客户，为改善他们的体验来设定期望和目标，从而改变企业的运营模式、思维方式和行为。

## 2. 冷漠——缺乏高层支持

许多客户体验转型的失败，是因为其从一开始没有成为 CEO 或管理层的计划。没有他们的支持，很难确保跨职能部门的协同，当内部出现阻力或漠不关心成为一种普遍状态，转型就会失去动力。当管理层能提供强有力的支持，并且能以身作则为新行为和思维模式树立榜样，并确保打破内部孤岛进行整合时，客户体验转型成功的概率就会提高。

## 3. 无用——无法证明商业效果

许多企业启动了一些计划以改变客户体验，却没有带来具体的商业价值（很多时候是没有去建立客户体验转型计划与商业价值之间的关联），因此无法判断后续的转型措施是否应该继续，导致转型停滞。如果变革的领导者没有证据表明他们的努力会为商业效果做出贡献，那么他们将很难获得足够的资源来为客户体验转型投资。没有首席财务官的支持，转型工作同样会寸步难行。在采取任何变革行动之前，可以使用客户研究和运营数据将客户体验的满意度与财务利益（如忠诚度、客户流失和收入）联系起来，从而建立与价值的连接。

为了帮助建立客户体验转型和商业价值之间的关联，客户体验研究机构 Forrester 开发了一套客户体验转型投资回报模型，并提供了就一个具体的转型计划进行测算的详细指引，包括确定基本假设、收益和成本测算、风险影响、乐观和悲观收益测算等，是一份非常有价值的指南。

## 4. 大意——对关键问题缺乏判断

客户体验转型的目标和规划，都需要基于周密和翔实的数据分析和研究，识别和聚焦在关键目标、旅程和问题上。但现实中，很多企业的客户体验转型都是基于管理层对一些零散的假设开始的，他们可能错误地分析了一些客户的不满意，或者把自己当作客户来看待企业的体验，从而导致一些错误的判断。还有一些企业想一次就实现各个业务单元的转型，这种盲目的全面出击会将大量时间和经费浪费在对客户无所谓的事情上。

成功的转型往往从识别那些对客户最重要的事情开始，这样可以清楚地了解客户体验的改善能够在整个组织内创造的价值，包括财务回报、运营效率，以及员工敬业度和最终的业务收入。在洞察对客户的关键体验事项方面，有两个因素最为突出：一是着眼于整个客户旅程，而不是零散的触点；二是利用数据模型和算法来判断关键体验要素，而不是让客户直接给出答案。

这些方法使企业可以采用针对性的、基于假设检验的方法来进行客户体验转型工作。可以通过将权重系数、客户数量、客户群优先级，以及与更广泛的战略目标相结合，从总体上确定关键事项。将定量的数据分析技术与定性的民族志研究结合起来，构建重要事项的完整视图至关重要，尤其是在数据和统计技术可能存在不足的情况下。

### 5. 失衡——节奏失调

有时，即使正确地判断了客户体验转型中的重要事项，定义了一个合适的目标，明确了与商业价值的关联，并提供了强有力的支持，客户体验转型仍然会出现崩溃。当出现这些情况时，原因通常是项目未能在短期内产生足够的影响，从而让整个转型计划失去了动力而无法突破当前的阻碍。

与太过关注零散的表面问题相反，有些管理者将重点放在长期的变革上，或者整体服务的重新设计上，并做好了两到三年不会带来任何财务收益的准备。在此期间，员工可能会对转型缺乏成就感而感到沮丧，客户也可能会因为体验长期得不到根本改善而转向其他业务。此外，有些领导者可能只专注转型在高水平层面的影响和收益，如通过提高客户忠诚度和减少客户流失增加了收入，但忽视了有同等效果的成本因素的影响；如服务成本的降低。出色的客户体验转型，应该能够很好地平衡各种措施的组合，如长期和短期的、收入和成本的，并根据情况把握推进的节奏，张弛有度。

### 6. 割裂——缺乏系统性

很多管理人员认为自己非常了解客户体验，但实际上他们对客户体验的理解非常狭隘，只关注单个产品或者服务，而不是将其看作客户提供价值的整体系统。有些人员擅长设计与客户的特定类型的交互，但忽略了购买前后的完整体验。许多企业建立了体验测量系统，但只专注于跟踪、监测和报告这些已有的环节，低估了开拓和维系新方法所需的内部文化变革。

总之，很多观念和行为只是造成了转型的割裂，而不能使其作为一个整体来发挥作用。既要关注触点，也要关注基于触点的完整旅程；既要关注购买环节的交互，也要关注购买前后的体验；既要有自上而下的传达和治理，也需要自下而上的反馈和迭代。只有这样，才能让客户体验转型的各项措施始终凝聚成一个整体，不断演变和推进。

### 7. 落伍——缺乏与时俱进的方法和工具

由于对具体的工作方法和工具接触不多，客户体验转型的领导者可能只知道传统的甚至是过时的技术，而不了解当今前沿的设计方法和数字技术。如果不能有效利用设计思维，那么企业在转型过程中，可能无法成功地针对客户旅程进行体验的再设计和创新。如果没有数字化，则不能满足客户对数字化交互和体验日趋明显的偏好，更严重的是无法利用数字技术、工具和平台建立体验转型的赋能体系，推进工作流程的自动化和无缝衔接。

出色的设计思维实践可以反映来自行为心理学的洞察，通过对旅程和触点进行创新性的调整来帮助改善客户体验。一流的数字技术可以对客户旅程进行端到端重新构建，建立主动式的、参与式的和无缝的客户交互和体验。

# 第 26 章

# 客户体验治理：

## 保证客户体验工作沿着
## 正确的方向前进

---

**本章概要**

如果说体验愿景和战略为企业的客户体验指明了方向，赋能体系为企业的客户体验工作注入了动力，那么为了保证整体的工作能始终沿着正确的方向前进，就需要有持续、规范和强有力的客户体验治理（CX Governance）。本章重点介绍客户体验治理体系的核心组成要素，客户体验治理工作的主要工作内容，并对主要的客户体验治理模式进行分析，列出客户体验治理中需要注意的重要事项。

## 26.1　成功的客户体验需要出色的治理

为了能持续提供一致的客户体验，企业需要制定统一的体验愿景，构建各项体验核心能力，打造敏捷的协同工作模式，建立各项赋能体系，策划各种客户项目，乃至开展一项整体的客户体验转型计划。

但是，要保证所有的这些目标、构想、计划、能力在实际的实施和应用中，真正按照设想和规划进行运转，就需要高效、有力的治理。如果说客户体验愿景确定了企业客户体验管理的总体方向，那么客户体验治理就是使其在曲折的实施过程中，不至于迷失方向，确保总体模式的运转处在正确的轨道上，各阶段以及最终的目标能够达成。

政策、责任、监控、平衡是治理的关键词，这些都预示着客户体验治理是艰难的，但这并不能成为忽视治理的理由。事实上，良好的客户体验治理比以往任何时候都更重要，因为随着数字触点的激增、与客户更频繁的交互，企业总体上有更多的触点需要管理，为了有效地做到这一点并提供理想中的体验，必须展开合理的客户体验治理，它可以帮助企业实现以下几点。

### 1. 敏捷

各个行业的颠覆性竞争对手多诞生于数字化领域，他们天生行动迅速，给传统企业带来了更大的压力。这就要求传统企业采取更快的行动，通过治理实现资源和能力的标准化、组件化，通过规范化的流程提升各个工作环节的一体化，从而提升运营效率和速度。

### 2. 一致

有纪律性的体验管理方法能带来更高的一致性。例如，通过制定规范化的组件，可以确保各个触点的内容体验不会因不同作者添加内容而出现混乱；通过制定统一的标准，可以让不同触点的页面加载速度基本保持在同一水平，不会导致客户期望不停起伏，造成体验感知的波动。

### 3. 相关

良好的客户体验治理能确保企业每一个部门、团队和成员在每一项决策中都考虑到当下正确的、符合实际的客户和业务需求——而不仅仅是保持整体上的政策正确。

体验咨询机构 McorpCX 在 2020 年对 285 名美国客户体验专业人员开展的一项调查显示：总体来看，在各项客户体验管理工作中，被访者表示客户体验治理带来的挑战排在第二位，仅次于客户体验战略。而且越是执行层，对客户体验治理的紧迫感越强烈，如图 26-1 所示。

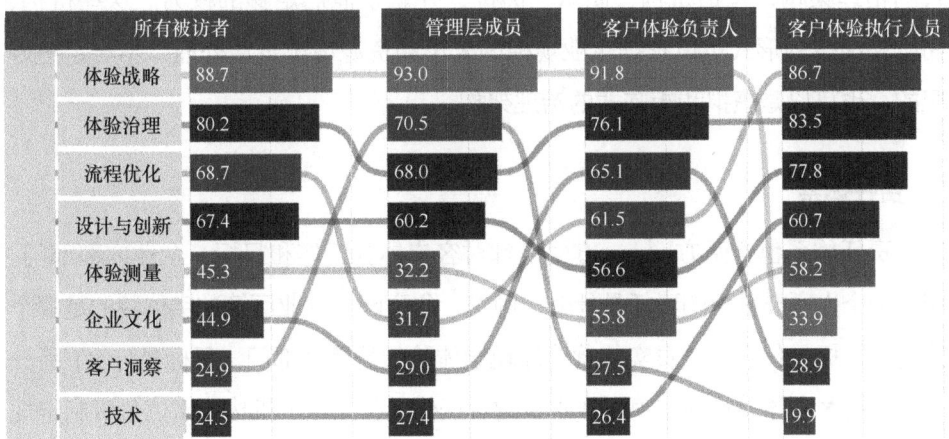

| 所有被访者 | 管理层成员 | 客户体验负责人 | 客户体验执行人员 |
|---|---|---|---|
| 体验战略 88.7 | 93.0 | 91.8 | 86.7 |
| 体验治理 80.2 | 70.5 | 76.1 | 83.5 |
| 流程优化 68.7 | 68.0 | 65.1 | 77.8 |
| 设计与创新 67.4 | 60.2 | 61.5 | 60.7 |
| 体验测量 45.3 | 32.2 | 56.6 | 58.2 |
| 企业文化 44.9 | 31.7 | 55.8 | 33.9 |
| 客户洞察 24.9 | 29.0 | 27.5 | 28.9 |
| 技术 24.5 | 27.4 | 26.4 | 19.9 |

**图26-1 客户体验工作面临的挑战**

（数据来源：McorpCX《2020客户体验挑战研究报告》）

虽然客户体验治理非常必要，但需要特别指出的是，客户体验治理并不是要求所有的客户体验工作都完全严格按照既定的方法、进度和路径开展，而不能有丝毫的偏差，这不是客户体验治理的初衷和目的。在存在高度动态不确定性的数字化时代，实施过程中的敏捷是必需的选项，治理是对关键节点的把控，而不是对过程的严格控制。

而且治理本身作为一项客户体验活动，也必须以敏捷的方式开展，并将决策、监督、评估和问责结果在企业内进行充分的传播和分享，让所有利益相关者充分掌握关于客户体验的关键目标、决策、进展，以及存在的问题和应对策略，实现对客户体验的赋能。

## 26.2　客户体验治理的五大核心要素

开展客户体验治理需要一个敏捷、一致和相关的客户体验治理框架，这个框架一般需要具备 5 个核心组成要素。

### 1. 治理架构

治理是一项需要强制性的管理活动，要想取得明显的效果，就必须设立正式的治理架构，包括机构、团队、岗位，并赋予他们足够的权力。这些机构、团队和岗位的形式可以根据企业规模的大小和资源情况灵活处理，不一定是专职的，也可以是虚拟和矩阵式的治理架构。

### 2. 责任体系

责任体系包含两方面：一方面是针对客户体验工作和目标，企业内部部门、团队和个人所要承担的责任是什么，例如，负责网上营业厅等数字体验的是哪个部门，目标是什么，负责实体营业厅现场体验的是哪个部门，目标是什么；另一方面是就客户体验治理这项工作本身的责任体系，如哪个机构或岗位负责制定规范和标准，哪些岗位负责决策，哪些团队负责监测和报告，如何进行考核等。

### 3. 治理流程

治理流程同样包括两方面的类型。一方面是治理工作本身的工作流程，例如，如何开展一项客户体验的重大决策，如何分配每年的客户体验预算，主要的阶段和流程是什么，各相关机构、团队和个人在这些流程中的角色和动作是什么，输入和输出什么。另一方面的流程则跟实际的客户体验工作相关，是其对具体的工作进行规范，例如，如何制定数字渠道的设计规范等，其与第一类相比更加具体和复杂。需要强调的是，治理流程并不是越细致、越具体、越刚性就越好，而应是在保证能起到规范作用的前提下，尽量做到简洁、顺畅和灵活。

## 4. 沟通机制

客户体验涉及企业的方方面面和各个层级，所以治理工作也将是错综复杂的。为了保证客户体验治理不会成为实际工作中的障碍，必须要有充分、高效的沟通机制，包括对沟通渠道、形式、周期、时机的定义和规范，保证治理过程的政策、决策、评估结果、治理措施能够及时、准确地传达并落实。

## 5. 标准与规范

标准与规范对一致性客户体验的具体要求包括两个方面。一是对过程及过程中的成果的规范，如设计组件和过程的规范，开发和部署过程中的技术规范等。二是对最终结果制定的目标和标准，如对一项产品的可用性标准、可接入性标准等，这些标准往往包含了客户体验测量中的很多关键指标项，以及要求达到的水平。

## 26.3　客户体验治理的核心工作内容

在建立了治理架构，明确了各自的职责、工作流程、沟通机制，以及应该满足的标准和目标后，就可以开展实际的客户体验治理工作了。这些工作的具体内容主要包括以下几个方面。

## 1. 定义

制定相关的标准和规范，明确责任体系，拟定要达到的客户体验目标等，并进行记录，形成正式的文档依据。

## 2. 决策

组织客户体验相关的决策，包括体验愿景、标准和规范的审批，资源分配方案、项目的优先级排序等。

### 3. 监督

对客户体验工作过程、结果进行监测，分析和报告项目和计划的执行进度和效果，监督重大事项的执行等。

### 4. 沟通

传达相关的规范、标准、目标；传达和沟通客户体验相关的决策结果、监测结果、问责措施。

### 5. 问责

根据监测和分析结果，预定目标和问责机制，对相关部门、团队和个人进行问责，并监督闭环落地。

## 26.4 客户体验治理的组织架构

客户体验治理的组织架构一般有 3 种类型：集中模式、去中心化模式和委员会模式，每种模式的特点如下。

### 1. 集中模式

在集中模式下，客户治理由一位客户体验负责人领导，他向一个或几个管理层成员直接汇报，并获得明确和直接的支持。相关政策、标准的制定，数据收集、分析和改进计划全部集中在一个部门或团队（一般情况是客户体验团队），并由这个集中的部门或团队负责分派和跟踪客户体验的工作，整个治理工作对管理层的透明度非常高。

这种模式在小型的企业中效果更好。在这种组织结构中，小团队之间的高频互动是组织文化的天然组成部分。在这种类型的企业和模式里，很少会出现孤岛现象。集中的客户体验治理部门和团队收集、分析数据，并将洞察结果和具体的执行转交给相应的职能部门，由它们实施自己的体验改进工作。在此模式中，如果有跨职能的行动，则由客户体验团队进行组织和项目管理。

## 2. 去中心化模式

去中心化模式利用客户导向的思维和方法，在多个职能部门和团队中分别进行应用和执行。客户体验工作的职责分工，标准和规范的制定，具体工作的实施、监测、分析和调整，则由各个职能部门自行负责。

在去中心化模式中，客户体验专业人员或者团队充当教练和顾问的角色，向其他职能部门分享数据分析、测量和洞察结果，总结和共享最佳实践。实际的工作由职能部门和产品团队完成，大部分的治理工作也由团队自己内部解决。少数需要客户体验团队来承担的治理工作，也是辅助性和分享性的。

## 3. 委员会模式

委员会模式是去中心化模式的一种变异版本，在这种模式下需要成立一个客户体验委员会，利用定期召开的会议来进行客户体验相关的决策，分享最新研究、启动新项目、检视进行中的项目，以及共同努力消除实施中的障碍。

该委员会由来自各个领域和各个层级负责客户体验的人员组成，委员会模式通常分为两层：第一层是来自企业管理层的发起人，在管理层发起人的下一层是来自各业务、职能部门和团队的客户体验代表，他们负责具体的客户体验工作。该委员会定期开会，并制定有力的治理工作流程、互动和沟通规则、问责机制。

以上 3 种客户体验治理模式的特点虽然各不相同，但不论哪种模式，都应该有 3 个基本特征要求。

（1）管理层支持。这是排在第一位的要求，在企业里，管理层的关注与工作事项的优先级和实际投入是紧密相关的，对客户体验也不例外。

（2）角色明确。清晰的角色定位和职责是每种模式有效运作的必要条件，应详细记录、验证和共享每一个角色在做什么、什么时间做的以及效果如何。

（3）定期沟通。与任何跨组织边界的工作一样，沟通是治理工作的关键，包括在不同层级及同一层级的不同小组和团队之间的沟通。

每一种客户体验治理组织架构都有自己的利弊，企业应在建立治理结构之前对自身的规模、资源、管理水平进行客观分析，结合各个类型的优缺点进行选择，甚至在这3个基本模式的基础上进行组合和调整。

## 26.5 客户体验治理中的要和不要

良好的客户体验治理应该是直截了当的，在创建客户治理结构和实施治理时应遵循以下"要"和"不要"。

### 1. 客户体验治理的"要"

（1）要量力而行

平衡治理的硬性力量和文化的软性力量。企业文化以客户为中心的程度，决定了客户体验治理的强度需要有多高。良好的治理往往是支撑文化的脚手架，治理工作的目的是使企业的文化更以客户为中心。以客户为中心的文化比较薄弱的公司应该创建更有力的治理框架，至少在他们进行文化变革的时候有必要这样做。

（2）要有异常处理机制

虽然一般情况下，我们需要从基本原则开始，但有些时候直接跳到更具体的指导方针的例外也是有意义的。不一定每次都需要完完整整地把所有的流程走完，根据实际情况进行简化也是提高治理效率和有效性的必要手段，但是要始终把握治理中的关键点不遗漏。

（3）要专注于治理的结果

所有治理过程中用到的标准、规范、流程，都只是手段和工具，对团队和员工个人行为的严格控制也不是最终目标，所有治理工作的最终目标是：持续提升一致的客户体验，实现企业业绩增长。

## 2. 客户体验治理的"不要"

（1）不要重复建立治理框架

许多企业已经拥有多个治理架构，如果再为客户体验创建单独的治理框架，则会增加复杂性和冲突，如果员工需要在两种模式之间做出选择，则可能出现员工违反治理原则的情况。把客户体验、商业、数字和设计领导者聚集在一起创造一个统一的视角，将会提高企业整体的治理效率和体验水平。

（2）不要太死板

每个治理模式都必须有解释的空间，适度的灵活性会创造更好的创意、设计。当员工开始就改进设计标准和流程提出变革性建议时，就可能是治理模式过于僵化了。

（3）不要总是对所有人说"不"

许多治理框架描述为专注于确保员工不犯错误，而不是指导和塑造为客户创造有价值的旅程。客户体验治理必须不同于只寻求保护组织的技术治理和财务治理。

（4）不要过度依靠人力资源部门

通常企业的绩效考核是由人力资源部门来完成的，但是由于职业和专业背景的局限，他们对客户体验的具体工作方法和标准可能无法准确理解，在实施过程中不能很好地把握程度，因此在体验的治理和问责上，不要过度依赖人力资源部门。

# 后 记

这是一本不在计划之中的书，我原本喜欢的形式是用更数字化的形式将这些内容呈现给大家，方便内容的不断更新和迭代。但很多同行热切地表达了对纸质版本的期待，所以本着以客户为中心的原则，最终还是决定付梓出版。

这里首先要感谢人民邮电出版社的各位老师，他们为此付出了很多的辛苦和努力，也让本书的质量在出版的过程中得到了更大的提升，这是我未曾料想到的收获。也要感谢我的家人，虽然她们一直没有搞明白我究竟写的是什么，但这本书的出版确实与她们有莫大的关系。还要感谢中国用户体验联盟的所有同行，不单给予了专业上的观点和建议，还有精神上的鼓励和支持。

这本书的出版只是一个开始，它勾勒的是我对客户体验总体框架的设想，后期会陆续推出各个细分领域的专题分册，包括《客户旅程管理》《客户体验测量》《场景化体验营销》《数字化体验工具和平台》。当然，这些是建立在本书能得到大家认可的基础之上。总之，如果大家认为这些内容值得一看，我会一直写下去，一直写到第 101 章。

刘胜强

2022 年 7 月于广州